고린도서 해석

Interpretations of Letters to Corinthians I, II

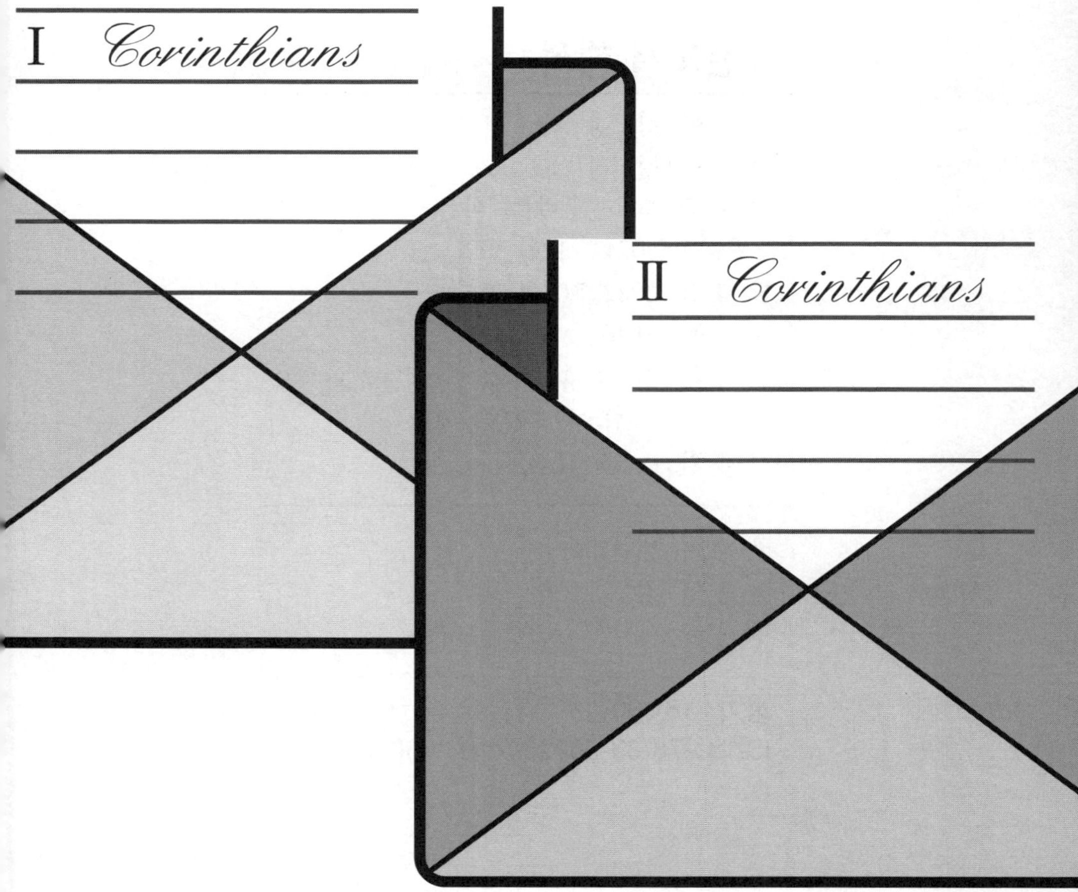

고린도서 해석

지 은 이 : 강 창 순
펴 낸 이 : 강 창 순
펴 낸 곳 : 도서출판 비블리아올
초판인쇄 : 2021년 12월 30일
발 행 일 : 2022년 01월 20일
등 록 : 제 102-99-06565호
주 소 : 경기도 용인시 수지구 정평로 36, 401
(풍덕천동 우성프라자)
이 메 일 : onlyjesus@gsot.or.kr

공 급 처 : 비블리아올
발 행 인 : 강 창 순
연 락 처 : 031-262-4071

정가 : 18,000원
ISBN 978-89-967964-9-7 *03230

고린도서 서문

고린도서를 이해하기 위해서는 먼저 사도 바울이 고린도 교회에 편지하게 된 동기를 바르게 알아야 합니다. 고린도서는 바울이 고린도 교회가 네 파로 나누어 분쟁한다는 소식을 듣고 교인들이 분쟁하지 않고 주 안에서 하나되기를 원하여 고린도 교회에 편지한 내용입니다.

고린도 교회가 분쟁을 했던 원인은 고린도 교인들 중 일부가 신비한 체험을 하며 바울이 전한 복음에서 떠나 이를 두고 교회가 네 파로 갈리어 분쟁을 했던 것입니다. 그들이 성령 안에 있지 않고 다른 영에 역사에 미혹되어서 분쟁을 한다는 것을 잘 알고 있던 바울은 참 성령의 역사와 인도하심을 바르게 제시하여 그들로 주님께 돌이키게 하는 것이 목적이었습니다.

바울은 사람이 알아들을 수 없는 방언을 하면서 성령의 역사라고 주장하는 이들에게 그들에게 역사하는 것은 성령이 아니라는 것을 설명하기 위해 "내가 사람의 방언과 천사의 말을 할지라도 사랑이 없으면 내게 아무것도 아니라"고 지적했던 것이며 "일만마디 방언으로 말하는 것보다 교회에서 남을 가르치기 위하여 다섯 마디를 하는 것이 더 낫다"고 하였습니다. 이때 바울이 말하는 사랑은 보편적으로 사람들이 인식하는 사랑이 아니라 예수 그리스도를 묘사한 것입니다.

사도 바울은 신앙생활에서 체험이 중요한 것이 아니라 예수 그리스도가 중요한 것이며 그리스도가 함께 하지 아니하는 신비적인 것들은 다른 영, 곧 마귀의 역사라고 말씀하였습니다. 고린도전서에 기록된 방언은 사도행전에 기록된 것과 전혀 다른 것입니다. 사도들이 전하는 복음의 소식을 알아들을 수 있도록 성령께서 역사했던 것이 사도행전의 방언이라면, 성령의 역사를 흉내내어 알아들 수 없는 말로 고린도 교인들을 미혹했던 고린도 교회의 방언은 분별하도록 바울은 참 성령의 역사와 거짓 영의 역사를 조명하고 있습니다. 당연히 미혹된 교인들을 거짓 영의 역사에서 돌이키게 하여 참 하나님의 성령의 역사 가운데 바로 세우기 위한 것이 목적입니다.

필자 또한 사도행전에 기록된 방언과 고린도전서에 기록된 방언을 대조, 비교하여 참 성령의 역사를 전하고자 이번에 고린도전서와 후서를 합본하여 출판하게 된 것입니다.

참 성령의 은혜와 평강이 여러분에게 가득하시기를 기도합니다. 아멘.

2022년 1월 3일

저자 **강 창 순**

목 차

고린도전서

1장 1절-3절

○ 1 하나님의 뜻을 따라 그리스도 예수의 사도로 부르심을 받은 바울
과 형제 소스데네는 2 고린도에 있는 하나님의 교회 곧 그리스도 예
수 안에서 거룩하여지고 성도라 부르심을 받은 자들과 또 각처에서 우
리의 주 곧 그들과 우리의 주 되신 예수 그리스도의 이름을 부르는 모
든 자들에게 3 하나님 우리 아버지와 주 예수 그리스도로부터 은혜
와 평강이 있기를 원하노라

사도 바울이 아가야 지방 곧, 아테네, 스파르타와 가까운 고린도 지역에 복음을 전하여 고린도에 지역 교회가 세워졌습니다. 그러나 바울은 다른 먼 지역에서도 복음을 전하기 위해 고린도를 떠나 다른 지방에서 복음을 전하고 있었습니다.

고린도 지역 교회에 편지를 보내게 된 이유는 고린도 교회 안에 분쟁이 있다는 소식을 글로에의 집(가문) 편의 소식으로

듣게 되었기 때문입니다. 분쟁하는 이유는 예수 그리스도의 성령에 대한 인식이 잘못되어 서로가 스스로 하늘로 부터 온 은사를 소유했다고 주장하며 편을 나누어 분쟁을 했기 때문입니다.

각기 나는 바울에게, 나는 아볼로에게, 나는 게바에게, 나는 그리스도에게 속했다고 주장을 하면서 교회가 네 파로 나누어져 있다는 것을 사도 바울이 듣고 이 문제를 정리하고 해결해 주기 위해서 편지를 한 것이 우리가 지금 보는 신약성경에 포함된 고린도전서입니다. 고린도 교회에 편지를 두 번 보냈음으로 전서가 있고 후서가 있으며, 분쟁하는 이들을 설득시켜 그리스도 안에서 하나되게 하기 위한 것이 목적이었습니다. 그러므로 바울은 하나님의 뜻을 따라 그리스도 예수의 사도로 부르심을 받은 바울과 형제 소스데네는 고린도에 있는 하나님의 교회, 곧 그리스도 안에서 죄 사함을 받고 성도(세상과 구별된 자)라 부르심을 받은 자들과 또 아가야 지방의 각처에서 그리스도의 이름을 부르는 모든 자들에게 그리스도로부터 은혜와 평강이 있기를 원한다고 하였습니다.

1장 4절-17절

○ 4 그리스도 예수 안에서 너희에게 주신 하나님의 은혜로 말미암아
내가 너희를 위하여 항상 하나님께 감사하노니 5 이는 너희가 그 안
에서 모든 일 곧 모든 언변과 모든 지식에 풍족하므로 6 그리스도의
증거가 너희 중에 견고하게 되어 7 너희가 모든 은사에 부족함이 없
이 우리 주 예수 그리스도의 나타나심을 기다림이라 8 주께서 너희
를 우리 주 예수 그리스도의 날에 책망할 것이 없는 자로 끝까지 견고
하게 하시리라 9 너희를 불러 그의 아들 예수 그리스도 우리 주와
더불어 교제하게 하시는 하나님은 미쁘시도다 10 형제들아 내가 우
리 주 예수 그리스도의 이름으로 너희를 권하노니 모두가 같은 말을
하고 너희 가운데 분쟁이 없이 같은 마음과 같은 뜻으로 온전히 합하
라 11 내 형제들아 글로에의 집 편으로 너희에 대한 말이 내게 들리
니 곧 너희 가운데 분쟁이 있다는 것이라 12 내가 이것을 말하거니
와 너희가 각각 이르되 나는 바울에게, 나는 아볼로에게, 나는 게바에
게, 나는 그리스도에게 속한 자라 한다는 것이니 13 그리스도께서 어
찌 나뉘었느냐 바울이 너희를 위하여 십자가에 못 박혔으며 바울의 이
름으로 너희가 세례를 받았느냐 14 나는 그리스보와 가이오 외에는
너희 중 아무에게도 내가 세례를 베풀지 아니한 것을 감사하노니 15
이는 아무도 나의 이름으로 세례를 받았다 말하지 못하게 하려 함이라
16 내가 또한 스데바나 집 사람에게 세례를 베풀었고 그 외에는 다른
누구에게 세례를 베풀었는지 알지 못하노라 17 그리스도께서 나를
보내심은 세례를 베풀게 하려 하심이 아니요 오직 복음을 전하게 하려

하심이로되 말의 지혜로 하지 아니함은 그리스도의 십자가가 헛되지 않게 하려 함이라

사도 바울은 아가야 지방(아테네, 스파르타, 코린트/고린도)에 있는 모든 교회들을 위하여 늘 기도(주님께 간구)하였습니다. 그러므로 예수 그리스도를 믿는 믿음 안에 있는 고린도 교인들에게 그들이 주장하는 대로 모든 은사에 부족함이 없다고 자만할지라도 바울이 보낸 서신을 통해서 바르게 알고 바르게 믿고 바르게 행동해야 된다는 것을 강조하고 있습니다.

주님이신 예수 그리스도께서 보시기에 합당한 믿음의 사람이 되어서 어떤 상황에서도 책망받는 자가 되어서는 안 된다고 하였습니다. 이를 구체적으로 본다면 '성령의 역사'와 '성령을 가장한 사단의 영의 역사'를 분별해 주고자 하는 것이 고린도 전서의 집필의도라고 볼 수 있습니다.

고린도 지역 교회가 네 개의 파로 갈라져 분쟁하는 이유는 믿음 안에서라고 주장하고는 있으나 성경적이지 않은 신비적인 현상들이 나타남에 있어서 말씀에 입각하지 아니하고 그 현상들을 통하여서 자신들이 믿는 믿음이 옳다고 주장하기 때문이었습니다. 이것은 영을 분별할 줄 모르기 때문에 그들에게

나타나는 현상들을 '성령의 역사'로 인식하고 이에 대해서로가 다른 주장을 했던 것입니다. 당시 고린도 교회는 이런 상태에 놓여있었던 것입니다.

성령은 하나가 되게 하십니다. 그런데 분파되어 분쟁한다는 것은 사탄에 의한 것임을 분별할 수 있었습니다. 그러므로 바울은 그들을 권면합니다. 주 예수 그리스도의 이름으로 권하노니 모두 같은(동일한-서로 합치된) 말을 하고 너희 가운데 분쟁이 없이 같은 마음과 같은 뜻으로 온전히 (성령이신 주 안에서) 합하라는 것입니다. 저들이 하나가 되지 못한 것은 성령의 은혜를 입은 자와 성령을 가장한 사단의 영의 역사에 매여 있는 자들이 섞여 있었기 때문이며 바울은 이를 분별할 수 있도록 설명한 것이 고린도전서의 전체적인 내용입니다.

그러므로 '나는 바울에게 나는 아볼로에게 나는 게바에게 나는 그리스도에게 속한 자라'고 주장하는 이들에 대해 바울은 '그리스도께서 어찌 나뉘었으며 나 바울이 너희를 위하여 십자가에 못 박힌 사실이 없으며 바울의 이름으로 너희가 세례를 받았느냐'라고 바울 편에 서 있는 사람들을 먼저 책망하고 있습니다. 바울이 '그리스보와 가이오 외에는 너희 중 아무에게도 세례를 베풀지 아니함을 감사한다'는 것은 그리스도 편에 서지 않고 바울 편이 되어서 많은 사람들이 분쟁하고 있기 때문에 두어 사람에게만 행위적, 의식(儀式/custom)적인 세례를 준 것을 감사한다고 한 것입니다. 그렇지 않으면 더 많은 사람들이 바울 편에 서서 분쟁했을 것이기 때문입니다.

사도 바울은 하나님이시며 성령이신 부활하신 예수 그리스도께서 나를 보내신 것은 세례를 베풀려 함이 아니라 오직 예수 그리스도가 구원자이며 구약이 말하고 있는 그 하나님이심을 전하기 위하여 보내심을 받았다고 증언하고 있습니다.

또한 사람의 말로 전하는 것이 아니라 그리스도의 십자가-구속의 은혜를 고린도 교인들에게 전했다는 것입니다. 만약에 사도 바울이 고린도에 계속 머물러 있었다면 고린도 교회의 분쟁의 폐단은 없었을지도 모릅니다. 왜냐하면 성령의 인도하심에 따라 바울이 바르게 전하고 바르게 가르치기 때문에 성령께서 직접 역사해 주셔서 아가야 지방에 있는 모든 교우들의

신앙이 바로 세워졌을 것이기 때문입니다.[1]

1장 18절-25절

○ 18 십자가의 도가 멸망하는 자들에게는 미련한 것이요 구원을 받는
우리에게는 하나님의 능력이라 19 기록된 바 내가 지혜 있는 자들의
지혜를 멸하고 총명한 자들의 총명을 폐하리라 하였으니 20 지혜 있
는 자가 어디 있느냐 선비가 어디 있느냐 이 세대에 변론가가 어디 있
느냐 하나님께서 이 세상의 지혜를 미련하게 하신 것이 아니냐 21
하나님의 지혜에 있어서는 이 세상이 자기 지혜로 하나님을 알지 못하
므로 하나님께서 전도의 미련한 것으로 믿는 자들을 구원하시기를 기
뻐하셨도다 22 유대인은 표적을 구하고 헬라인은 지혜를 찾으나
23 우리는 십자가에 못 박힌 그리스도를 전하니 유대인에게는 거리끼
는 것이요 이방인에게는 미련한 것이로되 24 오직 부르심을 받은 자
들에게는 유대인이나 헬라인이나 그리스도는 하나님의 능력이요 하나님
의 지혜니라 25 하나님의 어리석음이 사람보다 지혜롭고 하나님의

---

1 그러나 하나님의 역사에서 또한 이미 일어난 역사 자체에서는 그렇게 된 것에는 또한 하나님의 목적과 계획이 있다는 사실도 생각해야 됩니다. 고린도 교회의 분쟁을 통하여 우리는 바른 영 분별을 배울 수 있는 타산지석의 교육을 받게 됩니다. 구약 성경과 신약 성경 속에서 하나님을 바르게 예배하는 것은 옳은 것과 그른것 모두를 살펴볼 수 있게 주께서 우리에게 성경을 허락하신 것이라고 보는 것이 긍정적인 사고입니다.

약하심이 사람보다 강하니라

십자가의 도(道/the Way)란, 예수 그리스도가 십자가를 지신 것은 속죄를 위해서 대속(代贖)하신 것이며 그가 바로 성육신하신 동일하신 구원자 하나님이심을 믿으라고 가르치는 것을 말하는 것입니다. 그 당시 또는 현재에 이르기까지 축자-행위 신앙적 유대인들의 시각에서 볼 때에 예수를 유대 역사 속에서 구약 성경에서말하는 아브라함과 이삭과 야곱, 모세와 다윗의 그 하나님과 동일자로 믿는다는 것은 미련하게 보이는 것입니다. 그러나 그를 인정하여 구원을 받는 우리에게는 그것이 '하나님의 능력'이라고 하였습니다. 그래서 바울이 구약성경 시편에 기록된 것을 들고 '기록된 바 내가 지혜 있는 자의 지혜를 멸하고 총명한 자의 총명을 폐하였으니'라고 한 것은 예수 그리스도 시대의 유대종교 지도자들과 스스로 성경을 알고 하나님을 알고 율법을 안다는 자들을 지적하기 위하여 인용한 것입니다.[2] 그렇기 때문에 바울이 '지혜 있는 자가 어디 있느

---

2 이러한 형태의 성경인용을 Pesher라고 하는데, 초기 기독교, 초기 랍비유대교등에서도 동일한 해석 방법을 하는 경우가 있습니다. 사해사본의 발견 이후로는 이것이 설교나 해석의 한 형태였다는 것이 많이 알려지게 되었습니다. 즉, 구약을 들어서 현재의 이뤄진 사실에 대하여

냐 선비(행위적 지식인)[3]가 어디 있느냐 이 시대에 변론가(논쟁자)가 어디 있느냐 하나님께서 이 세상의 지혜를 미련하게 하신 것이 아니냐'라고 한 것은 진정한 지혜자는 그 지혜의 본체이시자 하나님이신 예수 그리스도이며 그러므로 참으로 속죄에 대해서 증명하고 보증하고 설명해 줄 분도 예수 그리스도밖에는 없다는 것을 선포하는 것입니다.

유대적(hebraic)이거나 헬라적(hellenistic)이거나 사람의 지혜로서는 알 수 없고 성령께서 역사해 주셔서 알고 깨달을 때만이 예수가 그 하나님인 것을 안다고 한 것입니다.

그러므로 바울이 전한 복음을 통해서 믿는 자들을 구원하시기를 기뻐하신다고 한 것입니다. 유대인들은 '축자적, 구약성경적인' 표적을 구하고 헬라인들은 '논리적이고 사변적인' 지혜를 찾았습니다. 하나님은 영이시므로 표적으로써만 하나님을 나타

논하는 것이 Pesher 방식의 '예언의 성취적 인용'인 것입니다.

3 원래의 그리스어 성경에서는 '문법학자'라고 되어 있습니다. 즉 축자적 성경에 능하였으나 예수 그리스도를 최종 메시아로 알지 못한 당시의 종교적 서기관-바리새인들과 같은 자들을 의미합니다.

내는 것은 아닙니다. 그러나헬라인들은 사람의 지식으로 하나님을 알려고 했던 것입니다. 그렇기 때문에 표적으로도 모르고 인간의 지식으로도 알 수 없다는 것입니다.

바울이 유대인들에 의해서 십자가에 못 박힌 예수가 그 하나님이심을 전하므로 유대인들에게는 거리끼는 것이 된다는 것은 그들이 예수를 십자가에 죽인 죄인이 되기 때문[4]이며 이방인에게는 미련하게 보일 것[5]이로되 오직 성령의 은혜로 부르심을 받은 자들에게는 유대인이나 헬라인이나 그리스도는 그 '하나님의 능력'이요 '하나님의 지혜'라고 한 것입니다.

그리스도께서 우리의 죄를 사하시기 위하여 십자가를 지시는 것을 인간의 눈으로 볼 때는 그 하나님의 어리석음 같이

---

4 성경이 예언한 최종 메시아인 예수를 십자가에 죽이는 것을 심지어 자신들의 손이 아닌 로마의 손을 통해 저지른 최악의 범죄가 되는 것이며, 예수 그리스도의 십자가의 속죄가 구약의 제사 율법이 폐하여지는 것이 되기 때문에 종교적이었던 유대인들의 생활 전반의 구전 된 모든 문화마저 버려야했던 것 입니다.

5 논리적이거나 체계적이거나 복잡한, 미학적 또는 철학적 수사를 통한 이해가 되지 않는 본 적이 없는 새로운 믿음이었기 때문입니다.

보이나 오직 그 방식이 사람보다 지혜롭고 그리스도[=하나님]의 [우리가 보기에] 약하심이 사람보다 강하다고 하였습니다. 이것은 십자가를 지셨지만 썩음을 당하지 않고 부활하셔서 사망 권세를 깨뜨려 주셨다는 사실 때문입니다. 그러므로 예수 그리스도는 구약이 말한 최종 메시아, 다윗의 자손이자 동시에 구약 성경(율법, 예언, 찬송)을 주신 그 하나님이심을 스스로 나타내어 주셨다는 것입니다.

1장 26절- 2장 5절

○ 26형제들아 너희를 부르심을 보라 육체를 따라 지혜로운 자가 많지
아니하며 능한 자가 많지 아니하며 문벌 좋은 자가 많지 아니하도다
27 그러나 하나님께서 세상의 미련한 것들을 택하사 지혜 있는 자들을
부끄럽게 하려 하시고 세상의 약한 것들을 택하사 강한 것들을 부끄럽
게 하려 하시며 28 하나님께서 세상의 천한 것들과 멸시 받는 것들
과 없는 것들을 택하사 있는 것들을 폐하려 하시나니 29 이는 아무
육체도 하나님 앞에서 자랑하지 못하게 하려 하심이라 30 너희는 하
나님으로부터 나서 그리스도 예수 안에 있고 예수는 하나님으로부터
나와서 우리에게 지혜와 의로움과 거룩함과 구원함이 되셨으니 31
기록된 바 자랑하는 자는 주 안에서 자랑하라 함과 같게 하려 함이라
○ 2:1 형제들아 내가 너희에게 나아가 하나님의 증거를 전할 때에 말

과 지혜의 아름다운 것으로 아니하였나니　2 내가 너희 중에서 예수
그리스도와 그가 십자가에 못 박히신 것 외에는 아무 것도 알지 아니
하기로 작정하였음이라　3 내가 너희 가운데 거할 때에 약하고 두려
워하고 심히 떨었노라　4 내 말과 내 전도함이 설득력 있는 지혜의
말로 하지 아니하고 다만 성령의 나타나심과 능력으로 하여　5 너희
믿음이 사람의 지혜에 있지 아니하고 다만 하나님의 능력에 있게 하려
하였노라

예수를 구원자, 그 하나님으로 믿는 자들을 볼 때 지식이 많은 자가 많지 아니하고 사회 속 유력자도 많지 아니하며 [사회적 위치나 종교적 위치에 있어서] 문벌(門閥) 좋은 자도 많지 아니하다고 한 것은 예수를 아는 것이 지식에 있지 않고 하나님의 은혜로 알 수 있다는 것을 가리키기 위함입니다. 이로 보아서 유대인이나 헬라인들 중에서 당시 문벌 좋은 자들은 예수를 주님으로 잘 믿지 않았음을 알 수 있습니다.

그러나 하나님께서는 이 세상 사람들이 보기에 미련한 것들을 택하사 지식이 있다고 하는 자들을 부끄럽게 하시고 세상에서 나약한 자들을 택하사 세상에 많이 배우고 많이 안다는 자들을 부끄럽게 하신다는 것입니다. 다시 말해서 속죄의 주권자이신 예수를 몰라보고 유대종교로 율법을 지켜 행하는 자들

에게는 속죄가 없음으로 하나님 앞에 설 때 부끄러움을 당한다는 것이고 그 당시 세상적 지혜 또는 진리를 가졌다고 하는 헬라인들은 길이요, 진리요, 생명이신 예수 그리스도를 인정치도 아니하고 모르는 거짓말쟁이들이며 가짜들이라고 말하는 것과 같습니다.

하나님께서는 세상에서 천민들과 멸시받는 것들과 없는 것들을 택하사 오히려 그들에게 속죄의 은혜를 베푸시므로 유대교의 믿음이 있노라 하는 자들과 진리를 안다고 하는 헬라인들을 모두 부끄럽게[수치스럽게] 하십니다. 율법에 의지하던 신앙은 최종 메시아인 예수 그리스도께서 십자가 사역과 부활을 다 이루심으로 율법이 완성되어져 폐하게[종료/완성되게] 된 것이기 때문입니다.

이것은 어느 누구도 율법으로 의로워졌다고 하나님 앞에 내세우지 못하게 하기 위한 것입니다. 오직 예수 그리스도가 구원자이며 그 하나님을 믿는 자만이 죄 사함의 은혜로 구원에 이르기 때문입니다.

바울이 전한 복음은 예수 그리스도를 그 하나님으로 믿는 자들은 성령의 은혜로 예수 안에 있고 그 하나님이 육신을 입고 이 땅에 오셔서 이룬 사역을 믿는 우리에게 예수를 주님으로 아는 지혜를 주시고 죄 사함을 주셔서 거룩함[세상과 구별됨=하나님 안의 것]과 구원함[죄가 없음이 보증됨]이 되었다는 것입니다. 그래서 바울은 다시 구약성경 예레미야 9장 23절 이하의 말씀을 들어서 기록된 바 "자랑하는 자는 주[하나님=예수 그리스도] 안에서 자랑하라 함과 같게 함이라"고 재설명해 준 것입니다.

바울이 고린도에서 예수가 '최종 메시아'이자 '구원자'이며 구약이 말하는 '이스라엘의 그 하나님'임을 전할 때에 말과 인간의 지식으로 전한 것이 아니라고 한 것은, 바울은 예수 그리스도와 그가 십자가에 못 박힌 것 외에는 아무것도 알지 아니하기로 작정했다는 것입니다. 구약 성경 전체의 해석적 목적과 복음의 본질이 예수 그리스도이기 때문에 사도들이 전하는 복음은 예수 그리스도가 모세에게 나타나 '나는 스스로 있는 자이니라'고 선포하신 그 하나님이시며 그토록 기다려왔던 '다윗의 자손'인 최종 메시아라고 전하는 것이 사도들이 전하는 것이기 때문입니다.

바울은 성전 유대교-초기 랍비 유대교 주의자로 있을 때에 고린도 교인들과 유사하게 믿음이 온전히 세워지지 아니하여 약하고 두려워하고 심히 떨었다고 하였습니다. 그렇습니다. 주님의 은혜로 온전히 깨달아 믿음의 확신이 있어야 되는 것입니다. 후일에 바울은 빛 되신 주님, 곧 성령으로 찾아오신 예수 그리스도를 만남으로 확실한 믿음을 가졌던 것입니다.

그러므로 바울은 "내 말과 내 전도함이 설득력 있는 인간의 철학으로 말하지 아니하고 다만 너희 믿음이 사람의 지혜에 있지 아니하고 하나님의 능력에 있게 하려 하였노라"라고 선포합니다. 믿음[6]의 사람은 인간의 말이나 지혜에 따라 있지 아니하고 다만 성령의 역사해 주심 속에 [살아] 있다는 것입니다.

---

6 '믿음'이라는 단어 또는 '신실함'이라는 단어는 하나님, 예수 그리스도, 성령과 밀접한 연관이 있는 단어로서 '아멘' 되신 예수 그리스도라는 말로 확증될 수 있습니다.

2장 6절- 3장 9절

○ 6 그러나 우리가 온전한 자들 중에서는 지혜를 말하노니 이는 이
세상의 지혜가 아니요 또 이 세상에서 없어질 통치자들의 지혜도 아니
요 7 오직 은밀한 가운데 있는 하나님의 지혜를 말하는 것으로서 곧
감추어졌던 것인데 하나님이 우리의 영광을 위하여 만세 전에 미리 정
하신 것이라 8 이 지혜는 이 세대의 통치자들이 한 사람도 알지 못
하였나니 만일 알았더라면 영광의 주를 십자가에 못 박지 아니하였으
리라 9 기록된 바 하나님이 자기를 사랑하는 자들을 위하여 예비하
신 모든 것은 눈으로 보지 못하고 귀로 듣지 못하고 사람의 마음으로
생각하지도 못하였다 함과 같으니라 10 오직 하나님이 성령으로 이
것을 우리에게 보이셨으니 성령은 모든 것 곧 하나님의 깊은 것까지도
통달하시느니라 11 사람의 일을 사람의 속에 있는 영 외에 누가 알
리요 이와 같이 하나님의 일도 하나님의 영 외에는 아무도 알지 못하
느니라 12 우리가 세상의 영을 받지 아니하고 오직 하나님으로부터
온 영을 받았으니 이는 우리로 하여금 하나님께서 우리에게 은혜로 주
신 것들을 알게 하려 하심이라 13 우리가 이것을 말하거니와 사람의
지혜가 가르친 말로 아니하고 오직 성령께서 가르치신 것으로 하니 영
적인 일은 영적인 것으로 분별하느니라 14 육에 속한 사람은 하나님
의 성령의 일들을 받지 아니하나니 이는 그것들이 그에게는 어리석게
보임이요, 또 그는 그것들을 알 수도 없나니 그러한 일은 영적으로 분

별되기 때문이라 15 신령한 자[7]는 모든 것을 판단하나 자기는 아무
에게도 판단을 받지 아니하느니라 16 누가 주의 마음을 알아서 주를
가르치겠느냐 그러나 우리가 그리스도의 마음을 가졌느니라 ○ 3:1
형제들아 내가 신령한 자들[8]을 대함과 같이 너희에게 말할 수 없어서
육신에 속한 자 곧 그리스도 안에서 어린 아이들을 대함과 같이 하노
라 2 내가 너희를 젖으로 먹이고 밥으로 아니하였노니 이는 너희가
감당하지 못하였음이거니와 지금도 못하리라 3 너희는 아직도 육신
에 속한 자로다 너희 가운데 시기와 분쟁이 있으니 어찌 육신에 속하
여 사람을 따라 행함이 아니리요 4 어떤 이는 말하되 나는 바울에게
라 하고 다른 이는 나는 아볼로에게라 하니 너희가 육의 사람이 아니
리요 5 그런즉 아볼로는 무엇이며 바울은 무엇이냐 그들은 주께서
각각 주신 대로 너희로 하여금 믿게 한 사역자들이니라 6 나는 심었
고 아볼로는 물을 주었으되 오직 하나님께서 자라나게 하셨나니 7
그런즉 심는 이나 물 주는 이는 아무 것도 아니로되 오직 자라게 하시
는 이는 하나님뿐이니라 8 심는 이와 물 주는 이는 한가지이나 각각
자기가 일한 대로 자기의 상을 받으리라 9 우리는 하나님의 동역자

---

7 여기서의 '신령한 자[영적인 존재]'는 단수로서 성령이신 예수 그리스도 또는 하나님을 의미합니다. 그리스어 성경 사본들 사이의 차이점이 있겠지만, '단수'로서의 '신령한 자'는 사람이 아니라 영이신, 하나님이신 예수님이기 때문입니다.

8 예수 그리스도를 영적으로 받아들인 영적인 참 성도들

들이요 너희는 하나님의 밭이요 하나님의 집이니라

바울은 예수 그리스도를 가리켜 온전한 자들[신령한 자들-영적인 신앙인들] 중에서 지혜를 말한다고 하는 것입니다. '온전한 지혜자'란 예수 그리스도이시며 그 하나님이신 것입니다. 예수 그리스도는 감추어졌던 것[9]인데 하나님이 우리의 영광(속죄)을 위하여 만세 전에(태초 이전 부터 주께서 친히) 준비한 것이라고 가르치고 있습니다.

우리는 여기에서 유의해야 될 점이 있습니다. 예수 그리스도를 만세 전에 예정하신 것은 우리의 구원을 위해서 예수 그리스도가 예정된 것이지 구원받을 자들이 만세 전에 모두 예정되었다는 것이 아닙니다. 혹시 여러분들 자신이 만세 전에 구원받을 자라고 예정된 것으로 생각하고 있다면 잘못 인식하고 있는 것입니다. 만세 전에 예정된 것은 우리 개개인이 아니라 예수 그리스도의 십자가 사역으로써 그를 예정해 놓은 것이

9 최종 속죄의 메시아는 감춰져 있다고 성전 유대교 유대인들은 알고 있었습니다. 현재의 랍비 유대교에서도 최종 메시아는 '감춰진 존재'라고 인식합니다.

'하나님의 비밀'이라고 바울은 설명하고 있습니다.

이러한 비밀을 이 세대의 종교 지도자들이 한 사람도 알지 못하였으며 만일 알았다면 예수 그리스도를 십자가에 못 박지 아니했을 것이라고 바울은 말했던 것입니다.

그러므로 하나님의 (예수 그리스도를 통한 속죄의) 예정사람의 지혜로 아는 것이 아니라 하나님께서 알게 해 주실 때만이 알 수 있다는 것입니다.

사도 바울은 예수가 구원자임을 입증하기 위하여 이사야 64:4를 인용하여 "기록된 바 하나님이 자기를 사랑하는 자들을 위하여 예비하신 모든 것은 눈으로 보지 못하고 귀로 듣지 못하고 사람의 마음으로 생각하지도 못하였다 함과 같으니라"고 하였습니다. 이것은 이사야의 예언을 들고 당대의 유대 종교 지도자들이 알지 못할 것을 예언해 놓았다는 것입니다. 이러한 역사가 알지 못하는 자들에게는 비밀이 되지만 예수 그리스도를 믿는 믿음의 사람들은 성령으로 깨닫게 해주셔서 알게 해 주셨음으로 성령은 모든 것, 곧 하나님의 깊은 것까지도 통달하신다고 설명한 것입니다.

우리가 이 내용 중에서 다시 한번 살펴보아야 할 것은 그리스도인들 중에 성령을 받았다고 생각하는 사람들이 많이 있을 것입니다. 성령은 물건처럼 주고받는 것이 아닙니다. 성령은 인간이 받을 수도 없으며 받는 것이 아닙니다. 성령이 누구십니까? 곧 삼위일체[10] 하나님이십니다. 성령을 동일한 하나님으로 인식하지 못하고 '하나님의 신비한 능력'으로 인식하는 이들이 있기에 성령을 받았다고 주장하는 사람들이 있습니다. 이런 인식은 성령에 대해서 대단히 오해하고 있는 것입니다. 성령으로 우리가 받는 것은 속죄함과 영원한 생명입니다. 만약 '성령을 받았다'고 가정해 봅시다. 성령은 하나님의 깊은 것까지도 통달하신다고 하였는데 그렇다면 성령을 받았다고 주장하는 사람들은 하나님의 깊은 것까지도 다 통달하고 있습니까? 하나님의 깊은 것은 무엇입니까? 통달하지 못하고 있다면 그 받았다는 성령이 참 성령이겠습니까? 그래서 이 문제를 우리

---

10 Trinitas Unum. St. Augustine 어거스틴 "Soliloquia독백", Liber primus 1.4

ubi qui gignit et quem gignit unum est. 낳는 존재와 태어난 존재가 하나[동일자]이다.

가 깊이 생각해 보아야 하는 것입니다. 그러므로 사도 바울은 "사람의 일을 사람 속에 있는 영 외에는 누가 알리요"라는 비유를 들어서 하나님의 일도 하나님의 영 외에는 아무도 알지 못한다고 말하고 있습니다. 이것이 정확한 영분별을 해 주는 척도가 되는 것입니다.

그리스도인은 세상의 영을 받지 아니하고 성령의 은혜 안에 있음으로 하나님께서 우리에게 주신 속죄의 은혜를 알게 하기 위하여 역사해 주시는 것을 인정하고 깨닫습니다. 알게 되는 것은 예수 그리스도가 삼위일체, 그 하나님이시라는 것을 바로 알게 된다는 것입니다.

그러므로 하나님의 뜻과 하나님의 일은 사람이 가르치는 것으로 알 수 없고 가르칠 수도 없습니다. 오직 성령께서 역사하여 주심으로 깨달아 하나님께서 이루시고자 하는 일, 곧 그분을 깨닫는 것을 아는 것입니다. 사도 바울 또한 해박한 성전-초기 랍비 유대교의 수석 문하생[11]이었을 때에는 예수가 누구

11 성경에 나오는 가멜리엘 1세는 현재의 유대교 성전인 탈무드에서도 중요한 위치를 차지하는 사람입니다. 그 문하생 중에서 바울의 위치가 최고의 수준으로 뛰어났었다는 것은 유대교 기독교 모두의 학술적

인지 알지 못했습니다. 그는 도리어 예수를 믿는 사람들을 핍박했던 인물입니다. 핍박한 이유는 유대 율법의 신학 체계로만 예수를 바라보았기 때문입니다. 사울로 불리던 당시 예수를 믿는 사람들의 신앙을 무너뜨리고 그들을 박해하기 위하여 외국의 도성인 다마스커스로 가는 도중에 강한 빛을 보았고 '사울아, 사울아' 부르는 음성을 들을 때 사울은 '주여 뉘십니까?'라고 물었고, '네가 핍박하는 나사렛 예수니라'라는 음성을 듣고

증언입니다. 바울Paullus은 그리스-로마(Greco-roman)식 이름으로 '작은 자'이며 '사울'은 히브리식 이름으로 '큰 자 또는 간구하다'를 뜻합니다. 혹자들은 사울이 바울이 되어 자신을 내려놓고 예수 그리스도의 사역자가 되었다고 하지만, 성경 자체에서는 어떠한 언급이 없습니다. 베드로[그리스어로 반석]와 게바[히브리-아람어로 반석]가 언어만 다른 동일인인 것과 마찬가지로 생각할 부분도 있습니다. 예수님은 베드로를 히브리-아람어인 '게바[케이-파]'라 부르십니다. 사도행전 9:17절을 보면, 사울이 예수님을 만난 후에도 예수님을 믿는 주의 사역자 유대인 아나니아는 '사울'이라고 부릅니다. 단, 이방인들과 헬라계 기독교인들에게는 그리스-로마(Greco-roman)식 이름인 바울[뜻-작은 자], 유대계 기독교인들에게는 히브리-아람어식 이름인 사울[뜻-{은혜를}구하다]로 불렸던 것을 예상할 수 있습니다. 심지어 사도행전 13:2절에서 바울의 1차 전도여행에 관하여 '주를 섬겨 금식할 때에 성령이 가라사대 내가 불러 시키는 일을 위하여 바나바와 사울을 따로 세우라 하시니'로 기록된 것을 보면, 주께서도 유대인 사역자들에게는 구약성경과 동일하게 유대말(아람-히브리어)로 계시한 것으로 볼 수 있습니다.

비로서 사울은 예수가 구원자요, 그 하나님이심을 깨닫고 이후 복음 사역에 매진하게 된 것입니다. 이것은 사람의 지혜로 이해된 것이 아니라 전적인 하나님이신 성령께서 사울을 변화시켜 복음 사역에 일꾼이 되게 하시고 성령이신 예수님께서 함께 역사해 주셨던 것입니다.[12] 바울은 이 사실을 고린도 교인

12 개역 행 9:1 사울이 주의 제자들을 대하여 여전히 위협과 살기가 등등하여 대제사장에게 가서 2 다메섹 여러 회당에 갈 공문을 청하니 이는 만일 그 도를 좇는 사람을 만나면 무론남녀하고 결박하여 예루살렘으로 잡아 오려 함이라 3 사울이 행하여 다메섹에 가까이 가더니 홀연히 하늘로서 빛이 저를 둘러 비추는지라 4 땅에 엎드러져 들으매 소리 있어 가라사대 사울아 사울아 네가 어찌하여 나를 핍박하느냐 하시거늘 5 대답하되 주여 뉘시오니이까 가라사대 나는 네가 핍박하는 예수라 6 네가 일어나 성으로 들어가라 행할 것을 네게 이를 자가 있느니라 하시니 7 같이 가던 사람들은 소리만 듣고 아무도 보지 못하여 말을 못하고 섰더라 8 사울이 땅에서 일어나 눈은 떴으나 아무 것도 보지 못하고 사람의 손에 끌려 다메섹으로 들어가서 9 사흘 동안을 보지 못하고 식음을 전폐하니라 10 ○그 때에 다메섹에 아나니아라 하는 제자가 있더니 주께서 환상 중에 불러 가라사대 아나니아야 하시거늘 대답하되 주여 내가 여기 있나이다 하니 11 주께서 가라사대 일어나 직가라 하는 거리로 가서 유다 집에서 다소 사람 사울이라 하는 자를 찾으라 저가 기도하는 중이다 12 저가 아나니아라 하는 사람이 들어와서 자기에게 안수하여 다시 보게 하는 것을 보았느니라 하시거늘13 아나니아가 대답하되 주여 이 사람에 대하여 내가 여러 사람에게 듣사온즉 그가 예루살렘에서 주의 성도에게 적지 않은 해를 끼쳤다 하더니 14 여기서도 주의 이름을 부르는 모든 자를 결박할 권세를 대제사장들에게 받았나이다 하거늘 15 주께서 가라사대 가라 이 사람은 내 이름을 이방인과 임금들과 이스라엘 자손들 앞에 전하기 위하여 택한

들에게 편지로서 설명하는 것입니다.

그러므로 신령한 일은 영적으로만 분별할 수 있다는 것입니다. 이렇게 말하는 것은 고린도 교회에 파벌이 있는 것은 영적인 문제라는 것입니다. 이 영적인 문제는 성령이 역사해 주심으로만이 분별할 수 있기 때문에 자신들의 신비적 체험만을 절대화해서는 안된다는 것을 가르치는 것입니다.

기독교는 체험의 종교가 아닙니다. 하나님께서 언약하신 것을 이루시는 역사(약속의 법칙)입니다.

나의 그릇이라 16 그가 내 이름을 위하여 해를 얼마나 받아야 할 것을 내가 그에게 보이리라 하시니 17 아나니아가 떠나 그 집에 들어가서 그에게 안수하여 가로되 형제 사울아 주 곧 네가 오는 길에서 나타나시던 예수께서 나를 보내어 너로 다시 보게 하시고 성령으로 충만하게 하신다 하니 18 즉시 사울의 눈에서 비늘 같은 것이 벗어져 다시 보게 된지라 일어나 세례를 받고 19 음식을 먹으매 강건하여지니라 ○사울이 다메섹에 있는 제자들과 함께 며칠 있을쌔 20 즉시로 각 회당에서 예수의 하나님의 아들이심을 전파하니 21 듣는 사람이 다 놀라 말하되 이 사람이 예루살렘에서 이 이름 부르는 사람을 잔해하던 자가 아니냐 여기 온 것도 저희를 결박하여 대제사장들에게 끌어 가고자 함이 아니냐 하더라 22 사울은 힘을 더 얻어 예수를 그리스도라 증명하여 다메섹에 사는 유대인들을 굴복시키니라

바울은 육신에 속한 사람은 성령의 역사하는 일들을 받지 아니할 뿐 아니라 오히려 성령으로 역사하고 복음을 전하는 것을 어리석게 여길 뿐만 아니라 성령의 역사하심을 알 수도 없다고 하였습니다.

성령의 은혜 안에 있는 자는 영적인 일을 판단하나 자기는 아무에게도 판단 받지 아니한다고 한 것은 바울이 판단하는 것이 성령에 의한 판단이므로 바울이 판단하는 것을 비방하지 말라는 것입니다.

바울이 고린도 교인들에게 "누가 주의 마음을 알아서 주를 가르치겠느냐 그러나 우리가 그리스도의 마음을 가졌느니라"고 하는 것은 바울이 전한 복음과 교훈에 굴복하라는 것입니다. 그 당시 고린도 교회가 네 파로 나누어져서 분쟁하고 있기 때문에 영분별을 위해서 바울이 전하는 예수 그리스도의 복음에 순종하라는 것입니다.

고린도 교인들을 신앙에 장성한 자들을 대함과 같이 할 수 없다는 것은 사탄의 영에 이끌리어 허우적거리는 그들이기에 그리스도 안에서 어린 아이들을 대함과 같이하여 초보적인 것을 가르치고 있다는 것입니다.

본질적인 것을 가르치면 알아들을 수 없고 받아들이지 못하기 때문에 비유나 혹은 예를 들어서 가르친다는 것입니다. 그러므로 우리도 축자에 유의해야 합니다. 바울은 고린도 교인들이 예수를 믿는다고 하면서 아직도 육신에 속한 자라고 하였습니다. 물론 사람이라면 누구나 육신에 속합니다. 바울이 육신에 속해 있다고 한 것은 그들의 '육적 목적성의 신앙'을 지적하는 것입니다. 생각하는 것이나 판단하는 것이나 모든 것이 인지적이고 인본주의적이며 자신이 권능을 소유한 듯, 마치 스스로 주인 행세를 하고 있다는 것입니다. 믿음이 올바로 서 있지 않기 때문에 그들은 분쟁하고 있는 것입니다.

어떤 사람은 말하기를 "나는 바울에게 라고 하고 다른 사람은 나는 아볼로에게 라고 하니 너희가 육의 사람이 아니리요. 그런즉 아볼로는 무엇이며 바울은 무엇이냐 그들은 주께서 각각 주신대로 너희로 하여금 믿게 한 사역자들이니라"라고 한 것은 사역자들이 본질이 아니라 복음의 본질은 예수 그리스도가 그 하나님이라는 것을 설명하는 것입니다. 그래서 "심는 자와 물 주는 자는 한가지이나 각각 자신에게 맡겨준 소임을 감당할 뿐이며 영적으로 세우시고 자라게 하시는 것은 우리 주 그 하나님"이라고 하였습니다.

그래서 바울은 우리(모두)는 하나님의 동역자들이요, 너희는 하나님의 밭이요 하나님의 집이라고 비유하여 설명하는 것입니다. 고린도 교인들의 믿음이 제대로 서 있으면 이런 비유를 사용할 필요가 없었으나 그들의 신앙이 유대적으로나 헬라적으로 흔들리며 참 복음 안에서 온전히 자라나지 못하고 나약했기 때문에 이런 설명을 하는 것입니다.

3장 10절-15절

○ 10내게 주신 하나님의 은혜를 따라 내가 지혜로운 건축자와 같이
터를 닦아 두매 다른 이가 그 위에 세우나 그러나 각각 어떻게 그 위
에 세울까를 조심할지니라 11 이 닦아 둔 것 외에 능히 다른 터를
닦아 둘 자가 없으니 이 터는 곧 예수 그리스도라 12 만일 누구든지
금이나 은이나 보석이나 나무나 풀이나 짚으로 이 터 위에 세우면
13 각 사람의 공적이 나타날 터인데 그 날이 공적을 밝히리니 이는 불
로 나타내고 그 불이 각 사람의 공적이 어떠한 것을 시험할 것임이라
14 만일 누구든지 그 위에 세운 공적이 그대로 있으면 상을 받고 15
누구든지 그 공적이 불타면 해를 받으리니 그러나 자신은 구원을 받되
불 가운데서 받은 것 같으리라

바울은 주께서 주신 속죄의 은혜와 거듭남으로 인하여 복음을 맡은 자가 되었으며 이 말씀에서 '복음'은 '예수가 구원자 그 하나님이라는 소식'입니다. 이것을 믿는 자는 구원을 받아 영원한 생명에 이른다는 것을 바울은 전파하고 있는 것입니다. 문제는 고린도 교회에 거짓 교사들이 와서 바울이 전한 복음을 훼파하며 많은 사람들을 미혹하여 서로 나누어져 분쟁하고 있는 것입니다. 그러므로 바울이 닦아 둔 터의 비유를 통해서 거짓 교사들의 훼방을 경계하고 있는 것입니다.

바울은 교회를 터(기반)로 비유했습니다. 예수 그리스도께서 세운 교회는 사람이 무너뜨리려고 해도 무너뜨릴 수 없다는 것입니다. 그러나 인간의 의지와 물질과 또 다른 결속에 의해서 세워진 것은 심판을 받게 되고 그 모든 것이 확실히 드러나게 된다고 하였으며 따라서 교회는 사람에 의해서 세워져서는 안된다는 것입니다. 만약 그것이 인간적인 의지라면, 그 결과는 영적으로 본질적으로 패망에 이르기 때문입니다.

3장 16절-17절

○ 16 너희는 너희가 하나님의 성전인 것과 하나님의 성령이 너희 안

에 계시는 것을 알지 못하느냐 17 누구든지 하나님의 성전을 더럽히면 하나님이 그 사람을 멸하시리라 하나님의 성전은 거룩하니 너희도 그러하니라

예루살렘에만 성전이 있다고 인식하는 당시의 성전 유대교의 유대인들은 유대 종교의 율법 이행의 순서와 행위의 실천에 축자적으로[글자 그대로] 붙들려 있던 사람들입니다. 바울이 이제 '성전은 예루살렘에 있지 않고 은혜 입은 너희가 성전인 줄 알지 못하느냐'라고 한 것은 속죄가 성전에서 행해지는 것이 아니라 예수 그리스도께서 은혜로 속죄해 주시므로 우리가 그 성령님 안에 있게 되어 거룩하여짐을 성전으로 비유한 것입니다. 그래서 "너희가 하나님의 성전인 것과 하나님의 성령이 너희 안에 계신 것을 알지 못하느냐"라고 한 것입니다. "누구든지 하나님의 성전을 더럽히면 하나님은 그 사람을 멸하시리라 하나님의 성전은 거룩하니 너희도 거룩하다"라고 한 것도 우리가 비록 죄인이었지만, 예수 그리스도를 그 하나님으로 믿음으로 말미암아 죄 사함을 받아 구별되었기 때문입니다.

3장 18절-4장 5절

○ 18아무도 자신을 속이지 말라 너희 중에 누구든지 이 세상에서 지
혜 있는 줄로 생각하거든 어리석은 자가 되라 그리하여야 지혜로운 자
가 되리라 19 이 세상 지혜는 하나님께 어리석은 것이니 기록된 바
하나님은 지혜 있는 자들로 하여금 자기 꾀에 빠지게 하시는 이라 하
였고 20 또 주께서 지혜 있는 자들의 생각을 헛것으로 아신다 하셨
느니라 21 그런즉 누구든지 사람을 자랑하지 말라 만물이 다 너희 것
임이라 22 바울이나 아볼로나 게바나 세계나 생명이나 사망이나 지
금 것이나 장래 것이나 다 너희의 것이요 23 너희는 그리스도의 것
이요 그리스도는 하나님의 것이니라 ○ 4:1 사람이 마땅히 우리를 그
리스도의 일꾼이요 하나님의 비밀을 맡은 자로 여길지어다 2 그리고
맡은 자들에게 구할 것은 충성이니라 3 너희에게나 다른 사람에게나
판단 받는 것이 내게는 매우 작은 일이라 나도 나를 판단하지 아니하
노니 4 내가 자책할 아무 것도 깨닫지 못하나 이로 말미암아 의롭다
함을 얻지 못하노라 다만 나를 심판하실 이는 주시니라 5그러므로
때가 이르기 전 곧 주께서 오시기까지 아무 것도 판단하지 말라 그가
어둠에 감추인 것들을 드러내고 마음의 뜻을 나타내시리니 그 때에 각
사람에게 하나님으로부터 칭찬이 있으리라

누구든지 자신을 속이지 말라고 하였습니다. 자신을 속이는 것이란 성전 유대교의 유대주의적 신앙을 가지고 율법에 의한

제사적 속죄 행위로 자신이 깨끗하여졌다고 믿는 것입니다.[13] 문자적인 율법 자체로는 의롭게 될 수 없습니다. 오직 예수를 그 하나님으로 믿을 때 성령께서 죄 사함을 주시고 거듭나게 하심으로 의로워집니다.[14] 예수 그리스도를 알기 위해서 복음에 굴복할 때 예수 그리스도를 알고 깨닫게 되므로 지혜로운 자가 된다는 것입니다.

이 세상의 지혜, 곧 유대 종교(전수된 유대식 성경론)와 헬라 철학(이방 종교)는 하나님을 알지 못하므로 어리석은 것이 되는 것입니다. 사도 바울은 욥기 5:13과 시 94:11을 인용하여 "또 주께서 지혜 있는 자들의 생각을 헛것으로 아신다"라며 성전 유대교에 심취되어 있는 사람들을 어리석은 자들(그 하나님

---

13 이와 마찬가지로 헬라적 철학(그리스 철학-이방 신화적 사고체계)의 영향을 받아 헬라적 사상을 가지고 예수 그리스도와 하나님의 역사를 설명하거나 이해하려고 하는 것들도 포함될 수 있습니다. 그것은 성경적인 해석이 아니기 때문입니다.

14 의로워진다는 의미는 하나님과 동등하게 죄가 없다는 것이 아니라 속죄를 통해 하나님께서 개별적인 사람들의 그 죄들을 묵과하신다는 의미입니다.

의 대적자들)이라고 가리키고 있습니다.

그러므로 누구든지 사람들을 자랑하지 말라고 한 것은 고린도 교회의 교인들이 편당을 나누어 다툴 때 나는 바울에게, 나는 아볼로에게, 나는 게바에게 속했다고 사람을 내세우는 것을 어리석은 생각이라고 지적하는 것이며,

그러기에 너희는 그리스도의 것이요, 그 그리스도는 바로 그 하나님이라고 하는 것입니다.

바울은 서로 주장을 달리하면서 분쟁하는 고린도 교인들을 그냥 내버려 두는 것이 아니라 어떻게 하든지 그들을 예수 안에서 하나되게 하고, 바울이 전하는 복음을 듣게 하기 위해 '마땅히 우리를 그리스도의 일꾼이요 하나님의 비밀을 맡은 자로 여길지어다'라고 한 것입니다. 그리고 직분을 맡은 자들에게 그들이 구할 것은 충성이라고 한 것입니다. 고린도 교인들 중 일부는 바울을 판단했습니다. 어떻게 판단했을까요? 바울만 은혜를 입은 것이 아니라 자신들도 은혜를 입고 있고 자신들에게도 나타나는 은사가 있다고 주장했던 것으로 볼 수 있습니다. 바울이 전한 복음을 듣고 고린도 교회가 세워졌지만 고

린도 교회에는 이미 하나님의 대적자인 사탄의 거짓 교사들이 들어와서 성령을 가장한 역사를 보이고 있었던 것입니다. 이렇게 '하나님의 복음'의 사도인 바울을 대적하는 자들이 있었던 것을 고린도에 보낸 편지를 통해서 볼 수 있습니다.

결국 영적으로 옳고 그름은 주님께서 판단하실 것이며 예수 그리스도의 복음을 바르게 듣고 믿는 사람은 하나님으로부터 칭찬이 있을 것이라고 하였습니다.

바울과 아볼로는 그들에게 믿음을 보였으며 바울이 전한 복음을 넘지 말라고 한 것은 바울이 전한 복음에서 이탈하지 말라는 것입니다. 바울이 전한 복음에서 이탈한 자들이 누구이겠습니까? 행위적 성전 유대주의 또는 이방사상적 철학의 헬라주의자들과 성경이 말하고 있지 않은 신비주의를 신봉하여 다른 메세지를 가르치고 위치를 가지려 한 자들입니다. 이미 그들은 성령의 역사를 가장한 마귀의 역사에 심취한 자들이며 거짓 교사들과 함께 한 자들인 것이었습니다.

4장 6절 -13절

○ 6 형제들아 내가 너희를 위하여 이 일에 나와 아볼로를 들어서 본

을 보였으니 이는 너희로 하여금 기록된 말씀 밖으로 넘어가지 말라
한 것을 우리에게서 배워 서로 대적하여 교만한 마음을 가지지 말게
하려 함이라 7 누가 너를 남달리 구별하였느냐 네게 있는 것 중에
받지 아니한 것이 무엇이냐 네가 받았은즉 어찌하여 받지 아니한 것
같이 자랑하느냐 8 너희가 이미 배 부르며 이미 풍성하며 우리 없이
도 왕이 되었도다 우리가 너희와 함께 왕 노릇 하기 위하여 참으로 너
희가 왕이 되기를 원하노라 9 내가 생각하건대 하나님이 사도인 우
리를 죽이기로 작정된 자 같이 끄트머리에 두셨으매 우리는 세계 곧
천사와 사람에게 구경거리가 되었노라 10 우리는 그리스도 때문에
어리석으나 너희는 그리스도 안에서 지혜롭고 우리는 약하나 너희는
강하고 너희는 존귀하나 우리는 비천하여 11 바로 이 시각까지 우리
가 주리고 목마르며 헐벗고 매맞으며 정처가 없고 12 또 수고하여
친히 손으로 일을 하며 모욕을 당한즉 축복하고 박해를 받은즉 참고
13 비방을 받은즉 권면하니 우리가 지금까지 세상의 더러운 것과 만물
의 찌꺼기 같이 되었도다

본문에서 중요한 것이 무엇인지 알아야 합니다. 바울이 전한 복음을 넘어가지 말아야 하며 또한 바울과 아볼로에게 배운 것을 자기의 것으로 착각하여서 서로 대적하여 교만한 마음을 가지지 말아야 하는 것입니다. 이미 고린도 교회의 교인들 중 일부는 영적인 사탄의 활동에 의하여 스스로 교만하여져서 원래 복음을 전하여 준 바울도 무시하고 그 동역자 아볼로도 무

시했던 것을 알기에 바울이 전한 복음, 곧 기록된 말씀을 통해 조명된 예수 그리스도의 복음 밖으로 절대 넘지 말라한 것입니다.

그래서 고린도 교회의 교인들 중 일부가 성령의 은사를 받았다고 주장하는 "너를 남달리 구별한 것이 있느냐", 은혜, 곧 죄 사함을 받았음에도 그 은혜를 깨닫지 못하고 받지 못한 자와 같이 '다른 영에 의하여 경험한 것'을 자랑하느냐라고 한 것입니다.

바울과 아볼로가 고린도 지역에 상주하여 목회하지 아니함으로 분당을 지어 나뉘면서 그들이 곧 우두머리가 되어 교인들에게 복음을 왜곡되게 가르치는 것이 되었다는 것입니다.

복음을 맡은 사도인 바울은 말할 수 없는 어려움과 고난 속에서도 믿음을 지키고 하나님의 거룩한 일을 이루는 그 역사에 기여하는 것이 자신들이 맡은 사명이라고 믿기에 사람들의 조소와 구경거리가 되어도 좌절하지 않았다고 하였습니다. 예수 그리스도가 구원자인 그 하나님이심을 전하기 때문에 사람들이 보기에는 어리석은 것 같으나 복음을 받아들인 고린도인들은 그리스도 안에서 믿음을 갖게 되었고 복음을 전하는 우리는 나약한 것 같으나 너희는 강하고, 너희는 존귀하나 우리는 비천하다고 한 것입니다.

복음사역 때문에 이 시간까지 주리고 목마르고 헐벗고 매 맞으며 정처가 없고 뿐만 아니라 수고하여 친히 일을 하면서 생활했으며 모욕을 당한즉 축복하고 박해를 당한즉 참고 비방을 당한즉 권면하니 우리가 지금까지 만물의 찌꺼기같이 되었도다라고 한 것은 복음을 맡은 바울은 어떤 경우에도 주님을 배신하지 않고 예수가 구원자이시며 그 하나님이심을 전하여 바르게 교회를 세워 나갈 것을 원하며 그들에게 권하고 있다는 것입니다.

4장 14절 – 5장 8절

○ 14 내가 너희를 부끄럽게 하려고 이것을 쓰는 것이 아니라 오직 너
희를 내 사랑하는 자녀 같이 권하려 하는 것이라　15 그리스도 안에

일만 스승[15]이 있으되 아버지[16]는 많지 아니하니 그리스도 예수 안에
서 내가 복음으로써 너희를 낳았음이라 16 그러므로 내가 너희에게
권하노니 너희는 나를 본받는 자가 되라 17 이로 말미암아 내가 주
안에서 내 사랑하고 신실한 아들 디모데를 너희에게 보내었으니 그가
너희로 하여금 그리스도 예수 안에서 나의 행사 곧 내가 각처 각 교회
에서 가르치는 것을 생각나게 하리라 18 어떤 이들은 내가 너희에게
나아가지 아니할 것 같이 스스로 교만하여졌으나 19 주께서 허락하
시면 내가 너희에게 속히 나아가서 교만한 자들의 말이 아니라 오직
그 능력을 알아보겠으니 20 하나님의 나라는 말에 있지 아니하고 오
직 능력에 있음이라 21 너희가 무엇을 원하느냐 내가 매를 가지고

---

15 스승들[원래의 그리스어 사본에서는 복수다]-그리스어 파이다구고스 *παιδαγωγους*는 instructors, 곧 단순히 가르치는 자들을 의미하는 것으로 야고보서 3:1절이 말하는 디다스칼로이*διδασκαλοι*와는 다른 뜻이다. 디다스칼로이는 율법의 선생 또는 스승의 의미가 있지만 여기 고전 4:15에서의 스승은 '보조자'로서 확인된 사실을 가르치는 자들을 의미한다고 봐야 한다. 예수님도 말씀하시길 개역 마 23:8 그러나 너희는 랍비라 칭함을 받지 말라 너희 선생은 하나이요 너희는 다 형제니라. 여기서는 선생으로 번역된 단어가 디다스칼로이*διδασκαλοι*의 명사형인 디다스칼로스*διδασκαλος* '참 스승' 이다. 유대적 의미론으로 보면, 하나님은 그 선생이요, 복음적 의미로 보면 그것은 성육신한 예수 그리스도요, 성령사역적으로 보면 그분은 영이신 성령님. 곧 바울이 만난 영이신 예수 그리스도이다.

16 여기서의 아버지는 한국어의 부정확한 지시 때문에 아버지들을 아버지로 번역하였다.

너희에게 나아가랴 사랑과 온유한 마음으로 나아가랴 ○ 5:1 너희 중
에 심지어 음행이 있다 함을 들으니 그런 음행은 이방인 중에서도 없
는 것이라 누가 그 아버지의 아내를 취하였다 하는도다 2 그리하고
도 너희가 오히려 교만하여져서 어찌하여 통한히 여기지 아니하고 그
일 행한 자를 너희 중에서 쫓아내지 아니하였느냐 3 내가 실로 몸으
로는 떠나 있으나 영으로는 함께 있어서 거기 있는 것 같이 이런 일
행한 자를 이미 판단하였노라 4 주 예수의 이름으로 너희가 내 영과
함께 모여서 우리 주 예수의 능력으로 5 이런 자를 사탄에게 내주었
으니 이는 육신은 멸하고 영은 주 예수의 날에 구원을 받게 하려 함이
라 6 너희가 자랑하는 것이 옳지 아니하도다 적은 누룩이 온 덩어리
에 퍼지는 것을 알지 못하느냐 7 너희는 누룩 없는 자인데 새 덩어
리가 되기 위하여 묵은 누룩을 내버리라 우리의 유월절 양 곧 그리스
도께서 희생되셨느니라 8 이러므로 우리가 명절을 지키되 묵은 누룩
으로도 말고 악하고 악의에 찬 누룩으로도 말고 누룩이 없이 오직 순
전함과 진실함의 떡으로 하자

바울은 고린도 교인들을 부끄럽게 하려고 이런 것을 쓰는 것이 아니라고 했습니다. 참으로 사랑하는 자녀들에게 하듯이 그들을 권면하기 위해서 편지를 썼다는 것입니다.

교회 안에 수많은 선생들이 있지만 진실로 자녀에게 바르게 가르치는 아버지와 같은 자는 많지 아니하며(오직 한 분 이시

며) 그리스도 예수 안에서 바울은 복음으로 고린도 교인들을 낳았다고 가르치고 있습니다. 여기서의 주어는 바울이 아니라 예수 그리스도입니다. 바울이 말하는 것은 자기 자신이 그 아버지가 아니라 신앙의 모본으로서 자기가 따르는 예수 그리스도의 복음에 함께 참예하라는 의미입니다. 바울 자신이 예수 그리스도와 참 하나님의 교회를 박해하는 죄인들 중의 대표자일 정도였으나 돌이켜 예수가 구원자이며 그 하나님이심을 전하는 자가 된 것처럼 바울의 그 신앙을 고린도 교인들에게 본받으라고 한 것입니다.

고린도 교회가 분쟁하는 어려움 가운데 있기 때문에 주 안에서 자신이 사랑하는 신실한 아들 디모데를 고린도 교인들에게 (바울 대신) 보낸다고 하였습니다. 이 말씀에서 좀더 깊이 이해할 것은 바울은 왜 디모데를 주 안에서 신실한 '아들'이라고 했는가입니다. 그것은 바로 디모데가 바울이 전하는 복음을 듣고 배워서 바울과 동일한 복음을 전하기 때문에 아버지와 아들의 비유를 통해 바울과 디모데가 복음적으로 하나라는 것을 설명하는 것입니다[17].

디모데를 고린도 교회로 파송하는 것은 복음을 왜곡시켜 놓은 그들에게 바울이 가르쳐 준 복음과 동일한 것을 상기시켜 바른 믿음을 가질 수 있도록 하기 위해서 고린도교회로 디모데를 파송한 것입니다.

고린도 교인들 중 다른 영에 사로 잡혀 있는 자들은 사도 바울이 고린도 교회에 오지 아니할 것 같이 스스로 교만해졌습니다. 그러나 사도 바울은 주께서 허락하시는 때가 되면 직접 고린도에 가서 교만한 자들이 만들어낸 말 뿐인 것이 아니라 오직 그 능력을 알아보겠다고 한 것입니다.

이것은 그들이 '나타나는 능력'이라고 주장하는 것들이 성령의 역사하심이 아니라 사탄의 역사이기 때문에 바울은 그들을

---

17 유대적인 사관은 아버지의 참 아들은 아버지와 동일한 하나님을 예배할 때에만 유효한 권리가 있는 것으로 인식하기 때문입니다. 아브라함에게는 이스마엘과 이삭이 있었지만, 오직 약속의 자녀 이삭이 하나님의 대표적 성격의 예배자로 선택되었고 심지어 쌍둥이였던 에서와 야곱 사이에서 주님은 야곱을 선택하셨음을 이미 고린도 교회의 교인들은 이해하고 있었기 때문에 이러한 유대적 방식의 수사를 쓰고 있다고 볼 수 있습니다.

다루어 보아서 알아보아야 하겠다고 한 것입니다.

하나님의 나라는 말에 있지 아니하고 오직 '그의 능력'에 있다고 하였습니다. 흔히 '하나님의 나라'라고 하면 장소적 개념으로 생각하기 쉽습니다. 그러나 사도 바울이 말하는 것은 장소적 개념의 하나님의 나라가 아닌 성령이 임재하심으로 죄 사함을 받아 생명에 이르게 하는 그 역사를 '나라' 라고 비유하여 가르친 것입니다.[18]

분쟁하는 고린도 교인들에게 바울이 "너희가 무엇을 원하느냐 내가 매를 가지고 너희에게 나아가랴 사랑과 온유한 마음으로 나아가랴"라고 말씀하는 것은, 고린도 교회에 복음의 씨가 뿌려졌지만 원수가 와서 다른 씨를 뿌려서 교회를 어지럽게 하는 '영적인 역사'가 있었기 때문에 권면하고 있는 것입니다.

---

18 예수 그리스도께서 찬양 받으시는 그 곳이 하나님의 나라입니다. 하나님을 예배하는 구별된 장소가 성소나 성전이듯이, 이제는 예수 그리스도를 믿는 개개인과 집합인 교회는 하나님의 나라가 이땅에 이뤄지는 것을 보여줍니다.

고린도 교회에 실제적인 음행이 있다 함을 들었는데, 그러한 음행은 이방인 중에도 없는 것이며 그것은 교회 안에서 어떤 이가 그 아버지의 아내를 취하였다[19]는 것입니다. 이것은 도덕적 파괴의 행위를 들어 고린도 교회를 지적한 것입니다. 이런 사건이 있음으로 인해 교회는 믿지 아니하는 자들에게 심한 핍박을 받을 수 있습니다. 그리하고도 그들은 오히려 교만하여져서 통한히 여기지 아니하며 바울은 그런 행동을 하는 사람을 고린도 교회에서 왜 쫓아내지도 아니하였냐고 묻는 것입니다.

바울은 몸으로는 떠나 있으나 마음으로는 함께 있어 거기 있는 것 같이 이런 일 행하는 자를 이미 판단하였다(되었다-성

---

19 구약적으로 볼 때에 아버지의 아내(작은 어머니)를 취한 르우벤은 장자권을 상실하였습니다. 장자권의 구약 개념은 단순히 부족의 대표가 된다는 의미가 아니라 하나님 앞에서의 예배에 있어서도 가장 고귀한 자리로서 마치 대제사장이나 선지자와 같이 하나님을 예배하는 것의 우선이 되는 자리라 볼 수 있습니다. 그렇기 때문에 야곱과 에서의 이야기에서도 장자권에 관한 이야기를 볼 수 있습니다. 유대적 의미로는 아버지의 아내를 취한 것과 동등한 죄를 육적으로나 영적으로도 행하고 있었다는 의미가 됩니다. 즉, 성경과 복음에서 이탈된 공동체가 너희가 아니냐는 이야기입니다.

경 말씀과 복음을 통하여)는 것입니다. 이런 사람은 성령의 은혜 안에 들어올 수 없으며 상종치 말아야 한다는 것입니다.

교회는 예수가 그 하나님이심을 믿는 믿음으로 모이는 것이며 바울이 전해준 복음 안에서 모여 우리 주, 곧 하나님이신 예수님의 능력으로 죄와 의를 분별하고 확실히 그것이 갈라놓아야 한다는 것입니다. 주의 복음을 배반하는 자는 사탄에게 내어 준 것이므로 이는 육신은 멸하지만 그의 영혼은 회개시켜서 구원을 받게 하는 것이 복음사역이라고 한 것입니다.[20]

또, 고린도 교회 교인들이 받은 자칭의 은사들을 자랑하는 것은 옳지 않다는 것입니다. '적은 누룩이 온 덩어리에 퍼지는 것을 알지 못하느냐'고 한 것은 그 잘못된 것으로 교회에 큰 악의 역사가 펼쳐지게 된다는 것입니다. 바로 자칭 율법의 선생이 된다며 파당을 나눈 무리들이 구약의 율법의 제사 체계에서 무교절과 누룩이 없음을 이해하고 있는 것을 들어 강하

20 개역 겔 33:11 주 여호와의 말씀에 나의 삶을 두고 맹세하노니 나는 악인의 죽는 것을 기뻐하지 아니하고 악인이 그 길에서 돌이켜 떠나서 사는 것을 기뻐하노라 이스라엘 족속아 돌이키고 돌이키라 너희 악한 길에서 떠나라 어찌 죽고자 하느냐 하셨다 하라

게 반증하고 있는 것입니다. 무교절은 유월절 직후의 절기로서 누룩 없는 빵(떡)을 떼며 주님의 속죄하심을 기념하는 절기였습니다.

예수 그리스도를 믿는 믿음 안에 있는 사람들은 성령으로 죄 사함을 받았음으로 누룩 없는 자와 같고, 유월절 양으로 표현한 예수 그리스도의 속죄로 죄 사함을 받는 자이므로, 유대교에서 제사의 명절을 지켰던 것처럼 예수 그리스도께서 십자가를 지심으로 우리 죄를 사해 주신 것을 늘 마음에 기억하여 신실한 신앙으로 영적으로나, 육적으로나 (영원토록) 세워져야 한다고 한 것입니다.

5장 9절 – 6장 11절

○ 9 내가 너희에게 쓴 편지에 음행하는 자들을 사귀지 말라 하였거니
와 10 이 말은 이 세상의 음행하는 자들이나 탐하는 자들이나 속여
빼앗는 자들이나 우상 숭배하는 자들을 도무지 사귀지 말라 하는 것이
아니니 만일 그리하려면 너희가 세상 밖으로 나가야 할 것이라 11
이제 내가 너희에게 쓴 것은 만일 어떤 형제라 일컫는 자가 음행하거
나 탐욕을 부리거나 우상 숭배를 하거나 모욕하거나 술 취하거나 속여

빼앗거든 사귀지도 말고 그런 자와는 함께 먹지도 말라 함이라 12
밖에 있는 사람들을 판단하는 것이야 내게 무슨 상관이 있으리요마는
교회 안에 있는 사람들이야 너희가 판단하지 아니하랴 13 밖에 있는
사람들은 하나님이 심판하시려니와 이 악한 사람은 너희 중에서 내쫓
으라 ○ 6:1너희 중에 누가 다른 이와 더불어 다툼이 있는데 구태여
불의한 자들 앞에서 고발하고 성도 앞에서 하지 아니하느냐 2 성도
가 세상을 판단할 것을 너희가 알지 못하느냐 세상도 너희에게 판단을
받겠거든 지극히 작은 일 판단하기를 감당하지 못하겠느냐 3 우리가
천사[21]를 판단할 것을 너희가 알지 못하느냐 그러하거든 하물며 세상
일이랴 4그런즉 너희가 세상 사건이 있을 때에 교회에서 경히 여김
을 받는 자들을 세우느냐 5 내가 너희를 부끄럽게 하려 하여 이 말
을 하노니 너희 가운데 그 형제간의 일을 판단할 만한 지혜 있는 자가
이같이 하나도 없느냐 6 형제가 형제와 더불어 고발할 뿐더러 믿지
아니하는 자들 앞에서 하느냐 7 너희가 피차 고발함으로 너희 가운
데 이미 뚜렷한 허물이 있나니 차라리 불의를 당하는 것이 낫지 아니
하며 차라리 속는 것이 낫지 아니하냐 8 너희는 불의를 행하고 속이
는구나 그는 너희 형제로다 9 불의한 자가 하나님의 나라를 유업으

---

21 천사라는 의미가 영적인 존재와 육적인 존재를 모두 말한다고 할 때에 천사라는 의미에 대해 생각해 보자면, 천사는 하나님의 전령으로서 메신저입니다. 천사라 할지라도 또는 천사를 가장한 악한 영이라 할지라도 주 예수 그리스도의 복음에서 벗어난 존재가 있다면 그 판단을 예수님을 사랑하는 모든 교회와 주께서 친히 판단하신다는 뜻입니다. 그러므로 예수 그리스도의 복음을 전하는 모든 자들은 천사라고 볼 수 있습니다.

로 받지 못할 줄을 알지 못하느냐 미혹을 받지 말라 음행하는 자나 우
상 숭배하는 자나 간음하는 자나 탐색하는 자나 남색하는 자나 10
도적이나 탐욕을 부리는 자나 술 취하는 자나 모욕하는 자나 속여 빼
앗는 자들은 하나님의 나라를 유업으로 받지 못하리라 11 너희 중에
이와 같은 자들이 있더니 주 예수 그리스도의 이름과 우리 하나님의
성령 안에서 씻음과 거룩함과 의롭다 하심을 받았느니라

사도 바울은 음행하는 자들과 사귀지 말라고 편지하였습니다. 왜냐하면 그들과 사귀면 그들과 같이 되기 때문에 믿음을 지키기 위하여 그런 자들과는 사귀지 말라고 한 것입니다.

"이 세상에 음행하는 자들이나 탐하는 자들이나 속여 빼앗는 자들이나 우상숭배하는 자들을 도무지 사귀지 말라 하는 것이 아니라 만일 그러하면 너희가 세상 밖으로 나아가야 할 것이니라"라고 한 것은 세상 세인들을 가리키는 것이 아니라 예수 안에서 예수님을 배신하는 자들을 사귀지 말라고 한 것입니다. 세상 사람들을 사귀는 목적은 그들에게 예수가 구원자임을 전하여 그들이 믿음으로 죄 사함을 받아 영원한 생명에 이르게 하기 위함입니다. 예수 그리스도 안에 있다고 하면서도 세상 풍속을 버리지 못하고 음행을 하거나 탐욕을 부리거나 우상숭배를 하거나 모욕하거나 술 취하거나 속여 빼앗거든 사귀지도

말고 그런 자들과는 함께 먹지도 말라고 한 것입니다. 그리스도인은 세인과 달리 믿음 안에서 구별되게 행하며 살아가야 한다는 것입니다.

예수 밖에 있는 사람들을 판단하는 것은 바울 자신과는 상관이 없다는 것입니다. 그러나 "교회 안에 있는 사람들은 너희들이 판단하지 아니하느냐 교회 밖에 있는 사람들은 하나님이 심판하실 것이며"라고 한 것은 교회 안에서 복음안에 있지 아니하고 복음을 훼방하는 자는 내쫓으라는 것입니다. 그만큼 사도 바울은 교회를 보호하고 바로 세우기를 원했던 것입니다. 내어쫓으라고 한 악한 자는 영적 음행[22]을 행하는 자들을 의미

---

22 영적 음행이라는 것은 온전히 예수 그리스도를 주로 여기고 살아가지 못하고 사고하지 못하고 단순히 종교적 의식적 체계를 행하는 것을 의미할 수도 있고 바울과 사도들이 전한 예수 그리스도가 아니라 다른 예수를 전하는 것, 곧 적그리스도의 편에 선 행위들을 말하기도 하고 예수를 믿는다고 하면서도 성전 유대교적이거나 헬라 사상적 믿음들을 버리지 못하는 모든것을 의미합니다. 유대-기독교 사상에서 영혼은 육체를 끌어가는 본질이라 볼 수 있습니다. 그러나 육체의 소욕이라는 것이 단순히 육체의 안락만을 의미하지는 않습니다. 정신적으로도 예수 그리스도 이외의 어떤 것을 소망하거나 추구한다면, 근본적으로는 음행입니다.

합니다. 그리스어 사본상 그 '악한 자'는 '음행자'와 같은 의미의 단어입니다.

서로 분쟁하고 다툼이 일어날 때에 법정으로 가서 옳고 그름을 판단 받으려고 하는 것이 고린도 교인들의 인식이었기에 사도 바울은 다툼이 있으면 구태여 불의한 자들 앞에서 고발하고 성도 앞에서 하지 않는다고 하여 옳고 그름을 분별해 주었습니다.

이때 "성도가 세상을 판단할 것을 너희가 알지 못하느냐"라고 한 것은 하나님의 뜻이 이루어질 때 영의 세계에서 받게 되는 성도[23]의 권세를 가르치는 것입니다.

세상도 영의 세계에서는 믿음의 사람들에게 판단을 받거든 너희가 그 조그마한 일도 감당치 못하여 세상 법정으로 가지고 가느냐라고 바울은 지적합니다. 현대의 우리도 세상을 살면서 예수 믿는 사람도 고소 고발하고 뿐만 아니라 교회에서도

---

23 번역된 성경들 마다 '성도'에 관한 단수 복수 문제가 나타납니다. 참 성도는 오직 예수 그리스도입니다. 그러나 그 포도나무의 가지 된 교회의 일원인 예수님을 사랑하는 자들도 성도라 불릴 수 있게 주님께서는 허락하셨습니다. 오직 예수 그리스도 안에서.

교인간에, 혹은 목사와 장로 간에 이해관계에 의해서 고소, 고발하는 것을 봅니다. 이런 사람들은 안타깝게도 하나님의 말씀인 성경을 마음에 받아들이지 아니하고 세상에 속한 제도 속에 있는 사람들뿐임을 알아야 합니다.[24] 그러므로 서로 분쟁이 있으면 회개하고 그 잘못을 상대에게 돌리지 말고 자신에게도 잘못이 있다는 것을 인정하여 한 믿음 안에서 주님 보시기에 합당하게 해결해 나가는 것이 신자들이 행할 도리인 것입니다.

그러므로 사도 바울은 "형제가 형제로 더불어 고발할 뿐 더러 믿지 아니하는 사람들 앞에서 하느냐 너희가 피차 고발함으로 너희 가운데 이미 뚜렷한 허물이 있지 아니하냐 차라리 불의를 당하는 것이 낫지 아니하며 차라리 속는 것이 낫지 아니하냐"라고 한 것입니다.

교회안에서는 고소, 고발함으로 복음이 가려지기 때문에 복음을 위해서는 절대로 고소하고 고발해서는 안 된다는 것입니

---

24 지상 교회의 문제들에 관하여 우리는 기도하여야만 합니다. 하나님이 세우지 아니한 것은 반드시 망하고 반드시 없어질 것입니다. 오직 하나님의 말씀 만이 서는 것입니다.

다.

고린도 교회를 어지럽히는 것은 단순 고린도 교인들뿐 아니라 편당을 나누면서 교회를 훼파하고 있던 거짓 교사들도 있었습니다. 그들은 사탄의 사자이면서 성령의 역사라고 가장하여 속이며 그 속는 자들이 곧 믿음 안에서 형제인 것을 인식해야 된다는 것입니다. 성령이 아닌 것을 성령으로 속이고 가르치는 자들은 하나님의 나라를 유업으로 받지 못한다는 것입니다.

또한 바울은 거짓 교사의 미혹을 받아 음행하는 자나 우상숭배하는 자나 간음하는 자나 탐색하는 자나 남색하는 자나 도적이나 탐욕을 부리는 자나 술 취하는 자나 모욕하는 자나 속여 빼앗는 자들도 하나님의 나라를 유업으로 받지 못한다고 단언하였습니다.

이 말씀은 윤리적인 문제나 도덕적인 문제를 말한 것 같지만 그 본질은 영적인 문제를 가리키는 것입니다. 거짓 교사들은 성령이 아닌 것을 성령으로 속여 고린도 교인들을 미혹하여 온갖 교회 안에서 온갖 분쟁을 일삼는 자들인 것입니다.

일부 교인들 중에는 거짓 교사들의 가르침에 미혹되었다가 바울의 교훈을 듣고 돌이켜 성령의 역사하심으로 속죄함과 거룩함을 다시 입어 의롭다하심을 받은 자들도 있다는 것입니다. 이처럼 바울 사도가 권면하는 말을 듣고 편당에서 돌이켜 바른 믿음의 사람이 되라고 하는 것입니다.

6장 12절 – 7장 7절

○ 12 모든 것이 내게 가하나 다 유익한 것이 아니요 모든 것이 내게
가하나 내가 무엇에든지 얽매이지 아니하리라 13 음식은 배를 위하
여 있고 배는 음식을 위하여 있으나 하나님은 이것 저것을 다 폐하시
리라 몸은 음란을 위하여 있지 않고 오직 주를 위하여 있으며 주는 몸
[25]을 위하여 계시느니라 14 하나님이 주를 다시 살리셨고 또한 그의
권능으로 우리를 다시 살리시리라 15 너희 몸이 그리스도의 지체인
줄을 알지 못하느냐 내가 그리스도의 지체를 가지고 창녀의 지체를 만
들겠느냐 결코 그럴 수 없느니라 16 창녀와 합하는 자는 그와 한 몸
인 줄을 알지 못하느냐 일렀으되 둘이 한 육체가 된다 하셨나니 17
주와 합하는 자는 한 영이니라 18 음행을 피하라 사람이 범하는 죄

25 여기서 말하는 몸은 하나된 교회를 의미할 수 있습니다. 사도 바울의 어법 또는 신약 서신서들의 어법은 중의적(동시에 두가지 이상을 압축하여 서술)이거나 상징적 수사를 쓸때가 많이 있습니다.

마다 몸 밖에 있거니와 음행하는 자는 자기 몸에 죄를 범하느니라
19 너희 몸은 너희가 하나님께로부터 받은 바 너희 가운데 계신 성령
의 전인 줄을 알지 못하느냐 너희는 너희 자신의 것이 아니라 20 값
으로 산 것이 되었으니 그런즉 너희 몸[26]으로 하나님께 영광을 돌리라
○ 7:1 너희가 쓴 문제에 대하여 말하면 남자가 여자를 가까이 아니함
이 좋으나 2 음행을 피하기 위하여 남자마다 자기 아내를 두고 여자
마다 자기 남편을 두라 3 남편은 그 아내에 대한 의무를 다하고 아
내도 그 남편에게 그렇게 할지라 4 아내는 자기 몸을 주장하지 못하
고 오직 그 남편이 하며 남편도 그와 같이 자기 몸을 주장하지 못하고
오직 그 아내가 하나니 5 서로 분방하지 말라 다만 기도할 틈을 얻
기 위하여 합의상 얼마 동안은 하되 다시 합하라 이는 너희가 절제 못
함으로 말미암아 사탄이 너희를 시험하지 못하게 하려 함이라 6 그
러나 내가 이 말을 함은 허락이요 명령은 아니니라 7 나는 모든 사
람이 나와 같기를 원하노라 그러나 각각 하나님께 받은 자기의 은사가
있으니 이 사람은 이러하고 저 사람은 저러하니라

---

26 여기서의 몸은 집합 단수 곧 이스라엘과 같은 의미입니다. 교회는 하나된 몸입니다. 이것을 잘못 해석하게 되면, 마치 행위적으로 윤리적으로 온전한 것 만이 하나님께 영광을 돌린다는 의미가 됩니다. 성경이 말하는 몸은 2가지의 다른 단어가 있습니다. 하나는 육체이고 하나는 Body라는 의미로서의 공동체적 한 몸을 말합니다. 예수님께서 나의 살을 먹으라고 하신것은 영적인 몸을 의미하는 것이었습니다. 육체의 살을 먹으라는 뜻이 아닙니다.

사도 바울이 믿음 안에서 "모든 것이 내게 가하나 다 유익한 것은 아니며 모든 것이 내게 가하나 내가 무엇에든지 얽매이지 아니하리라"라고 한 것은 바울은 복음사역을 행할 때 재정적으로 어려움과 유대인의 핍박, 여러 형태의 어려움 속에서도 교회에 누를 끼치지 않기 위해 손수 일을 하며 복음 사역을 감당했던 것을 설명하는 것입니다. 고린도 교회에 주님의 사역을 위한 생활비와 그 모든 것을 요청할 수 있는 권한이 있지만 그 권한을 사용하지 않는다고 했습니다.[27]

바울은 비유를 들어 "음식은 배를 위하여 있고 배는 음식을 위하여 있으나 하나님은 이것 저것을 다 폐하시리라. 몸은 음란을 위하여 있지 않고 주를 위하여 있으며 주는 몸을 위하여 계시느니라"라며 존재론을 들고 우리가 예수 그리스도의 복음 사역을 위해서 존재해야 한다는 것을 가르친 것입니다.

---

27 개역 롬 15:27 저희가 기뻐서 하였거니와 또한 저희는 그들에게 빚진 자니 만일 이방인들이 그들의 신령한 것을 나눠 가졌으면 육신의 것으로 그들을 섬기는 것이 마땅하니라

"하나님이 주를 다시 살리셨고[28]"라고 한 것은 역사적 사실을 들고 십자가 사역과 죽으심과 부활을 가르친 것입니다. 그리고 십자가에 매달려 고난당하신 예수는 구원자이며 그 하나님이라는 것입니다. 즉, 하나님께서 사람의 모습을 하시고 인간의 구원을 위해 이 땅에 오신 것이었습니다.(롬 9:5[29])

우리가 죄로 말미암아 죽을 수밖에 없던 자들이나 예수가 그 하나님이심을 믿음으로 그분의 권능이 우리를 부활하게 하셨으므로 우리의 몸을 그리스도의 지체로 여기라고 하였습니다. 다시 말해서 예수님의 복음 사역을 위해 우리의 몸이 존재해야 된다는 것입니다. 그런 지체인줄 알지 못하고 창녀[30]의

---

28 *ο δε θεος και τον ηγειρεν και ημας εξεγερει δια της δυναμεως αυτου*. 하나님께서 친히 스스로 주로서 살아나신 것과 같이 그분의 그 능력을 통하여 우리를 살리신다.

29 개역 롬 9:5 조상들도 저희 것이요 육신으로 하면 그리스도가 저희에게서 나셨으니 저는 만물 위에 계셔 세세에 찬양을 받으실 하나님이시니라 아멘

30 성경이 말하는 창기, 창녀는 돈을 받고 몸을 매매하는 자들을 의미한다기 보다 이방적인 제사의식의 일환으로 육체의 교합을 미끼로 우상숭배에 빠지게 하는 것으로 묘사됩니다. (개역 민 25:1 이스라엘이 싯딤에 머물러 있더니 그 백성이 모압 여자들과 음행하기를 시작하니라 2

지체를 만들겠느냐라고 한 것은 절대 그럴 수 없다는 것입니다. 바울은"창녀와 합하는 자는 그와 한 몸인 줄 알지 못하느냐"라고 하며 창 2:24[31]를 인용하여 "일렀으되 둘이 한 육체가 된다 하셨나니"라고 하며 고린도 교인들을 향해 죄에 빠지지 말라고 간곡히 부탁하는 것입니다.

반면 그리스도 예수와 합한 자는 한 영이라고 설명하는 것입니다.

사람이 범하는 죄마다 몸 밖에 있거니와 음행하는 자는 자기 몸에 죄를 범하느니라고 한 것은 음행을 들어서 영적으로 하나님을 대적하는 다른 영에 속해 버리는 것을 가리키는 것

그 여자들이 그 신들에게 제사할 때에 백성을 청하매 백성이 먹고 그들의 신들에게 절하므로 3 이스라엘이 바알브올에게 부속된지라 여호와께서 이스라엘에게 진노하시니라) 영적으로는 예수 그리스도라는 남편이 있음에도 세상적인 것에 빠져서 그 우선 순위를 복음이 아닌것에 마음을 뺏긴 모든 자들을 의미합니다. (개역 골 3: 5 ○그러므로 땅에 있는 지체를 죽이라 곧 음란과 부정과 사욕과 악한 정욕과 탐심이니 탐심은 우상 숭배니라 6 이것들을 인하여 하나님의 진노가 임하느니라)

31 개역 창 2:24 이러므로 남자가 부모를 떠나 그 아내와 연합하여 둘이 한 몸을 이룰찌로다

입니다.

그러나 예수 안에 있는 사람들은 그 마음을 오직 하나님께 두고 하나님의 말씀에 귀를 기울이면서 하나님이 원하시는 대로 믿음을 지키며 그 하나님인 예수 그리스도에게 영광을 돌릴 수 있도록 하라는 것입니다.

우리는 평소 하나님께 영광을 돌리라는 말을 많이 합니다. 그러나 어떻게 해야 하나님께 영광을 돌리는 것이겠습니까? 우리가 모여서 찬송하고 기도한다고 하나님께 영광이 되겠습니까? 하나님께 영광이 되는 것이란, 죄를 멀리하고 하나님의 말씀을 믿고 말씀 안에 거하는 것, 곧 예수 그리스도를 주님으로 시인하는 삶을 사는 것이 바로 하나님께 영광을 돌리는 것입니다.

사도 바울이 고린도 교인들에게 결혼 문제를 설명하는 것은 교회에서 음행한 자들이 있다는 것을 들었기 때문에 신앙 생활에 저해가 되는 음행을 해서는 안된다는 것을 설명하기 위함입니다. 따라서 남자마다 자기 아내를 두고 여자마다 남편을 두어 가정을 이루라는 것입니다.

남편에게 그 아내에 대한 의무를 다하라는 것을 대체적으로 생활비에 대한 의무를 다하라는 것으로 이해하는 것은 잘못된 문화적 이해입니다.

그것은 교회 안에서 그 아내 된 자를 하나님의 말씀으로 양육을 하라는 뜻입니다. 구약 성경적으로 남편에게 부양의 의무가 있다는 말은 없습니다. 이것은 인간의 문화 사회적인 사실일 뿐입니다. 오히려 자손을 낳기 위해 합방을 해야만 한다는 사실은 기록되어 있습니다. 이것도 육체적인 자손의 번식을 말한다기보다 둘이 하나가 되어 생명을 만들라는 영적 의미로 볼 수 있습니다. 예수 그리스도가 바로 그 기다려온 신랑이며 이스라엘과 이방은 그분의 참신부로 묘사된 것이 구약성경의 아가서인 것을 생각해 봐야 합니다. 또 예수님의 열 처녀의 비유도 신랑은 한 명인데 열명의 처녀가 기다린 것은 그것이 영적인 합방을 의미하기 때문입니다.

그러므로 바울은 남편과 아내는 서로에게 예의를 갖추어야 한다고 가르쳤습니다. 이 말씀에서 한 가지 의문을 가질 수 있습니다. 사도 바울은 결혼을 하지 않은 독신으로 알고 있는데 자신이 경험해 보지 못한 부부의 대의를 어떻게 구체적으로 설명할 수 있을까하는 것입니다. 또 고린도 전서를 볼 때 앞뒤의 문장이 다른 것을 볼 수 있습니다. 고린도 전서의 원저자는 바울이지만 수많은 세월 속에 여러 번 번역되어 번역자의 의식으로 기록된 부분이 많이 있음을 볼 수 있습니다. 그래서 고린도전서를 이해할 때에 바울이 고린도 교회에 편지 한 이유와 그 내용들을 바로 알아 어떤 단어가 나온다 해도 바울의 의도함을 변개함 없이 인식하는 것이 중요합니다.

사도 바울이 남녀의 결혼을 든 것은 사탄이 유혹의 문제로 시험하지 못하게 함입니다. 그래서 바울이 이런 내용은 고린도 교인들의 신앙에 유익되게 하기 위한 것이지 명령은 아니라고 한 것입니다. 명령이라 함은 절대 지켜야 하는 계율과도 같은 것입니다. 그러나 그 명령은 주께서 직접 내리시는 것입니다.

그래서 바울은 복음 사역에 유익되게 하기 위하여는 나와 같기를 원한다고 하였습니다. 그러나 고린도 교인들 모두가 복음만을 전하는 사역자가 아니며 그들은 현실속에서 각자 다른 직업을 가지고 살아가는 사람들이기에 모두에게 바울이 말한 것을 적용할 수 없다는 것입니다. 다시 말하면 교회의 입장에서 볼 때 복음을 위하여 목사가 된 사람에게는 바울이 말한

대로 "나와 같이 되기를 원하노라"라고 한 말이 통용될 수도 있지만 현재 가톨릭 교회의 신부들만이 그것을 축자적으로 받아들여 독신으로서 교회를 섬기며 살아가고 있습니다. 그 이유는 가톨릭 교회에서는 고린도전서 7:7의 내용을 상징적-중의적으로 보지 않기 때문이라고 보아야 할 것입니다.

7장 8절 – 24절

○ 8 내가 결혼하지 아니한 자들과 과부들에게 이르노니 나와 같이 그
냥 지내는 것이 좋으니라 9 만일 절제할 수 없거든 결혼하라 정욕이
불 같이 타는 것보다 결혼하는 것이 나으니라 10 결혼한 자들에게
내가 명하노니 (명하는 자는 내가 아니요 주시라) 여자는 남편에게서
갈라서지 말고 11 (만일 갈라섰으면 그대로 지내든지 다시 그 남편
과 화합하든지 하라) 남편도 아내를 버리지 말라 12 그 나머지 사
람들에게 내가 말하노니 (이는 주의 명령이 아니라) 만일 어떤 형제
에게 믿지 아니하는 아내가 있어 남편과 함께 살기를 좋아하거든 그를
버리지 말며 13 어떤 여자에게 믿지 아니하는 남편이 있어 아내와
함께 살기를 좋아하거든 그 남편을 버리지 말라 14 믿지 아니하는
남편이 아내로 말미암아 거룩하게 되고 믿지 아니하는 아내가 남편으
로 말미암아 거룩하게 되나니 그렇지 아니하면 너희 자녀도 깨끗하지
못하니라 그러나 이제 거룩하니라 15 혹 믿지 아니하는 자가 갈리거
든 갈리게 하라 형제나 자매나 이런 일에 구애될 것이 없느니라 그러

나 하나님은 화평 중에서 너희를 부르셨느니라 16 아내 된 자여 네
가 남편을 구원할는지 어찌 알 수 있으며 남편 된 자여 네가 네 아내
를 구원할는지 어찌 알 수 있으리요 17 오직 주께서 각 사람에게 나
눠 주신 대로 하나님이 각 사람을 부르신 그대로 행하라 내가 모든 교
회에서 이와 같이 명하노라 18 할례자로서 부르심을 받은 자가 있느
냐 무할례자가 되지 말며 무할례자로 부르심을 받은 자가 있느냐 할례
를 받지 말라 19 할례 받는 것도 아무 것도 아니요 할례 받지 아니
하는 것도 아무 것도 아니로되 오직 하나님의 계명을 지킬 따름이니라
20 각 사람은 부르심을 받은 그 부르심 그대로 지내라 21 네가 종으
로 있을 때에 부르심을 받았느냐 염려하지 말라 그러나 네가 자유롭게
될 수 있거든 그것을 이용하라 22 주 안에서 부르심을 받은 자는 종
이라도 주께 속한 자유인이요 또 그와 같이 자유인으로 있을 때에 부
르심을 받은 자는 그리스도의 종이니라 23 너희는 값으로 사신 것이
니 사람들의 종이 되지 말라 24 형제들아 너희는 각각 부르심을 받
은 그대로 하나님과 함께 거하라

사도 바울이 결혼하지 않은 자들과 과부들에게 나와 같이 그냥 지내는 것이 좋다고 한 말씀을 깊이 생각해 볼 필요가 있습니다. 이 말을 혼인을 반대한다기 보다 복음 사역을 맡은 자들에게 한 말씀이라고 보아야 합니다. 혼인으로 복음 사역에 걸림돌이 된다면 혼자 지내는 것이 낫다고 한 것이 때문입니다.

그리고 이미 결혼한 자들에게는 여자는 남편에 갈라서지 말라고 하였습니다. 내가 아니요 명하는 자는 주님이라고 단서를 붙였지만 이 말씀 역시 바울의 의견인 것입니다. 왜 이러한 의견을 바울이 편지에 기록하였을까요? 이것으로 우리는 고린도 교회에 속한 자들 중에 육체적으로, 또 영적으로 성적인 문란함이 있었다는 것을 알 수 있습니다.

그래서 '어떤 형제'라고 지칭한 한 예수 믿는 사람에게 믿지 아니하는 남편이 있어 아내와 함께 살기를 원하면 그 남편을 버리지 말라고 합니다. 상대가 믿음이 있는가 없는가에 따라 이혼을 하게 되면 가정에 파탄이 오고 그 파탄이 사회적으로 영향을 주기에 이혼하지 말라고 한 것입니다.

남편이 믿지 않아도 그 남편을 전도해서 예수 그리스도를 구원자로 믿는 사람을 만들라고 하는 것입니다. 그러나 신앙의 문제로 이혼의 사유가 되면 이혼하여도 무방하다는 것을 가르칩니다. 이것은 주님 말씀과 상이한데, 어떻게 바르게 보아야 될까요?

남편이 아내로 하여금 예수를 구원자로 믿게 할 수 있으며 또한 아내가 남편을 예수를 믿는 사람으로 변화되게 할 수 있습니다. 그러나 이 일은 사람의 판단으로 아는 것이 아니라 주께서 역사해 주실 때만이 이루어집니다.

그래서 기독교인들 중에 남편이 믿지 않거나 아내가 믿지 않는 사람도 많이 있는 것을 볼 수 있습니다. 고린도전서의 말씀을 올바로 속뜻을 알지 못하고 문자에 기록된 것으로 보아 옳고 그름을 판단하는 것은 바른 것이 아닙니다.

그러므로 성경을 문자적으로 보느냐 의미적으로 보느냐에 따라서 신앙 사상이 달라지는 것입니다. 성경을 문자적으로만 보고 이해한다면 율법주의자가 되며 또 그 율법은 성경이 가르치는 율법이 아니라 자신이 알고 있는 윤리관으로 이해한 것이 되어 복음의 본질에서 멀어지게 된다는 것을 깊이 깨달아야 할 것입니다.

중요한 것은 주님께서 각 사람에게 은혜로 주신 것을 믿음으로 받아들여 예수 그리스도가 구원자 그 하나님이심을 전하는 일에 합력자가 되어서 하나님이 원하시고 기뻐하시는 뜻을 이루는데 이바지해야 된다는 것입니다.

고린도전서를 보다 보면 성도들에게 가르치는 신앙이 있는가 하면 전적으로 복음만을 전하는 사람들에게 요구한 것이 섞여 있기도 합니다. 결혼 문제를 들고 설명한 내용이 바로 그렇습니다. 이러한 설명은 일상생활 속 신앙인들을 향한 것이 아니라기보다는 특별하게 복음 사역의 소임을 받은 사람들에게 가르치는 것입니다. 이런 점을 우리가 분별하여 바른 신앙을 갖고 교회에서 맡은 바 그 직무를 잘 책임지면서 나아가야 할 것입니다.

또한 바울은 성전 유대교 신앙으로 할례를 받고 예수 그리스도가 그 하나님이심을 깨달아 믿은 자는 무할례자처럼 행동하지 말라는 것입니다. 또는 무할례자, 곧 이방인으로서 부르심을 받은 자가 있으면 종교적 행위로서의 할례를 받아야 할 필요는 없다는 것입니다. 할례는 하나님께서 아브라함에게 명한 것이며 할례를 받아야만이 이스라엘의 백성이 되는 것이 유대교의 전통적인 신앙이었습니다. 그러나 예수께서 오신 이후에는 할례를 받음으로 하나님의 백성이 되는 것이 아니라 예수가 구원자 그 하나님이심을 믿음으로 구원에 이릅니다.[32]

32 개역 골 2: 6 ○그러므로 너희가 그리스도 예수를 주로 받았으니 그

따라서 과거 율법시대에는 할례를 통하여 하나님의 백성이 되었지만 그리스도가 오시어 속죄하심으로 이후에는 예수 그리스도가 그 하나님이심을 믿는 자에게 죄 사함을 주시고 하나님의 자녀가 되게 하는 역사이기 때문입니다.

우리는 주님께서 우리에게 주신 은혜대로 믿음을 지키고 세상을 이겨 나가야 할 것입니다. 어떤 처지에 있을 때에 부르심

안에서 행하되

7 그 안에 뿌리를 박으며 세움을 입어 교훈을 받은대로 믿음에 굳게 서서
감사함을 넘치게 하라 8 ○누가 철학과 헛된 속임수로 너희를 노략할까
주의하라 이것이 사람의 유전과 세상의 초등 학문을 좇음이요 그리스도를
좇음이 아니니라 9 그 안에는 신성의 모든 충만이 육체로 거하시고 10
너희도 그 안에서 충만하여졌으니 그는 모든 정사와 권세의 머리시라 11
또 그 안에서 너희가 손으로 하지 아니한 할례를 받았으니 곧 육적 몸을
벗는 것이요 그리스도의 할례니라 12 너희가 세례로 그리스도와 함께
장사한바 되고 또 죽은 자들 가운데서 그를 일으키신 하나님의 역사를
믿음으로 말미암아 그 안에서 함께 일으키심을 받았느니라13 또 너희의
범죄와 육체의 무할례로 죽었던 너희를 하나님이 그와 함께 살리시고
우리에게 모든 죄를 사하시고 14 우리를 거스리고 우리를 대적하는
의문에 쓴 증서를 도말하시고 제하여 버리사 십자가에 못 박으시고 15
정사와 권세를 벗어버려 밝히 드러내시고 십자가로 승리하셨느니라 16
○그러므로 먹고 마시는 것과 절기나 월삭이나 안식일을 인하여 누구든지
너희를 폄론하지 못하게 하라 17 이것들은 장래 일의 그림자이나 몸은
그리스도의 것이니라

을 입었다 할지라도 염려할 필요가 없습니다. 우리가 자유케 되는 것은 제도적인 문제도 있지만 성경이 가르치는 자유는 제도가 아니라 죄에 매여 있던 우리가 예수 그리스도께서 속죄해 주심으로 죄에서 자유자가 되는 것입니다. 그래서 예수님께서 "너희가 진리를 알지니 진리가 너희를 자유케 하리라"라고 말씀하신 때의 '자유'는 속죄해 주심을 가르친 것입니다. 문제는 신앙인들이 속죄를 받았는지 받지 못했는지 구분할 수 없다는 것입니다. 어떤 이들은 성령을 받으면 새롭게 변화되어 윤리적인 면이나 도덕적인 면이나 또는 성격적인 것까지 변화된다고 설파합니다. 그러나 이렇게 가르치는 것은 아직도 성경을 바르게 알지 못하여 축자적인 것을 들어서 신앙에 연결시키는 것입니다. 성령의 은혜로 죄 사함 받는 것은 윤리나 도덕적인 죄가 아니라 영적인 죄입니다. 육체를 가진 사람은 영을 볼 수 없습니다. 그래서 성령으로 오셔서 역사하시는 것을 육적인 사람으로는 알 수 없으나 요한복음 14:26에 "보혜사 곧 아버지께서 내 이름으로 보내실 성령 그가 너희에게 모든 것을 가르치고 내가 너희에게 말한 모든 것을 생각나게 하리라"라는 말씀을 깨달을 때 알 수 있습니다.

고린도 교회 당시에 종 된 자들도 예수를 믿었던 사람이 있음을 볼 수 있습니다. 바울은 예수를 구원자 그 하나님으로 믿을 때 속죄를 받음으로 죄에 매여 있는 자가 죄에서 자유자가 된다고 가르치고 있습니다. 반면 예수를 믿는 사람이 종이 되는 것은 죄의 종이 아닌 그리스도의 종이 되는 것입니다. 그러므로 복음 안에 있는 사람들은 사람의 종이 되어서는 안된다는 것입니다. 여기에서 사람의 종이란 업무 관계가 아니라 곧 영적인 관계를 가리키는 것입니다.

바울은 고린도 교인들에게 그리스도의 은혜로 부르심을 받은 그 은혜의 신앙을 그대로 보전하면서 반드시 예수 그리스도의 은혜 안에 있어야 한다고 당부하고 있습니다.

7장 25절 – 10장 13절

○ 25 처녀에 대하여는 내가 주께 받은 계명이 없으되 주의 자비하심을 받아서 충성스러운 자가 된 내가 의견을 말하노니 26 내 생각에는 이것이 좋으니 곧 임박한 환난[33]으로 말미암아 사람이 그냥 지내는

---

33 그리스어 사본에 나오는 '임박한ενεστωσαν'이라는 의미는 '다가올'의 의미가 아니라 'present' 현재적 의미의 어려움[재난]을 말하는

것이 좋으니라 27 네가 아내에게 매였느냐 놓이기를 구하지 말며 아
내에게서 놓였느냐 아내를 구하지 말라 28 그러나 장가 가도 죄 짓
는 것이 아니요 처녀가 시집 가도 죄 짓는 것이 아니로되 이런 이들은
육신에 고난이 있으리니 나는 너희를 아끼노라 29 형제들아 내가 이
말을 하노니 그 때가 단축하여진 고로 이 후부터 아내 있는 자들은 없
는 자 같이 하며 30 우는 자들은 울지 않는 자 같이 하며 기쁜 자
들은 기쁘지 않은 자 같이 하며 매매하는 자들은 없는 자 같이 하며
31 세상 물건을 쓰는 자들은 다 쓰지 못하는 자 같이 하라 이 세상의
외형은 지나감이니라 32 너희가 염려 없기를 원하노라 장가 가지 않
은 자는 주의 일을 염려하여 어찌하여야 주를 기쁘시게 할까 하되
33 장가 간 자는 세상 일을 염려하여 어찌하여야 아내를 기쁘게 할까
하여 34 마음이 갈라지며 시집 가지 않은 자와 처녀는 주의 일을 염
려하여 몸과 영을 다 거룩하게 하려 하되 시집 간 자는 세상 일을 염

것입니다. 이제까지의 대다수의 한국어 번역 본 성경은 mechanical translation(동일 단어 위상 번역)이 아닙니다. 한국어로는 같은 단어이나 원전 사본상에서 전혀 다른 단어인 경우가 다수 존재한다는 것입니다. 이는 성경이 번역될 당시 우리나라의 문화적 이해 범위로 번역한 것임을 알아야 합니다. 실례로 성경에 없는 단어 중 제일 유명한 사례의 하나는 '덕'이라는 단어의 삽입입니다. 고린도 전서 8:1절에 번역된 '덕'은 원래의 성경에 없는 단어를 삽입하여 이해를 도운 문화적 번역의 대표 사례입니다. 과거 당시의 한국어 어법에서 목적어 없이 '사랑은 세우느니라'라고 번역할 수 없었던 이유이기도 하다고 볼 수 있습니다. 마찬가지로 에베소서 4:27절의 '덕'도 이해를 돕기 위한 삽입적 단어입니다. 원래의 그리스어 사본이나 영어 성경에서조차 없는 표현입니다.

려하여 어찌하여야 남편을 기쁘게 할까 하느니라 35 내가 이것을 말
함은 너희의 유익을 위함이요 너희에게 올무를 놓으려 함이 아니니 오
직 너희로 하여금 이치에 합당하게 하여 흐트러짐이 없이 주를 섬기게
하려 함이라 36 그러므로 만일 누가 자기의 약혼녀에 대한 행동이
합당하지 못한 줄로 생각할 때에 그 약혼녀의 혼기도 지나고 그같이
할 필요가 있거든 원하는 대로 하라 그것은 죄 짓는 것이 아니니 그들
로 결혼하게 하라 37 그러나 그가 마음을 정하고 또 부득이한 일도
없고 자기 뜻대로 할 권리가 있어서 그 약혼녀를 그대로 두기로 하여
도 잘하는 것이니라 38 그러므로 결혼하는 자도 잘하거니와 결혼하
지 아니하는 자는 더 잘하는 것이니라 39 아내는 그 남편이 살아 있
는 동안에 매여 있다가 남편이 죽으면 자유로워 자기 뜻대로 시집 갈
것이나 주 안에서만 할 것이니라 40 그러나 내 뜻에는 그냥 지내는
것이 더욱 복이 있으리로다 나도 또한 하나님의 영을 받은 줄로 생각
하노라 ○ 8:1우상의 제물에 대하여는 우리가 다 지식이 있는 줄을
아나 지식은 교만하게 하며 사랑은 덕[34]을 세우나니 2 만일 누구든
지 무엇을 아는 줄로 생각하면 아직도 마땅히 알 것을 알지 못하는 것

---

34 원래의 그리스어 사본이나 영어 번역본들, 외국어 번역본들에는 '덕'이라는 단어가 등장하지 않습니다. 이것은 한국어로 말할 때, 사랑은 세우나니라는 표현의 구시대적 이해불능에 의한 '덕'이라는 유교 문화적 단어 삽입적 번역이었으며 앞으로의 한국어 번역에서는 반드시 삭제될 것입니다. 한국의 기독교가 유교적이라 불리는 이유가 성경에서조차 나타나는 것이 사실입니다. 복음은 체제적 설명이 아니요 예수 그리스도 사역을 통한 그 동일하신 하나님의 사랑임을 깨달아야 합니다.

이요 3 또 누구든지 하나님을 사랑하면 그 사람은 하나님도 알아 주
시느니라[35] 4 그러므로 우상의 제물을 먹는 일에 대하여는 우리가
우상은 세상에 아무 것도 아니며 또한 하나님은 한 분밖에 없는 줄 아
노라 5 비록 하늘에나 땅에나 신이라 불리는 자가 있어 많은 신과
많은 주가 있으나 6 그러나 우리에게는 한 하나님 곧 아버지가 계시

---

35 한국어 번역에서는 접속사 '그러나'가 누락되거나 '만일'을 모두 삭제했습니다. 그 이유는 2절과 3절이 연계절인 것으로 번역자들이 바라본 것이지만, 원래의 성경의 언어가 한국어로 부자연스럽다고 해서 그것을 번역할 시에 누락시키는 것은 전체적 이해에는 문제를 발생시키지는 않지만, 어구의 분석이나 신학적 설명[통시적 설명]이 불가능한 것이 됩니다.

개역 고전 8:3 또 누구든지 하나님을 사랑하면 이 사람은 하나님의 아시는바 되었느니라

개정 고전 8:3 또 누구든지 하나님을 사랑하면 그 사람은 하나님도 알아 주시느니라

표준 고전 8:3 그러나 하나님을 사랑하는 사람은, 하나님께서 그를 알아주십니다.

새번역 고전 8:3 그러나 하나님을 사랑하는 사람은 하나님께서 그를 알아주십니다.

강박사 사역- 그러나 만약[만일] 누구든지 그 하나님을 사랑한다면,

그분에 의하여 그 사람은 알게된 바 되는 것입니다.

니 만물이 그에게서 났고 우리도 그를 위하여 있고 또한 한 주 예수
그리스도께서 계시니 만물이 그로 말미암고 우리도 그로 말미암아 있
느니라 7 그러나 이 지식은 모든 사람에게 있는 것은 아니므로 어떤
이들은 지금까지 우상에 대한 습관이 있어 우상의 제물로 알고 먹는
고로 그들의 양심이 약하여지고 더러워지느니라 8 음식은 우리를 하
나님 앞에 내세우지 못하나니 우리가 먹지 않는다고 해서 더 못사는
것도 아니고 먹는다고 해서 더 잘사는 것도 아니니라 9 그런즉 너희
의 자유가 믿음이 약한 자들에게 걸려 넘어지게 하는 것이 되지 않도
록 조심하라 10 지식 있는 네가 우상의 집에 앉아 먹는 것을 누구든
지 보면 그 믿음이 약한 자들의 양심이 담력을 얻어 우상의 제물을 먹
게 되지 않겠느냐 11 그러면 네 지식으로 그 믿음이 약한 자가 멸망
하나니 그는 그리스도께서 위하여 죽으신 형제라 12 이같이 너희가
형제에게 죄를 지어 그 약한 양심을 상하게 하는 것이 곧 그리스도에
게 죄를 짓는 것이니라 13 그러므로 만일 음식이 내 형제를 실족하
게 한다면 나는 영원히 고기를 먹지 아니하여 내 형제를 실족하지 않
게 하리라 ○ 9:1 내가 자유인이 아니냐 사도가 아니냐 예수 우리
주를 보지 못하였느냐 주 안에서 행한 나의 일이 너희가 아니냐 2
다른 사람들에게는 내가 사도가 아닐지라도 너희에게는 사도이니 나의
사도 됨을 주 안에서 인친 것이 너희라 3 나를 비판하는 자들에게
변명할 것이 이것이니 4 우리가 먹고 마실 권리가 없겠느냐 5 우
리가 다른 사도들과 주의 형제들과 게바와 같이 믿음의 자매 된 아내
를 데리고 다닐 권리가 없겠느냐 6 어찌 나와 바나바만 일하지 아니
할 권리가 없겠느냐 7 누가 자기 비용으로 군 복무를 하겠느냐 누가

포도를 심고 그 열매를 먹지 않겠느냐 누가 양 떼를 기르고 그 양 떼
의 젖을 먹지 않겠느냐 8 내가 사람의 예대로 이것을 말하느냐 율법
도 이것을 말하지 아니하느냐[36] 9 모세의 율법에 곡식을 밟아 떠는
소에게 망을 씌우지 말라 기록하였으니 하나님께서 어찌 소들을 위하
여 염려하심이냐 10 오로지 우리를 위하여 말씀하심이 아니냐 과연
우리를 위하여 기록된 것이니 밭 가는 자는 소망을 가지고 갈며 곡식
떠는 자는 함께 얻을 소망을 가지고 떠는 것이라 11 우리가 너희에
게 신령한 것을 뿌렸은즉 너희의 육적인 것을 거두기로 과하다 하겠느

---

36 원래의 그리스어 성경에는 '예'라는 표현 자체가 없습니다. 직역하면, '사람을 따라서 말하느냐? 그 율법[단수]이 이것을 말하고 있지 아니하느냐?'로 읽을 수 있습니다. 겉치레적인 유교 윤리적 사관이 한국 사회에 통용되었기 때문에 '예의'라는 개념이 번역시에 이해를 돕는다는 목적으로 첨가가 된 것으로 볼 수 있으나 지금의 시각으로는 무리한 해석적 번역이라고도 볼 수 있습니다. 유대교/헬라의 윤리와 유교 윤리는 아무런 상관이 없기 때문입니다. 유대교-기독교가 말하는 '부모 공경'이 율법/복음 바깥쪽의 일반화라면 무속 신앙 또는 우상숭배적인 세상에 빠진 부모에 대한 공경과 하나님 사랑 곧 예수 사랑이 양립되지 않을 때 어떤 선택을 해야 되는가? 극단적으로는 성전 유대교든 랍비 유대교적으로는 창조자 이스라엘의 하나님이 최초의 부모이기 때문에 하나님을 예배하지 않는 부모와 자녀는 사람취급을 안해도 된다고 볼수 있습니다. 살았으나 죽은자들로 취급한다는 뜻입니다. 어떤 랍비 유대교 신앙의 사람들은 모든 가족 모임에서 육적으로 살아있다 할지라도 그들을 제외시키기도 합니다. 심지어 주 예수 말씀하시길 "마태 8: 21 제자 중에 또 하나가 가로되 주여 나로 먼저 가서 내 부친을 장사하게 허락하옵소서 22 예수께서 가라사대 죽은 자들로 저희 죽은 자를 장사하게 하고 너는 나를 좇으라 하시니라"라고 말씀하시기도 했습니다.

냐 12 다른 이들도 너희에게 이런 권리를 가졌거든 하물며 우리일까
보냐 그러나 우리가 이 권리를 쓰지 아니하고 범사에 참는 것은 그리
스도의 복음에 아무 장애가 없게 하려 함이로다 13 성전의 일을 하
는 이들은 성전에서 나는 것을 먹으며 제단에서 섬기는 이들은 제단과
함께 나누는 것을 너희가 알지 못하느냐 14 이와 같이 주께서도 복
음 전하는 자들이 복음으로 말미암아 살리라 명하셨느니라 15 그러
나 내가 이것을 하나도 쓰지 아니하였고 또 이 말을 쓰는 것은 내게
이같이 하여 달라는 것이 아니라 내가 차라리 죽을지언정 누구든지 내
자랑하는 것을 헛된 데로 돌리지 못하게 하리라 16 내가 복음을 전
할지라도 자랑할 것이 없음은 내가 부득불 할 일임이라 만일 복음을
전하지 아니하면 내게 화가 있을 것이로다 17 내가 내 자의로 이것
을 행하면 상을 얻으려니와 내가 자의로 아니한다 할지라도 나는 사명
을 받았노라 18 그런즉 내 상이 무엇이냐 내가 복음을 전할 때에 값
없이 전하고 복음으로 말미암아 내게 있는 권리를 다 쓰지 아니하는
이것이로다 19 내가 모든 사람에게서 자유로우나 스스로 모든 사람
에게 종이 된 것은 더 많은 사람을 얻고자 함이라 20 유대인들에게
내가 유대인과 같이 된 것은 유대인들을 얻고자 함이요 율법 아래에
있는 자들에게는 내가 율법 아래에 있지 아니하나 율법 아래에 있는
자 같이 된 것은 율법 아래에 있는 자들을 얻고자 함이요 21 율법
없는 자에게는 내가 하나님께는 율법 없는 자가 아니요 도리어 그리스
도의 율법 아래에 있는 자이나 율법 없는 자와 같이 된 것은 율법 없
는 자들을 얻고자 함이라 22 약한 자들에게 내가 약한 자와 같이 된
것은 약한 자들을 얻고자 함이요 내가 여러 사람에게 여러 모습이 된

것은 아무쪼록 몇 사람이라도 구원하고자 함이니 23 내가 복음을 위
하여 모든 것을 행함은 복음에 참여하고자 함이라 24 운동장에서 달
음질하는 자들이 다 달릴지라도 오직 상을 받는 사람은 한 사람인 줄
을 너희가 알지 못하느냐 너희도 상을 받도록 이와 같이 달음질하라
25 이기기를 다투는 자마다 모든 일에 절제하나니 그들은 썩을 승리자
의 관을 얻고자 하되 우리는 썩지 아니할 것을 얻고자 하노라 26 그
러므로 나는 달음질하기를 향방 없는 것 같이 아니하고 싸우기를 허공
을 치는 것 같이 아니하며 27 내가 내 몸을 쳐 복종하게 함은 내가
남에게 전파한 후에 자신이 도리어 버림을 당할까 두려워함이로다
○ 10:1 형제들아 나는 너희가 알지 못하기를 원하지 아니하노니 우리
조상들이 다 구름 아래에 있고 바다 가운데로 지나며 2모세에게 속
하여 다 구름과 바다에서 세례를 받고 3 다 같은 신령한 음식을 먹
으며 4 다 같은 신령한 음료를 마셨으니 이는 그들을 따르는 신령한
반석으로부터 마셨으매 그 반석은 곧 그리스도시라 5 그러나 그들의
다수를 하나님이 기뻐하지 아니하셨으므로 그들이 광야에서 멸망을 받
았느니라 6 이러한 일은 우리의 본보기가 되어 우리로 하여금 그들
이 악을 즐겨 한 것 같이 즐겨 하는 자가 되지 않게 하려 함이니 7
그들 가운데 어떤 사람들과 같이 너희는 우상 숭배하는 자가 되지 말
라 기록된 바 백성이 앉아서 먹고 마시며 일어나서 뛰논다 함과 같으
니라 8 그들 중의 어떤 사람들이 음행하다가 하루에 이만 삼천 명이
죽었나니 우리는 그들과 같이 음행하지 말자 9 그들 가운데 어떤 사
람들이 주를 시험하다가 뱀에게 멸망하였나니 우리는 그들과 같이 시
험하지 말자 10 그들 가운데 어떤 사람들이 원망하다가 멸망시키는

자에게 멸망하였나니 너희는 그들과 같이 원망하지 말라 11 그들에
게 일어난 이런 일은 본보기가 되고 또한 말세를 만난 우리를 깨우치
기 위하여 기록되었느니라 12 그런즉 선 줄로 생각하는 자는 넘어질
까 조심하라 13 사람이 감당할 시험 밖에는 너희가 당한 것이 없나
니 오직 하나님은 미쁘사 너희가 감당하지 못할 시험 당함을 허락하지
아니하시고 시험 당할 즈음에 또한 피할 길을 내사 너희로 능히 감당
하게 하시느니라

미혼자들에게 대하여 바울이 설명한 것은 주의 명령이 아니라 바울의 신앙적 개인 의견인 것입니다. 바울은 믿음을 지키기 어려운 시대가 다가옴을 바라보고서 그런 시대에 대비하여 고린도 교회의 교인들이 더 굳건한 신앙으로 세워지기를 원했습니다. 그러나 임박한 환난 날이 오기 때문에 결혼하지 말고 그냥 지내라고 축자적으로 해석해서는 안 됩니다. 사실 이 말씀은 번역상의 오류입니다.[37] 만약 이 말씀의 축자대로 모든

---

37 한국어 번역은 1800년대의 세대주의적 사상의 신학관을 가지고 번역한 흔적이 역력하게 드러납니다. 그러나 종교 개혁의 주축이었던 루터나 칼빈의 사상[무천년주의]마저도 세대주의와는 아무런 상관이 없습니다. 여기서 '임박한'의 의미는 present, 현재라는 의미입니다. 임박하다는 한국어의 뉘앙스가 곧 다가올 것이라는 의미로 읽히는 것은 급속한 한국어 어법 변화일 수도 있습니다. 임박(臨迫)이라 함은 시간적 의미로서 현재를 포괄하는 미래 또는 때에 가까운 처지라는 한국어

세상 사람들이 기독교인이 되어 시집가거나 장가가는 일이 없었다면 인류는 멸망했을 것입니다. 오히려 축자 해석적으로 본다면 남녀가 만나서 부모를 떠나 가정을 이루는 것이 오히려 성경적인 사실입니다.[38] 따라서 이 내용은 당 시대의 문화권적인 것을 이해하여 바르게 재해석되어야 함이 당연한 것입니다.

사람이 가정을 이루었으면 서로가 협조하면서 그 가정을 잘 이끌어 가야 합니다. 바로 신앙을 위해서입니다. 총각이 장가가는 것도 정당한 것이며 처녀가 시집가는 것도 정당한 것입니다. 그런데 성경에는 '음란'이란 단어가 많이 나옵니다. 구약성경에 이스라엘 백성들이 수풀 속에서 음란의 행위를 했다는

용법상의 의미가 있습니다. 단순 근간의 미래가 아닙니다.

38 '열매 맺고[생육하고] 번성하라.' 는 의미는 하나님 역사의 형식적인 결론이다. 하나님은 영적인 확장의 역사를 이루신다. 개역 창 2:24 이러므로 남자가 부모를 떠나 그 아내와 연합하여 둘이 한 몸을 이룰찌로다/ 엡 5:28 이와 같이 남편들도 자기 아내 사랑하기를 제몸 같이 할찌니 자기 아내를 사랑하는 자는 자기를 사랑하는 것이라 29 누구든지 언제든지 제 육체를 미워하지 않고 오직 양육하여 보호하기를 그리스도께서 교회를 보양함과 같이 하나니 30 우리는 그 몸의 지체임이니라 31 이러므로 사람이 부모를 떠나 그 아내와 합하여 그 둘이 한 육체가 될찌니 32 이 비밀이 크도다 내가 그리스도와 교회에 대하여 말하노라

말씀도 나옵니다. 음란이라고 하면 우리는 대부분 비뚤어진 이성적 성행위로 인식합니다. 그러나 이스라엘 백성이 수풀 속에서 음란한 행위를 했다는 것은 수풀 속에 제단을 만들고 거기에 제물을 드리며 우상을 섬긴 것을 표현한 것입니다. 성경에서 음란이란 단어를 보게 되면 우상숭배를 가리킨 것인지 우리 생활 속의 음란이라고 한 것인지 구분지어 깨달아야 할 것입니다.

그리고 성경에서 몸 밖에 있는 죄와 몸 안에 있는 죄, 이 문제를 어떻게 인식해야 할까요? 몸 밖에 있는 죄는 무엇이며, 몸 안에 있는 죄는 무엇일까요? **여기에서 말하는 몸을 우리는 자신의 몸으로 인식하나 실상은 오직 예수 그리스도께서 세우신 교회를 몸으로 비유한 것**[39]입니다. 따라서 죄가 몸 밖에 있

39 그리스어 단어 마저도 이것을 구별하는데, 소마$\sigma\omega\mu\alpha$와 사륵스$\sigma\alpha\rho\zeta$는 보통 영어본 성경으로 번역 될 시에는 Body와 Flesh로 나뉘이게 됩니다. 소마는 전체 체제적인 의미 즉, 포도나무의 주체가 되시는 예수 그리스도의 영적인 연합(교회)을 의미하지만 사륵스는 물리적인 육체를 말합니다. 예수 그리스도께서 성찬에서 '내 몸$\sigma\omega\mu\alpha$을 받으라'(마가 14:22)하신 것은 소마이지 사륵스가 아닙니다. 만약 그것이 사륵스라면, 기독교는 카니발리즘의 종교이며 실제의 육체의 살을 먹어야만 됩니다.

다는 것은 교회 밖을 말하는 것이며 몸 안에 있다는 것은 교회에서 분쟁하고 훼파하는 것이 죄라고 가르치는 것입니다. 이것이 바울이 말한 '몸'의 속뜻입니다.

사도 바울은 앞으로 당시대에 무서운 핍박이 다가오는데 이것을 이겨내기 위해서는 결혼 문제가 우선이 아니라 믿음을 굳게 세워 지키는 것이 더 중요하다는 것을 강조하는 것입니다. 그리스도인들은 당시대 속에 세속화되지 말고 구별된 자가 되어야 한다는 것이며, 성령의 은혜로 죄 사함 받은 자를 구별된 자라고 하는 것입니다.

또한 바울은 그리스도인들은 교회 안에서 나눔이 있어야 된다고 설명하고 있습니다. 왜냐하면 그 당시('현재'의 해석적 의미로서)가 외부로부터 엄청난 핍박을 받을 때이기에 교회 안에서 하나가 되라는 것입니다. 지식이든 재물이든 영적이든, 부자들이 부자들끼리만 관계를 갖고 가난한 사람들을 돌보지 않는 것은 옳지 않다는 것을 설명하기 위한 것입니다.

결혼 문제에 있어서 장가가지 않는 자는 주의 일을 염려하여 어찌하여 주를 기쁘게 할까 하되 장가간 자는 세상 일을 염려하여 어찌하여 아내를 기쁘게 할까 한다는 말씀은 사람이 상황에 매여 살아간다는 것을 설명하기 위한 것이지 장가간 자나 시집간 자가 주님과 상관없다는 의미가 아닙니다.

고린도전서에 기록된 바울 서신도 많은 세월이 흐르면서 어떤 사상과 교육 수준, 언어 구사력을 가진 사람이 번역했는가에 따라서 내용이 변개될 수 있습니다. 특히 이 구절들이 개혁교회 교리가 아니라 축자적 가톨릭 교리의 사고를 가진 사람이 라틴어로 번역된 것[40]을 영문에서 또는 그리스어에서 한국어로 번역하다 보니 이렇게 기록할 수밖에 없었다고 볼 수 있습니다. 결혼을 하게 되면 주님과 멀어진다고 기록된 것을 그

---

40 현재 카톨릭 교회의 라틴어 정의에 있어서 Carnis와 Corpus는 같은 단어로 번역됩니다. 그러나 전자는 Flesh이며 개별적인 것이고 후자는 Body이며 공동체적인 것입니다. 카톨릭 안에서도 이 라틴어의 해석과 번역을 어떻게 할지에 관해 신학적-언어 해석적 논쟁은 끝나지 않았을지도 모릅니다. '미사'안의 영성체 의식은 성찬과는 다른 교회 전례의식에 관한 역사-해석적인 로마 카톨릭[Ecclesia Catholicae Roma]의 독특한 개념입니다. 그러므로 개혁 교회[Protestant, Reformed]의 성찬은 카톨릭과는 전혀 다른 개념인 것입니다. 대다수의 개혁 교회는 예수 그리스도의 몸[특별한 육체]을 모신다는 행위적 예배가 아니라 삶 속에서 살아계신 동일하신 영이신 성령의 인도함을 받는다는 의미로서 '기념설'로서의 성찬을 합니다. 성찬을 한다는 의미 자체가 예배로서 속죄/언약 이후 주 앞에서 먹고 마신다는 사고(출 24:1-12)가 이미 이해되어야 유효한 유대적인 개념이기 때문입니다.

대로 받아들여 카톨릭 교회의 체재에서는 성직을 받은 자들의 혼인을 금하고 있기 때문입니다. 그러면 주님과 가깝게 되기 위해서는 우리 모두가 금혼을 하고 오직 교회에만 집중해야 되느냐고 되물을 수 있습니다. 그렇게 된다면 사회와는 단절되고 몇몇 교인들끼리만 교류하면서 생을 살아가야 할 것입니다. 따라서 이것을 축자에 매이지 않고 더 깊이, 심도있게 연구하고 깨달아서 바르게 전할 필요가 있는 것입니다. 그러므로 사도 바울이 고린도전서에서 혼례 문제를 설명하는 것은 지금으로부터 약 2천 년 전의 문화적인 설명으로 보는 것이 타당합니다.

그렇다면 현대에서 이 구절의 말씀을 어떻게 정의해야 될까요? 그것은 바로 그리스도와 우리의 관계를 설명하기 위해서 남편과 아내의 관계, 또는 처녀와 총각의 관계를 들어서 설명하는 것으로 보아야 타당할 것입니다.

바울은 우상의 제물에 대해서 잘 알고 있다고 생각하나 그 잘 알고 있다는 생각이 교만이며, 주의 뜻을 모르면서 아는 것처럼 행세할 때를 들어 사랑은 덕을 세운다고 하였습니다. 이것은 한국식으로 단어가 변형된 것으로 공자의 유교적 윤리로써의 '덕'이 아니라 '믿음을 세운다'는 뜻을 가리키는 것입니다. 이러한 번역은 우리말 성경이 영역본만이 아니라 한문 문화권 안에서 번역이 되었기 때문에 유교적 윤리로 덕이라고 단어를 빌릴 것으로 볼 수 있습니다.

당시 고린도에 있던 디아스포라 유대인들은 하나님에 대해서 알고 있다고 생각했으나 그것은 어디까지나 그들의 인식에 불과했으며 참 하나님을 알지는 못했던 것입니다. 그래서 사도 바울은 "하나님을 사랑하면 그 사랑은 하나님도 알아 주시느니라"고 표현한 것입니다. 그렇다면 그 하나님은 어느 분일까요? 육신을 입고 세상에 오셔서 사람들의 죄를 대속하시기 위해서 십자가에 고난당하시고 제 삼일 만에 부활하셔서 성령으로 오시어 역사하시는 예수 그리스도가 이스라엘이 기다려 온 최종 메시아이자 그 하나님인 것입니다.

그러므로 우상의 제물을 먹는 일에 대한 내용은 우상은 아무것도 아니며, 사실은 논할 가치도 없지만 사람들은 하나님을 바로 알지 못하므로 아직도 자신의 수호신인 우상을 하나님으로 인식하는 사람들에게 그것이 하나님이 아니라 오직 예수 그리스도만이 그 하나님이라고 설명하고자 하는데 뜻을 둔 것입니다. 세상에는 하늘과 땅에 신이라 불리는 자가 있어 많은 신과 많은 주가 있으나 이것은 사람들의 인식에 의한 것이며 본질의 하나님은 우리 주 예수 그리스도 그 분이이라는 것을 전하는 것이 바울을 비롯한 사도들의 책무인 것입니다.

그러나 우리에게는 한 하나님, 곧 아버지가 계시니 만물이 그에게서 났고 우리도 그를 위하여 있고 또한 주 예수 그리스도께서 계시니 만물이 그로 말미암고 우리도 그로 말미암아 있느니라고 한 말씀의 뜻도 바로 예수 그리스도가 그 하나님이심을 가르치는 것입니다.

그러나 이렇게 아는 자는 많지 아니함으로 어떤 이들은 지금까지 우상에 대한 습관이 있어 우상의 제물로 알고 먹는 것은 그들의 양심이 이중적이라는 것입니다. 물질은 사람을 더럽게 할 수 없습니다. **예수 그리스도를 믿지 아니하고 부정하는 것이 사람을 더럽게 하는 것입니다.**

그렇지만 유대교의 인식을 가진 디아스포라 유대인들 중 고린도에 거주하고 있는 교인들이 음식을 구별하지 않고 아무것이나 먹고 마신다면 믿음이 나약한 자들이 그것을 보고 시험에 들어 걸려 넘어질까 하여 바울이 규명하여 설명해 주는 것입니다.

믿음에 서 있는 자들이 우상의 집에 앉아 먹는 것을 보면 믿음이 약한 자들도 양심에 담력을 얻어 우상의 제물을 먹지 않겠느냐라고 한 것은 믿음이 약한 자들이 신앙의 양심을 저버리는 행위를 할 수 있기 때문에 그들의 믿음을 지키게 하기 위해서 조심하라고 하는 것입니다. 그 음식이 죄가 되기에 조심하라는 것이 아닙니다. 믿음이 나약한 자들을 위해 그들이 보는 앞에서 그들이 이해될 수 없는 행동을 해서는 안된다는 것입니다. 믿음이 약한 그들이 그 본을 보고 행하면 그 하나님께 죄를 짓는 것이 되기 때문입니다.

그래서 바울은 만일 음식이 내 형제를 실족하게 한다면 나는 영원히 고기를 먹지 아니하여 내 형제를 실족하지 않게 하리라고 한 것입니다. 고기 종류의 음식이 죄가 되고 의가 되는 것이 아니라 믿음이 나약한 자들이 그들의 인식으로 평가하기 때문에 그들을 믿음에 세우기 위하여 고기를 먹지 않겠다고 한 것입니다

사도 바울이 고린도 교인들을 향하여 자신이 율법 안에 있지 않고 예수 그리스도의 은혜로 인하여 참 자유자가 되었으

며 또한 사도까지 된 것을 설명하는 것은 바울을 배척하는 자들을 향하여 자신이 참 사도임을 가르치기 위한 것이며 바울이 전한 복음을 훼파하지 말라고 하기 위함입니다. 바울이 예수 그리스도가 그 하나님이심을 전하므로 고린도 사람들 중에 예수를 받아들이고 믿은 것을 볼 때 자신이 참사도임을 입증하는 것이라고 바울은 자신을 비판하는 자들에게 당당하게 설명하는 것입니다.

바울은 교회에 생활비를 요구할 수 있으나 그 비용으로 인하여 복음이 가리워진다면 그것은 유익되지 못하기 때문에 자급자족했다고 하였습니다.

바울이 고린도 교인들을 향하여 말하기를 우리가 다른 사도들 같이 주의 형제들과 게바와 같이 믿음의 자매 된 아내를 데리고 다닐 권리가 없겠느냐 라고 하였습니다. 이렇게 말하는 것은 누구를 시기하기 위하여 말하는 것이 아닙니다. 바울은 그만큼 복음 사역에만 열중했다는 것을 가르쳐 고린도 교인들을 바르게 세우기 위한 것입니다. 그래서 "어찌 나와 바나바만 일하지 않을 권리가 없겠느냐"라고 그들에게 복음 사역의 소중함을 가르치고자 하였습니다.

"누가 자기 비용으로 군복무를 하겠느냐 누가 포도를 심고 그 열매를 먹지 않겠느냐 누가 양떼를 기르고 그 양떼의 젖을 먹지 않겠느냐"라고 한 것은 수고한 자는 그 수고함에 있어서 요를 받을 권리가 있다는 것입니다. 그럼에도 바울은 그 요를 받지 아니하고 자급자족하면서 예수가 그 하나님이신 것과 성령으로 오셔서 구원의 역사를 이루고 있다는 것만 전한다고 한 것이며 이것이 바울의 신앙이었던 것입니다.

이제 바울은 고린도 교인들을 바르게 가르치기 위하여 "내가 사람의 예대로 이것을 말하느냐 율법도 이것을 말하지 아니하느냐"라고 하였습니다. 이렇게 설명하는 것이 사람의 예대로 한 것이 아니라 성경적이라는 것을 가르치는 것입니다.

구약성경 신명기에 기록된 모세의 율법에 "곡식을 밟아 떠는 소에게 망을 씌우지 말라 기록하였으니 하나님께서 어찌 소들을 위하여 염려하심이냐"[41] 라고 한 것은 소를 가리키는 것이

---

41 성경의 축자성에 있어서 그것이 온전히 상징적이거나 온전히 비유적이거나 온전히 물리적이라는 사고는 모두 문제가 있습니다. 그러므로 성경의 해석은 언제나 예수 그리스도=성령의 인도하심을 받아 각자의 삶 속에서 드러나야 하는 것입니다. 유대교적으로도 '소'는 하나님의 사역자들을 상징하기도 합니다. 만약 그러하다면, 그러한 틀에서

아니라 복음 사역을 위해 힘쓰는 자들은 반드시 교회를 통해서 생활비를 받을 수 있다는 것을 가르치는 것입니다.

현 시대에 교회 속에서 요를 많이 받는 사람도 있고 적게 받는 사람도 있습니다. 많이 받는 사람은 적게 받는 사람을 업신여기지 말고 또한 적게 받는 사람은 많이 받는 사람을 부러워하거나 비난해서는 안 되는 것입니다. 옳고 그름은 사람이 아니라 하나님께서 판단하실 것이라고 믿고 믿음을 지키며 복음 전파의 역사에 이바지해야 되는 것이 진정한 신자의 자세인 것입니다.

신명기 25장 4절 이하의 말씀은 복음 사역에 헌신하는 자들을 위하여 말씀한 것이며 그 기록은 사역자들을 위하여 기록되었으므로 주의 일을 하는 자는 소망을 가지고 일을 하며 좌로나 우로나 치우치지 말고 오직 주님만 바라보고 열심을 내어 일하는 일꾼이 되는 것이 참된 신앙인이라는 것입니다.

대 속죄일에 제사되는 소는 심지어 사역자로 오신 예수 그리스도를 상징할 수 있고, 아사셀 염소의 케이스도 나사렛 예수와 바라바 예수의 재판[마태 27:16-17]을 상징할 수도 있습니다.

바울은 고린도 교회의 교인들에게 예수가 그 하나님이심과 또한 성령으로 역사하심을 가르쳐 성령께서 깨닫게 하여 그들이 신령한 은혜로 인하여 믿음의 사람이 되었으므로 조그만한 것을 받는다고 해서 문제될 것이 없다고 하였습니다.

바울 외에 다른 사도들도 교회로부터 기본적인 사역 비용을 받을 권리가 있음 같이 하물며 우리일까보냐 그러나 이 권리를 쓰지 아니하고 매사에 참는다고 한 것은 예수 그리스도의 복음에 아무 장애가 없게 하기 위하여 자족한다고 하는 것입니다.

'성전 일'을 하는 이들은 성전에서 나오는 것을 먹는다고 한 것도 유대교의 형태를 들어서 복음 사역에 이바지하는 자들은 교회로부터 기본적인 사역 비용을 받을 수 있다고 설명하기 위한 것입니다. 그래서 주께서 복음을 전하는 자들이 복음으로 말미암아 현실에서도 살리라고 말씀하신 것입니다.

사도 바울이 교회로부터 아무 비용도 받지 아니하고 또 이 말을 쓰는 것은 그에게 이같이 하여 달라는 것이 아니라 차라리 죽을지언정 누구든지 자신이 전하는 복음인 그 하나님인 예수 그리스도를 헛된 대로 돌리지 못하게 하리라는 것입니다.

이렇게 바울은 자신의 신앙을 고백합니다. 자신이 복음을 전해도 자신이 한 행위에 대해서 자랑할 것이 없음은 자신이 마땅히 할 일이기에 전하는 것이며 만일 복음을 전하지 아니하였으면 자신에게 화가 있을 것이라고 하였습니다.

이 복음 사역을 자의로 행하였다 하더라도 상을 얻을 것이며 또한 자의로 하지 아니한다 할지라도 자신은 사명을 받았다고 하였습니다. 그 사명은 예수가 그 하나님이시며 성령으로 오셔서 죄 사함의 은혜를 주시고 생명으로 인도하는 것을 전하는 것입니다.

그렇기에 복음을 전할 때 값없이 하였고 따라서 복음으로 인하여 자신에게 주어진 권리를 쓰지 아니하였다고 하는 것입니다. 바울은 자신이 모든 사람에게 자유로우나 모든 사람에게 종과 같이 된 것은 더 많은 사람들에게 예수 그리스도가 그 하나님이심을 믿게 하기 위하여 어려움을 당하면서도 참고 인내하는 것이라고 하였습니다. 그래서 유대인들에게 유대인과 같이 행한 것은 자신이 유대인이라서가 아니라 유대인들에게 예수가 그 하나님이심을 전하여 그들이 믿어 유대교에서 돌이키게 하기 위하여 "유대인답게", 다시 말해 '그들이 이해할 수 있는 방식'으로 표현한 것입니다.

뿐만 아니라 율법 아래에 있는 자들에게는 바울이 율법 아래에 있지 아니하나 "율법 아래에 있는 자같이"한 것은 율법 아래에 있는 자들을 전도하여 그들을 얻기 위하여 그들의 문화권 속에서 복음 사역을 펼쳤다고 한 것입니다. 유대인들의 입장을 이해하는 바울은 '율법 아래에 있는 자들'에게 성령의 인도하심에 따라 그들에게 거부감 없이 행하려 했습니다. 그 목적은 그 모든 유대적 배경의 사람들이 정치적 사형수, 율법의 파괴자로 오인한 예수가 성육신하신 그 하나님이신 것[42]을 믿게 함으로 말미암아 죄 사함을 받아 영원한 생명에 이르게 하기 위한 것이었습니다.

또한 바울은 율법 없는 이방인에게 그들의 문화로 예수가 그 하나님이심을 전파하기 위해서 율법 없는 자와 같이 되었다고 한 것입니다. 마찬가지로 나약한 자들에게 바울이 약한

---

42 개역 레 26:11 내가 내 장막을 너희 중에 세우리니 내 마음이 너희를 싫어하지 아니할 것이며 12 나는 너희 중에 행하여 너희 하나님이 되고 너희는 나의 백성이 될 것이니라

자 같이 된 것은 약한 자들을 복음 안으로 들어오기 하기 위한 것입니다. 이렇게 바울이 복음을 여러 사람에게 여러 모습으로 전한 것은 여러 사람을 다 구원시키기 위한 것입니다.

그러나 이 깊은 내용을 알지 못하는 고린도 교인들 중 일부가 바울을 일방적으로 비난했고, 그 비난을 알고 있기에 이렇게 바울은 비난자들을 깨우치기 위해서 고린도 교회에 편지를 보낸 것이며 이 편지로 하여금 그들에게 바울이 전한 복음을 깨달으라고 한 것입니다.

그러므로 바울은 운동장에서 달음질 경주의 비유를 들어서 달음질하는 자들이 다 달릴지라도 오직 상을 받는 사람은 한 사람인 줄 너희가 알지 못하느냐, 그러므로 너희도 영원한 생명을 얻을 수 있도록 믿음을 바르게 지키고 행하라고 한 것입니다.

그리고 분쟁하면서 이기기를 원하는 자들은 썩을 관을 얻고자 하나 우리 믿음의 사람은 썩지 아니할 것을 얻고자 한다는 것입니다. 썩지 아니할 것이 무엇이겠습니까? 영원한 생명이야말로 썩지 아니하는 것입니다. 믿음이란 주님께서 역사하시고 이루실 것을 온전히 믿는 것이고 이것이 신앙입니다.

그러므로 바울은 나는 복음 사역과 믿음을 지킴에 있어서 향방 없는 것같이 아니하고 싸우는 것을 허공치는 것같이 아니한다고 하였습니다.

바울은 자기 신앙을 바르게 세우기 위하여 힘을 쓰고 있으며 뿐만 아니라 자신이 남에게 전파한 후에 도리어 버림을 당할까 두려워한다고 하였습니다. 이것은 바울의 신앙고백입니다. 자신의 문제를 바로 세우고 바로 지키고 바로 나갈 때 전도의 역사도 이루어져 나가기 때문입니다.

10장

사도 바울이 이스라엘의 역사를 들어서 설명하는 것을 볼 때 고린도 교회의 교인들은 고린도에 살고 있다 하여도 디아스포라 유대인들(구약성경과 율법의 이해가 있는 자들)임을 알 수 있습니다. 유대인들이어야만 히브리 민족사를 알고 이해할 수 있습니다. 만일 그들이 유대인이 아니라면 바울이 히브리 역사를 들어 설명하는 것은 이제 막 덧샘과 뺄셈을 배운 초등 학생에게 양자물리학을 수식 만으로 설명하는 것과 같을 것입

니다.[43]

본문을 볼 때 출애굽 당시의 사건을 들어 '우리 조상들이 다 구름 아래에 있고 바다 가운데 지나며'라고 한 말씀에서 구름 아래에 있다고 한 것은 하나님께서 이스라엘 백성을 광야에서 이끄실 때에 낮에는 구름 기둥, 밤에는 불 기둥으로 인도했던 것을 들어서 다 하나님의 은혜 안에 존재했다는 것을 가르치는 것입니다. 뿐만 아니라 앞에는 홍해 바다요, 추격하는 애굽 군대가 계속 몰려와 이스라엘이 어떻게 할 수 없을 때 하나님

---

43 혹자는 그렇다면 왜 바울은 그들에게 히브리어-아람어로 서신을 쓰지 않았는가 생각하기도 합니다. 그러나 그 당시에 이미 성경마저도 그리스어로 된 것을 많이 읽었다는 것을 유대교 경전인 탈무드 Tractate Megillah장에서 사도 바울의 유대교 당시의 스승이었던 랍반 가멜리엘 1세의 의견으로 전하고 있습니다. 또한 유대교의 특성상 현대 랍비 유대교에서도 성경 히브리어는 그 특수성 곧 축자대로 하나님께서 주신 언어이므로 서신을 쓰거나 일반 상황일 때는 외국어나 이디시어로 소통하는 경우도 볼 수 있습니다. 즉 히브리어로 된 성경 자체의 권위를 극대화하기 때문에 성경에 대한 주석으로서의 탈무드조차 미쉬나 히브리어라는 후대의 히브리어로 소통하지 직접적인 성경언어로서의 히브리어 사용을 일상 대화나 소통에서는 피하려는 경향이 있다고 알려져 있습니다. 대표적 사례로는 '힐룰하셈'[그 이름을 욕되게 하지 말라 규칙]인데 이로 인하여 극단적 orthodox 유대인이 아니더라도 이스라엘의 하나님을 표기할 때에 God of Israel이라 하지 않고 G-d of Israel이라 표기합니다.

께서 모세를 통해서 홍해를 갈라 길을 내시고 그 길로 이스라엘 백성이 안전하게 지나가게 한 구원의 역사를 들어 하나님께서 이스라엘 백성들에게 은혜를 베풀었다는 것입니다.

이것은 그 당시도 마찬가지로 메시아인 그 하나님이 유대민족 가운데 오셨으며 그 구원의 역사가 당시도 펼쳐지고 있다는 것을 설명하기 위한 것입니다.

또한 "모세에게 속하여 구름과 바다에서 세례를 받고"라고 한 것도 하나님께서 모세를 통하여 역사하시고 인도하셨던 것처럼 이제 예수 그리스도를 통하여 사망에서 생명으로 인도하고 있다는 것을 설명하기 위한 것입니다.

"다 같은 신령한 음식을 먹으며"라고 한 것은 이스라엘이 광야생활 속에서 먹었던 만나와 메추라기, 곧 하나님이 주신 음식을 가리켜 신령한 음식이라고 한 것입니다. 뿐만 아니라 이스라엘 백성들이 물이 없어 목말라 아우성 칠 때에 하나님께서 모세를 통하여 반석에게 명하여 물을 내어 마셨던 것처럼 오늘의 그 신령한 음료는 예수 그리스도 라고 설명하고 있습니다. 구약시대에 므리바 물을 내었던 반석을 그리스도이시며, 그 반석은 실존적으로 오늘날 우리에게 영원한 생명을 주시는 분, 그 하나님이신 예수 그리스도인 것을 가르치는 것입니다.

뿐만 아니라 예수께서도 복음을 전파하러 다니시다가 수가 성에서 물을 길러 온 여인에게 내가 주는 물을 마시면 영원히 목마르지 아니한다고 말씀한 것을 볼 때 바울이 말하는 것도 실제 물이 아니라 예수님께서 말씀한 것처럼 생명을 물로 비유하여 설명한 것입니다.

그리고 하나님을 거역한 다수를 기뻐하지 아니하시어 그들이 광야에서 멸망을 받았다고 설명하는 목적은 유대인이 다 하나님의 백성이 아니라 예수 그리스도가 그 하나님이심을 믿는 자들에게 성령으로 오시여 속죄해 주시고 거듭나게 하시며 자녀로 삼아 주신다는 것을 설명하는 것입니다. 그러니 이스라엘 백성 가운데 우상숭배하는 자가 되어 우상을 하나님이라고 한 그들과 같이 되지 말라고 한 것입니다.

이렇게 말하는 바울의 의중은 율법으로 의로워지는 것이 아니라 예수를 믿음으로 의로워지는데도 불구하고 율법만 추종하는 그들을 우상숭배자와 같다고 가르치기 위함입니다.

그래서 사도 바울은 출애굽기 32:6을 인용합니다. "그들 가운데 어떤 사람들과 같이 너희는 우상 숭배하는 자가 되지 말라 기록된 바 백성이 앉아서 먹고 마시며 일어나서 뛰논다 함과 같으니라." 바울은 복음을 전하는 시대에 유대주의에 빠져 있는 그들을 건져내기 위하여 구약성경을 인용하여 예수 그리스도가 구원자임을 가르치는 것입니다.

"그들 중 어떤 사람들이 음행하다가 하루에 이만삼천명이 죽었나니 우리는 그들과 같이 음행하지 말자 또 어떤 사람들이 주를 시험하다가 뱀에게 멸망하였나니 우리는 그들과 같이 시험하지 말자"고 한 것은 신앙인의 불신앙이 되지 말고 오직 예수가 그 하나님임을 믿는데 이르라는 것입니다. 그리고 출애굽 시대에 어떤 사람들이 원망하다가 멸망시키는 자에게 멸망하였나니 너희는 그와 같이 원망하지 말라고도 하였습니다.

출애굽하여 이스라엘이 가나안으로 들어가는 노정 가운데 일어나는 일들이 본보기가 되어 유대 율법에 의하여 드려졌던 모든 제사나 제도는 예수 그리스도가 오셔서 역사하심으로 유대교에는 말세가 온 것입니다. 다시는 유대 율법에 의하여 드려지는 제사로 속죄함이 없기 때문에 유대교인들은 말세[끝 날들]를 만난 것입니다. 그래서 말세를 만난 우리에게 깨우치기 위하여 기록되었다고 한 것입니다. **여기에서 말하는 말세는 지**

구의 종말이 아니라 유대인들이 율법에 의하여 제사를 드림으로 의로워졌던 것이 예수께서 오셔서 복음을 전하시고 십자가를 지시고 장사 지낸 지 제 삼일만에 부활하시고 성령으로 오셔서 역사하심으로 끝이 나므로 유대 종교의 말세라고 한 것입니다.[44]

그러므로 믿음으로 바로 선 줄로 생각하는 자는 넘어질까 조심하라고 한 것입니다. 대다수의 사람들은 마귀로부터 시험을 당한다고 생각합니다. 그러나 시험이 마귀로부터 온 것도

---

44 여기서 말하는 '말세'가 흔한 극단적 세대주의자들의 오류처럼 현시대에 대한 바울의 예언적 직접화법이라고 생각하면 절대 안됩니다. 지금 바울은 '그 당시'의 고린도 교회의 유대교 배경의 사람들에게 말하는 것이기 때문입니다. 만약 그러하더라도, 현시대적 의미로서 성경을 직역으로 읽는다고 한다면, 구약의 경우 특히나 율법의 경우 어떻게 적용할 것이냐는 딜레마가 발생합니다. 왜냐하면, 구약 율법의 목적이 속죄일 때, 그것을 이룬 분이 예수님인데 그 사실 자체가 흔들리게 되기 때문입니다. 하나님의 말씀이 영원하다고 할 때, 형태가 아니라 본질인 것을 잊으면 안됩니다. 물리적인 형태라고 할 시에 유대교는 현재까지도 약 2000년 동안 예루살렘 성전이 없음으로, 기독교도 약 2000년 동안 예수님을 믿는 것 이외에 축자대로 율법 준행을 안함으로 성경의 축자대로 지켜진 것이 단 하나도 없는 것이 되기 때문[Av Binyan]입니다. 이 문제는 결국 하나님의 실존을 부정하는 생각으로 나타납니다. 예수 그리스도의 복음에 대하여 '보이는 것은 잠깐이요 보이지 않는 것이 영원하다'(고후 4:18)는 사도 바울의 말을 깊이 생각해 봐야 합니다.

있겠지만 결국 자신의 욕심 때문에 시험을 당하는 것이며 하나님은 결코 시험하시지 않습니다. 시험은 결과를 보기 위해서 하는 것인데 하나님은 다 아시기 때문에 시험이 필요 없기 때문입니다.

10장 14절 – 22절

○ 14 그런즉 내 사랑하는 자들아 우상 숭배하는 일을 피하라 15
나는 지혜 있는 자들에게 말함과 같이 하노니 너희는 내가 이르는 말
을 스스로 판단하라 16 우리가 축복하는 바 축복의 잔은 그리스도의
피에 참여함이 아니며 우리가 떼는 떡은 그리스도의 몸에 참여함이 아
니냐 17 떡이 하나요 많은 우리가 한 몸이니 이는 우리가 다 한 떡
에 참여함이라 18 육신을 따라 난 이스라엘을 보라 제물을 먹는 자
들이 제단에 참여하는 자들이 아니냐 19 그런즉 내가 무엇을 말하느
냐 우상의 제물은 무엇이며 우상은 무엇이냐 20 무릇 이방인이 제사
하는 것은 귀신에게 하는 것이요 하나님께 제사하는 것이 아니니 나는
너희가 귀신과 교제하는 자가 되기를 원하지 아니하노라 21 너희가
주의 잔과 귀신의 잔을 겸하여 마시지 못하고 주의 식탁과 귀신의 식
탁에 겸하여 참여하지 못하리라 22 그러면 우리가 주를 노여워하시
게 하겠느냐 우리가 주보다 강한 자냐

그러므로 우리 신앙에 중요한 것은 우상숭배하는 일을 피하

는 것입니다. 우상이라 함은 나무나 돌로 사람이 조각하여 세운 형상만을 가리키는 것이 아닙니다. 마음 속에 인생의 주인이 그 하나님이어야 하는데도 불구하고 다른 것들로 차 있을 때 우상을 섬기는 자가 되는 것입니다. 그러므로 우리는 우리 신앙을 점검하여 하나님을 믿노라 하면서 자신의 마음에 그린 하나님을 마치 우주 만물을 창조하신 그 하나님으로 착각하지 않는가 살펴보아야 할 것입니다.

하나님을 믿노라 하면서도 자기 중심적으로 하나님을 이해하고 믿고 있는 사람들을 많이 볼 수 있습니다. 그러기에 예수님께서는 '나더러 주여, 주여 하는 자마다 천국에 이를 것이 아니요 내 아버지의 뜻대로 행하는 자라야 천국에 이른다'고 말씀하셨습니다. 본인 자신은 우상을 섬기지 않고 하나님을 섬긴다고 하고 있으나 실상은 우상을 섬기는 자들이 많다는 것입니다. 왜냐하면 모든 기준을 하나님의 말씀인 성경을 기준으로 하지 못하고 자신의 의식과 자신의 생각을 기준화해서 옳고 그름을 판단하기 때문에 자신이 만든 우상에 매여 있기가 쉽기 때문입니다. 그러므로 믿음의 사람들은 성경을 아는 지혜가 필요한 것입니다. 성경은 문자로 기록되어 있으나 그 문자의 내용 속에는 또 다른 깊은 뜻이 있습니다. 이것을 아는 것은 사람의 지혜나 지식으로가 아닙니다. 성령께서 역사하여 위로부터 주시는 지혜를 얻을 때만이 하나님의 말씀인 성경을 알게 되는 것입니다. 다시 말해 성경은 겉 뜻이 있고 속 뜻이 있다고 보아야 합니다. 속뜻은 하나님의 뜻을 이루기 위한 하나님의 의도하심인 것입니다. 이럼에도 불구하고 축자에 매여 자신의 인식체계와 사고로 이해하여 우상을 섬기게 되는 사람들이 많이 있음을 볼 수 있습니다. 그러나 이런 사람들은 우상을 섬기고 있으면서도 나는 하나님을 섬기지 우상을 섬기지 않는다고 할 것입니다. 형식적으로는 하나님께 기도하고 교회에 나가 예배하므로 이런 자신의 경험에 의하여 믿고 확신하기 때문입니다.

그래서 사도 바울은 지혜 있는 자들에게 말함과 같이 바울이 전하는 말을 스스로 판단할 줄 알아야 한다고 하였습니다. 이렇게 말하는 것은 고린도 교회가 바울파, 아볼로파, 게바파, 그리스도파로 나뉘어 분쟁하고 있었기 때문입니다. 이는 사람이 알아들을 수 없는 말로 나타나는 역사가 있어 분쟁하는 것이었으며 그들이 성령을 가장한 사탄의 역사에 매여 있어 바울이 성령에 대한 옳고 그름을 가르쳐 주어도 알지 못하고 깨닫지 못했기 때문입니다.

사도 바울이 고린도 교인들에게 바라고 원하는 것은 예수 그리스도가 그 하나님이시며 그분이 우리의 죄를 속죄하기 위하여 십자가를 지시고 장사한지 삼일 만에 부활하셔서 하나님 되심을 나타내 보이셨으며 성령으로 오셔서 우리에게 죄 사함을 베푸시고 거듭남을 주어 하나님의 자녀가 되게 하는 은혜를 베풀고 있다는 것을 깨닫고 아는 것이었습니다. 그러므로 예수 그리스도 안에 있는 사람들은 예수로 인하여 한 몸을 이룬 것입니다. 몸이라 함은 육적인 몸을 가리키는 것이 아니라 교회, 곧 예수 그리스도의 몸을 가리키는 것입니다. 이것을 다시 설명하면 교회는 에클레시아(Ecclesia), 즉 성령의(속죄의) 은혜를 받은 공동체입니다. 교회의 몸과 머리는 예수 그리스도를 상징합니다. 그렇기 때문에 믿음 안에서 온전히 한 지체를 이루었다고 바울은 설명한 것입니다.

'육신을 따라 난 이스라엘을 보면 제물을 먹는 자들이 제단에 참여한 자가 아니냐'라고 한 것은 유대 율법에 의하여 제물을 먹을 수 있는 제사하는 제사장들의 특권을 들어서 설명하는 것입니다. 그러기에 바울은 우상의 제물은 무엇이며 우상은 무엇이겠느냐고 묻고 있습니다. 또한 이방인이 제사하는 것은 귀신에게 하는 것이며, 하나님께 제사하는 것이 아니므로 바울은 그들에게 '나는 너희가 귀신과 교제하는 자가 되기를 원하지 않는다'고 한 것입니다.

바울은 고린도 교인들에게 주의 잔과 귀신의 잔을 겸하여 마시지 못하고 주의 식탁과 귀신의 식탁에 겸하여 참여하지 못한다고 가르치고 있습니다. 우리는 예수 그리스도보다 아주 약한 자이며 그보다 강할 수 없다고 하였습니다. 왜냐하면 예수 그리스도는 하늘에 있는 막연한 존재가 아니라 이 땅에 임하신 우리의 참 구원자이기 때문입니다.

10장 23절 – 11장 1절

○ 23 모든 것이 가하나 모든 것이 유익한 것은 아니요 모든 것이 가
하나 모든 것이 덕을 세우는 것은 아니니 24 누구든지 자기의 유익
을 구하지 말고 남의 유익을 구하라 25 무릇 시장에서 파는 것은 양
심을 위하여 묻지 말고 먹으라 26 이는 땅과 거기 충만한 것이 주의
것임이라 27 불신자 중 누가 너희를 청할 때에 너희가 가고자 하거

든 너희 앞에 차려 놓은 것은 무엇이든지 양심을 위하여 묻지 말고 먹
으라 28 누가 너희에게 이것이 제물이라 말하거든 알게 한 자와 그
양심을 위하여 먹지 말라 29 내가 말한 양심은 너희의 것이 아니요
남의 것이니 어찌하여 내 자유가 남의 양심으로 말미암아 판단을 받으
리요 30 만일 내가 감사함으로 참여하면 어찌하여 내가 감사하는 것
에 대하여 비방을 받으리요 31 그런즉 너희가 먹든지 마시든지 무엇
을 하든지 다 하나님의 영광을 위하여 하라 32 유대인에게나 헬라인
에게나 하나님의 교회에나 거치는 자가 되지 말고 33 나와 같이 모
든 일에 모든 사람을 기쁘게 하여 자신의 유익을 구하지 아니하고 많
은 사람의 유익을 구하여 그들로 구원을 받게 하라 ○ 11:1 내가 그
리스도를 본받는 자가 된 것 같이 너희는 나를 본받는 자가 되라[45]

바울은 모든 것이 가하나 모든 것이 유익한 것은 아니며 모든 것이 가하나 모든 것이 믿음을 세우는 것은 아니라고 하였습니다. 예수 그리스도 안에 있는 사람들은 누구를 막론하고

45 그리스어 직역- 너희는 내가 그리스도를 본받음 같이 되라.

또는 나를 본받는 자들은 내가 그리스도를 본받음 같이.

사도 바울의 의중은 자신과 같이 되라는 것 보다는 예수 그리스도를 온전히 사람들이 따르기 간구하고 있다고 봐야 합니다. 만약 그렇지 않다면, 혹자가 말하듯 기독교는 예수 그리스도를 믿는 것이 아니라 사도 바울의 독창적 신앙체계로 세워진 종교가 될지도 모릅니다.

자신의 유익을 위해 기도하지 말고 주님의 유익을 구하라는 것입니다.

유대인의 전통에 의하면 시장에서 파는 것을 먹지 않아야 됩니다. 그것이 죄인들의 손에 의해서 만들어졌기 때문에 불결(죄가 있다)하게 생각하는 것이 그들의 인식이었습니다. 그러나 예수가 그 하나님임을 믿는 믿음의 사람들은 누구에게 물어볼 것 없이 먹으라고 하였습니다. 이것은 율법에 의하여 속죄 받을 때와 예수가 그 하나님을 믿음으로 속죄 받을 때의 차이를 설명하는 것입니다.

고린도 교인들에게 땅과 거기 충만한 것이 다 주의 것이라고 하면서 불신자 중 누가 믿음의 사람인 너희를 청할 때에 너희가 가고자 하거든 너희 앞에 차려 놓은 것은 무엇이든지 양심을 묻지 말고 먹으라고 하였습니다. 왜냐하면 음식이나 물질이 사람을 더럽게 할 수 없기 때문입니다. 사람을 더럽게 하는 것은 죄이며 예수가 그 하나님이라고 믿지 않는 것이 죄인 것입니다.

그러나 누가 너희에게 이것이 제물이라 말하거든 알게 한 자와 그 양심을 위하여 먹지 말라고 한 것은 제물을 먹음으로 사람들에 의해서 비방을 받게 되고 또는 복음의 역사에 지장을 초래할 수 있기 때문입니다. 고린도 교회가 디아스포라 유대인들로 형성된 교회이기 때문에 이렇게 말한 것입니다.

여기서 바울이 언급한 양심은 이 말씀을 듣는 고린도 교인들의 것이 아니라 아직 예수 그리스도를 믿는 믿음 위에 서지 않은 이들의 것을 가리키는 것이고 바울은 자유 또한 남의 양심으로 말미암아 판단 받을 수 없다고 한 것입니다. 이에 대해 바울은 믿음 안에서 "만일 내가 감사함으로 참여하면 어찌하여 내가 감사한 것에 대해서 비방을 받으리요"라고까지 설명합니다. 그렇기 때문에 믿음 안의 사람들은 먹든지 마시든지 무엇을 하든지 다 하나님의 영광을 위해 해야 한다고 하였습니다.

이처럼 그리스도인이라면 유대인에게나 헬라인에게나 하나님의 교회에나 거치는 자가 되지 말라고 당부하였습니다.

우리는 우리의 양심을 기준으로 삼을 때가 많습니다. 이것이 결코 옳은 것은 아닙니다. 양심은 동일하지 않고 어떤 문화권 속에 생활 했느냐에 따라서 또한 달라질 수 있기 때문입니다.[46] 그러므로 우리는 우리의 양심을 주장하지 말고 예수 그리스도가 그 하나님이심을 주장하는 복음의 사역자가 되어야 한다고 강조하고 있습니다.

사도 바울은 자신과 같이 모든 일에 모든 사람을 예수를 구원자로 받아들여 생명에 이르게 하고 그 생명을 얻은 자들을 기쁘게 하며 자신들의 유익만을 구하지 아니하고 많은 사람들에게 복음을 전파하여 그들로 하여금 믿게 하고 또한 구원에 이르게 하는 것이 참 믿음의 사람들이라고 가르치고 있는 것입니다.

이처럼 사도 바울은 고린도 교인들에게 자신이 그리스도를 본받는 자가 된 것 같이 바울이 유대교에서 예수를 믿는 자들을 박해한 것에서 돌이켜 복음사역자가 된 것처럼 고린도 교

46 한국이나 동양적 상황에서의 양심이라는 것은 마음과 예절에서 나오는 것이라고 생각하지만, 서구적 의미에서의 양심(Conscience)은 의식(Consiousness)으로 번역되는 의미와 매우 가깝기 때문에 지성적이고 논리적인 틀을 의미할 때가 많이 있습니다. 유대교 적으로는 그것이 율법은 행위적 이행이 양심의 근본이나, 성경적으로는 하나님을 아는 것이 지혜이며 지식이며 양심인 것입니다. 즉, 예수 그리스도가 그 하나님이심을 인정하는 것이 양심이 있는 생명이 있는 마음 또는 주 앞에서 살아있는 지성인 것입니다.

인도 바른 신앙을 갖지 못하여 서로 당을 지어 교회가 나뉘어 분쟁하던 것에서 돌이켜 예수 그리스도가 그 하나님이심을 믿는 믿음 안에서 하나되기를 당부한 것입니다.

11장 2절 - 16절

○ 2 너희가 모든 일에 나를 기억하고 또 내가 너희에게 전하여 준 대
로 그 전통을 너희가 지키므로 너희를 칭찬하노라 3 그러나 나는 너
희가 알기를 원하노니 각 남자의 머리는[가] 그리스도요 여자의 머리는 남자요 그리스도의 머리는 하나님이시라[47] 4 무릇 남자로서 머리에

47 이 문장의 그리스어 직역 번역이 어떻게 되는가에 따라 순서적인 의미인 것인가? 아니면 하나님이신 예수 그리스도에 대한 것인지에 따라 신앙적 해석이 달라질 수 있습니다. 만약 예수와 속격(Genitive)인 그리스도라는 단어를 하나님과 묶어서 읽게 되면, 즉, 하나님이신 그리스도로 본다면 번역은 아래와 같이 될 수도 있습니다.

그러나 나는 그대들이 알기(깨닫기) 바라건데, 그 모든 사람들의 머리는 그리스도이며 아내의 머리는 남자이고 [그 남자의] 머리가 그 하나님 그리스도입니다. -강박사 사역

이를 통해 알 수 있는 것은 단순히 남자, 여자의 관계를 말하는 것이 아니라 복음을 전하는 자들을 남자로, 그 복음을 받아들이는 자들을 여자로 상징화법으로 말하고 있다고 볼 수 있습니다. 히브리적 화법에서

무엇을 쓰고 기도나 예언을 하는 자는 그 머리를 욕되게 하는 것이요
5 무릇 여자로서 머리에 쓴 것을 벗고 기도나 예언을 하는 자는 그 머
리를 욕되게 하는 것이니 이는 머리를 민 것과 다름이 없음이라 6
만일 여자가 머리를 가리지 않거든 깎을 것이요 만일 깎거나 미는 것
이 여자에게 부끄러움이 되거든 가릴지니라 7 남자는 하나님의 형상
과 영광이니 그 머리를 마땅히 가리지 않거니와 여자는 남자의 영광이
니라 8 남자가 여자에게서 난 것이 아니요 여자가 남자에게서 났으
며 9 또 남자가 여자를 위하여 지음을 받지 아니하고 여자가 남자를
위하여 지음을 받은 것이니 10 그러므로 여자는 천사들로 말미암아
권세 아래에 있는 표를 그 머리 위에 둘지니라 11 그러나 주 안에는
남자 없이 여자만 있지 않고 여자 없이 남자만 있지 아니하니라 12
이는 여자가 남자에게서 난 것 같이 남자도 여자로 말미암아 났음이라
그리고 모든 것은 하나님에게서 났느니라 13 너희는 스스로 판단하
라 여자가 머리를 가리지 않고 하나님께 기도하는 것이 마땅하냐 14
만일 남자에게 긴 머리가 있으면 자기에게 부끄러움이 되는 것을 본성
이 너희에게 가르치지 아니하느냐 15 만일 여자가 긴 머리가 있으면
자기에게 영광이 되나니 긴 머리는 가리는 것을 대신하여 주셨기 때문
이니라 16 논쟁하려는 생각을 가진 자가 있을지라도 우리에게나 하

여자와 남자의 관계는 이스라엘의 신랑인 하나님이신 예수 그리스도가 임하는 메시아의 시대에 준비된 신부인 이스라엘의 결혼 상징성을 생각해 봐야 합니다. 히브리어의 특성에서 하나님은 무성 또는 남성이지만, 율법과 이스라엘 등등이 여성 명사인것을 생각해 볼 필요가 있습니다. 심지어 '악'도 여성형으로 묘사됩니다.

나님의 모든 교회에는 이런 관례가 없느니라

바울은 고린도 교인들이 예수가 그 하나님이심을 전한 것을 받아들이고 그대로 믿음을 지킴으로 그들을 칭찬한다고 하였습니다. 거짓 교사들이 고린도 교회에 들어와 바울이 전한 복음을 훼파할 뿐 아니라 신비적인 것을 들어서 미혹하기 때문에 그들 가운데 역사하는 영은 성령이 아니라는 것을 설명하기 위한 것입니다.

그러므로 고린도 교인들이 올바른 신앙을 가질 수 있도록 가르치기 위하여 각 남자의 머리는 그리스도요 여자의 머리는 남자요 그리스도의 머리는 하나님이시라고 설명하였는데 이는 고린도 교회에 있는 여인들(복음을 받아들였으나 자의적 해석과 유대적, 또는 헬라적인 사상을 섞는 자들과 비성경적인 신비주의 자들)이 파당이 나누는데 일조를 하고 있었기 때문에 그들을 절제시키기 위하여 "각 남자의 머리는 그리스도요 여자의 머리는 남자라"고 한 것입니다. 그리고 그리스도의 머리는 하나님[48]이라고 한 것은 그리스도와 하나님이 구별되는 것이

48 그리스도의 머리가 하나님/ 하나님의 머리이신 그리스도- 한국어의

아니라 곧 그 하나님 한 분이라는 설명입니다.

무릇 남자로서 머리에 무엇을 쓰고 기도나 예언을 하는 것은 그 머리를 욕되게 하는 것이라는 것은 구습에 젖어서 복음을 바로 알지 못하는 것을 가리키는 것입니다. 예수가 그 하나님이심을 믿어 구습을 버리고 영과 진리로 예배하는 자들이 진정한 그리스도인이기 때문입니다. '머리에 쓴다'는 번역은 실제로는 머리를 'cover(덮는다)'한다라는 의미인데, 이것은 상징적으로 우리의 머리이신 하나님이신 예수 그리스도 외에 사람이 세운 규칙이나 다른 사상들을 머리에 놓아두는 것이 틀린 것임을 말하는 것입니다.

여자로서 머리에 쓴 것을 벗고 기도나 예언하는 자는 그 머리를 욕되게 하는 것이라는 본문 말씀을 축자적으로 이해하여 가톨릭 교회에서는 미사포를 쓰고 기도하는 것이 유래가 되었다고 볼 수도 있습니다. 이것은 기독교의 전례가 아니라 당시

뉘앙스의 어려움이 있습니다. 일반적인 한국인의 한국어 화법이 실제로는 통일되어 있지 않기 때문에 개념어인 한자를 사용하지 않고서 한국어 자체로서는 철학적 담론이나 사상적 서술이 어렵다는 사실을 모든 이들이 알고 있는 사실입니다.

고린도 지역에 있는 디아스포라 유대인들의 문화를 들어서 고린도 교인들에게 참 예배자가 되라고 가르쳤던 것인데 그것이 오늘날 다른 형식이 되어 전수되는 것을 볼 수 있습니다. 그러나 개혁교회에서는 머리에 쓰거나 기도포를 덮거나 하는 일 없이 하나님께 예배하고 있습니다.[49]

바울은 그 당시 문화 속에서 "여자가 머리를 가리지 않거든 깎을 것이요 만일 깎거나 미는 것이 여자에게 부끄러움이 되

---

49 유대적으로는 마지막 메시아가 이 땅에 임하게 되면, 그 기도보(율법의 상징)를 벗고서 온전히 얼굴대 얼굴을 대하여 본다는 의미가 있었습니다. 이미 그 상징성을 이해하고 있는 당시의 고린도 교회 교인들에게 바울은 말하고 있습니다. 기도보에 대한 성경의 직접적 서술이 없는 것은 아브라함도 이삭도 야곱도 기도보를 쓰고서 기도했다는 서술이 없기 때문에 그것은 충분조건으로서 예배자의 행위인 것이지 필수 조건으로서 예배의 조건은 아닌 것입니다. 그러므로 어떤 현대의 유대주의자들이 유대교적인 예배의 방식과 기독교의 방식을 혼합하려함에 있어서 필요조건과 충분조건을 오해하는 자들에게 예수 그리스도 보다 중요한 것은 없다고 알려 주어야만 합니다. 축자대로 라면, 구약을 성경 히브리어로 읽지 않은 자들은 성경을 읽은 적이 없는 것이기 때문입니다. 만약 그러하다면, 이방인일 지라도 주의 말씀을 히브리어로 읽고 외우지 못한다면, 하나님의 백성이 아니라는 결론에 당도하게 됩니다. 그것은 복음적인 결론이 아닙니다. 부족함이 있을지라도 주께서는 이 세상 모든 언어로 예수 그리스도 사역을 통한 속죄의 은혜를 선포하시는 것을 기쁘게 여기셨다는 사실입니다.

거든 갈라서라"고까지 말하고 있습니다. "남자는[50] 하나님의 형상과 영광이니 그 머리를 마땅히 가리지 않거니와 여자는 남자의 영광이니라"라고까지 설명하는 것은 남녀의 예배 관계를 말하고자 함이 아니라 교회와 신자의 관계를 설명하기 위하여 비유와 은유를 사용하고 있는 것입니다.

남자가 여자에게서 난 것이 아니요, 여자가 남자에게서 났다고 한 것도 창세기 성경을 들어서 근본적인 것을 설명하는 것[51]입니다. 현실적으로는 남자가 여자에게서 난 것이지만 사도 바울은 하나님의 창조의 역사를 들어서 교회와 우리의 관계를 설명하고 있는 것입니다. 그래서 여자가 남자에게서 났으며 또한 남자가 여자를 위하여 지음 받지 아니하고 여자가 남자를

---

50 여기서 말하는 남자는 일반적인 남자가 아니라. 아담 또는 두번째 아담으로 비유된 예수 그리스도를 말하는 것이요, 여자는 그 신부된 성도들 또는 믿는자들을 말하는 것입니다. 왜냐하면, 그리스도는 하나님의 형상(고후 4:4)인데, 남자가 하나님의 형상이라면, 일반화시켜서 모든 육체의 남자가 하나님의 형상이라는 말도 안되는 결론이 되기 때문입니다. 하나님의 형상의 필요 충족 조건은 죄가 없어야 되기 때문입니다.

51 여기서 말하고 있는 사실은 남자된 그리스도(복음)이 여자된 교회의 성도들 보다 우선된다는 의미로 읽어야 오해가 되지 않습니다.

위하여 지음 받은 것이라고 설명하는 것입니다. 이 말씀을 보면 마치 여자가 남자를 위하여 존재하는 것처럼 들리나 실상은 남녀는 인격적으로 평등한 것입니다. 여자 없이 남자만이 자식을 낳을 수 없으며 남자 없이 여자만 자식을 낳을 수 없습니다. 그래서 성경을 볼 때 의미를 바로 알고 깨달아야 비로서 성경이 가르치고자 하는 것이 무엇임을 바로 알게 되며 그것이 우리의 믿음의 유익한 것이 됩니다.

예수 그리스도를 그 하나님으로 믿는 믿음 안에서는 남자 없이 여자만 있지 않고 여자만 없이 남자만 있지 아니한다고 한 것은 남녀의 인격적 동등을 설명한 것입니다.

그리고 이것이 12절 말씀에 잘 설명되고 있습니다. 이는 "여자가 남자에게서 난 것 같이 남자도 여자로 말미암아 났으나 모든 것은 하나님께로부터 났느니라"고 한 것은 모든 것이 하나님께로부터 창조되었다는 것을 들어서 예수가 그 하나님이심을 설명하는 것입니다.

바울은 고린도 교인들에게 스스로 판단해 보라고 하였습니다. "여자가 머리를 가리지 않고 하나님께 기도하는 것이 마땅하냐"고 한 것은 오늘 우리의 문화권 속에 볼 때는 참으로 이해하기 어려운 일입니다. 이것은 어디까지나 당시 고린도인들 가운데 디아스포라 유대인들의 기도포 문화를 들어서 하나님께 기도하는 것이 중요한 것이므로 소홀히 여겨서는 안 된다는 것을 설명한 것입니다. 머리를 가리는 것은 죄인임을 고백하는 상징 행위입니다. 그러나 예수 그리스도 안에서 우리는 그분의 속죄를 인정하기 때문에 머리에 무엇을 쓰는 그 행위를 버리는 것입니다. 그러나 유대인의 전도를 위해, 무슬림의 전도를 위해 머리에 무엇을 쓰고 복음을 전하는 것 자체도 틀린 것은 아닙니다. 바울이 말하는대로 유대인에게는 유대인이 이해할 수 있게, 헬라인에게는 헬라인에게 이해될 수 있는 방식으로 예수 그리스도를 전하는 것만이 중요할 뿐입니다.

남자가 긴 머리를 하고 있으면 남녀 구별이 어려움으로 사실은 자신에게 부끄러움이 된다는 것입니다.[52] 만일 여자가 긴

52 나실인의 규정을 보면, 남자가 머리에 삭도를 대지 않았다가 정한 때가 되면 미는 풍습이 있었습니다. 삼손의 이야기가 영화로 만들어질 때에도 아프리칸 드레드 형식의 긴머리의 삼손을 보신 분들이 많이 계실 것입니다. 유대인에게 있어서 머리카락이라는 의미는 죄를 상징합니다. 예수님께서 말씀하신 '너희 머리카락이 다 세어진 바 되었다.'라는 의미는 유대인이

머리라면 자신이 여자라는 것을 나타내는 것이므로 본인에게는 유익이라는 것입니다. 이것으로 남자와 여자를 외형적으로 구분할 수 있기 때문입니다. 그러나 이런 것으로 논쟁을 일으키려는 자가 있을지라도 우리에게나 하나님의 모든 교회에는 이런 관례가 없다고 함으로 바울은 논쟁의 여지를 없애는 것입니다. 사실 이런 내용은 현 세대와는 무관합니다. 다만 당시대의 문화와 상황을 들어 바울이 설명한 내용을 그냥 지나칠 수 없어 재설명하였습니다.

11장 17절 -12장 3절

○ 17내가 명하는 이 일에 너희를 칭찬하지 아니하나니 이는 너희의
모임이 유익이 못되고 도리어 해로움이라 18 먼저 너희가 교회에 모
일 때에 너희 중에 분쟁이 있다 함을 듣고 어느 정도 믿거니와 19
너희 중에 파당이 있어야 너희 중에 옳다 인정함을 받은 자들이 나타
나게 되리라 20 그런즉 너희가 함께 모여서 주의 만찬을 먹을 수 없
으니 21 이는 먹을 때에 각각 자기의 만찬을 먼저 갖다 먹으므로 어
떤 사람은 시장하고 어떤 사람은 취함이라 22 너희가 먹고 마실 집
이 없느냐 너희가 하나님의 교회를 업신여기고 빈궁한 자들을 부끄럽

듣는다면, 하나님께서는 그 모든 죄들을 아신다는 의미로 이해됩니다.

게 하느냐 내가 너희에게 무슨 말을 하랴 너희를 칭찬하랴 이것으로
칭찬하지 않노라 23 내가 너희에게 전한 것은 주께 받은 것이니 곧
주 예수께서 잡히시던 밤에 떡을 가지사 24 축사하시고 떼어 이르시
되 이것은 너희를 위하는 내 몸이니 이것을 행하여 나를 기념하라 하
시고 25 식후에 또한 그와 같이 잔을 가지시고 이르시되 이 잔은 내
피로 세운 새 언약이니 이것을 행하여 마실 때마다 나를 기념하라 하
셨으니 26 너희가 이 떡을 먹으며 이 잔을 마실 때마다 주의 죽으심
을 그가 오실 때까지 전하는 것이니라 27 그러므로 누구든지 주의
떡이나 잔을 합당하지 않게 먹고 마시는 자는 주의 몸과 피에 대하여
죄를 짓는 것이니라 28 사람이 자기를 살피고 그 후에야 이 떡을 먹
고 이 잔을 마실지니 29 주의 몸을 분별하지 못하고 먹고 마시는 자
는 자기의 죄를 먹고 마시는 것이니라 30 그러므로 너희 중에 약한
자와 병든 자가 많고 잠자는 자도 적지 아니하니 31 우리가 우리를
살폈으면 판단을 받지 아니하려니와 32 우리가 판단을 받는 것은 주
께 징계를 받는 것이니 이는 우리로 세상과 함께 정죄함을 받지 않게
하려 하심이라 33 그런즉 내 형제들아 먹으러 모일 때에 서로 기다
리라 34 만일 누구든지 시장하거든 집에서 먹을지니 이는 너희의 모
임이 판단 받는 모임이 되지 않게 하려 함이라 그밖의 일들은 내가 언
제든지 갈 때에 바로잡으리라 ○ 12:1 형제들아 신령한 것에 대하여
나는 너희가 알지 못하기를 원하지 아니하노니 2 너희도 알거니와
너희가 이방인으로 있을 때에 말 못하는 우상에게로 끄는 그대로 끌려
갔느니라 3 그러므로 내가 너희에게 알리노니 하나님의 영으로 말하
는 자는 누구든지 예수를 저주할 자라 하지 아니하고 또 성령으로 아

니하고는 누구든지 예수를 주시라 할 수 없느니라

사도 바울은 이러한 신체의 외적 문제로 상징된 '행위적 형태의 신앙'을 가지고 칭찬하지 아니한다고 했습니다. 예수 그리스도인은 시대의 문화와 별개로 의로워져야 하기 때문입니다. 그래서 말씀을 전하는 자들('남자들'로 상징)이 아닌 사람들('여자들'로 상징)로 상징된 자들이 가르치거나 리더가 되는 것은 영적으로 문란해지게 하기 때문에 유익이 되지 못할뿐더러 도리어 해로움이 된다고 하였습니다.

고린도 교회의 교인들이 예배를 위해 모였을 때 서로 분쟁하는 일이 있었습니다. 자신들의 신앙에 나타나는 영적인 역사, 자신들이 체험한 것이 성령이라고 주장하며 네 파로 나눠분쟁하고 있었던 것입니다.

그러나 고린도 교인들 중에 바울이 전한 복음을 온전히 믿은 사람들은 영분별을 할 수 있으므로 옳다고 인정함을 받는 자들이 나타나게 되리라고 바울은 말합니다.

그러므로 그들이 함께 모여서 주의 만찬을 먹을 수는 없는 것[53]입니다.

먹을 때에 각각 자기 만찬을 먼저 먹어버리거나 어떤 사람은 시장하고 어떤 사람은 술에 취하기 때문에 온전한 성찬을 할 수 없기 때문입니다.

성찬예식을 잘못되게 행하는 것은 교회를 어지럽히는 것뿐만 아니라 예수 그리스도의 그 은혜를 도리어 욕되게 만드는 일입니다.

이를 한심하게 여긴 사도 바울은 "너희가 먹고 마실 집이 없느냐 너희가 하나님의 교회를 업신여기고 빈궁한 자를 부끄럽게 하느냐 내가 너희에게 무슨 말을 하랴 너희를 칭찬하랴 이것으로 칭찬하지 아니하노라"고 분명하게 선을 그어주었습니다.

또 성찬을 잘못 알고 제멋대로 행하는 고린도 교인들에게 성찬예식에 대해 바로 가르치기 위해서 사도 바울은 "내가 너희에게 전한 것은 주께 받은 것이니 곧 주 예수께서 잡히시던

53 공동 식탁이라는 의미는 예배의 행위적 서술입니다.

밤에 떡을 가지사 축사하시고 떼어 이르시되 이것은 너희를 위하는 내 몸이니 이것을 행하여 나를 기념하라"고 설명을 시작합니다.

고린도 교회가 바른 믿음을 가지고 바르게 성찬식을 했다면 바울이 이렇게 구체적으로 설명할 필요가 없었을 것입니다.

성찬 예식 안에서의 분잔(잔을 나눠 마심)에 대해서 바울은 설명합니다.

"식후에 또한 그와 같이 잔을 가지시고 이르시되 이 잔은 내 피로 세운 새 언약이니 이것을 행하여 마실 때마다 나를 기념하라 하셨으니"라고 예수께서 하신 말씀을 들고 바울은 떡을 먹으며 잔을 마실 때마다 주의 죽으심을 그와 만날 때까지 전하는 것이라고 한 것입니다.

그러므로 누구든지 성찬예식에 분병이나 분잔을 합당하지 않게 하고 마시면 주의 몸과 피에 대하여 죄를 짓는 것이라고 하였습니다. 이렇게 바울이 단정지어 말하는 것은 잘못된 고린도 교인들에게 바르게 가르쳐 온전한 믿음을 갖게 하기 위한 것입니다.

자기를 살피고 그 후에야 떡을 먹고 잔을 마셔야 것은 자신의 신앙으로 자신의 모습을 비추어 보아 성찬에 참여하기 부끄러운 행동을 했다면 성찬에 참여하지 말라는 뜻입니다.

고린도 교인들 중에 약한 자와 병든 자가 많고 죽은 자도 적지 않으나 스스로 자신의 신앙을 살펴 바르게 잡으면 율법의 판단을 받지 아니한다고 한 것이며 최종 판단은 주께 징계를 받는 것이라고 한 것입니다. 주의 판단은 우리로 세상과 함께 정죄함을 받지 않게 하려 하심입니다.

우리의 죄를 대속하시기 위해 그 하나님이신 예수께서 십자가로 우리 죄를 대속하셨기 때문에 우리는 나음을 입기 때문입니다.

성경을 보면서 우리는 주연과 조연을 바꾸어 버릴 때가 있습니다. 성경의 주연이 누구이겠습니까? 예수 그리스도 외에는 주연이 없습니다. 등장하는 모든 인물들은 예수 그리스도를 위한 조연이며, 그 조연들은 주연인 예수 그리스도를 나타내는 그 일에 쓰임을 받는 것입니다.

그러므로 누구든지 배가 고프면 집에서 식사를 하고 교회에 나와 성찬예식에서 주님이 보시기에 합당하지 아니한 일을 행하지 말라고한 것입니다.

바울은 네 분파로 나뉘어 분쟁하고 있는 고린도 교인들을 온전히 돌이켜서 복음안에 있게 하도록 이 모든 것을 설명하는 것이며 이것이 복음을 전하는 사역자들의 공통점인 것입니다.

12장

바울은 본격적으로 고린도 교회에 편지하는 이유와 영분별에 대해서 설명하려고 "형제들아 신령한 것(영적인 것)에 대하여는 나는 너희가 알지 못하기를 원치 아니하노라"고 말씀하는 것입니다. 신령한 것이 무엇일까요? 대부분 사람들은 기도해서 병을 고치는 것, 안수해서 어떤 일이 일어나는 것을 신령하다고 생각합니다. 과연 그것이 신령한 것일까요? **신령한 것은 예수 그리스도 외에는 없습니다. 그렇기 때문에 '신령한 것에 대하여'라는 말은 나타나는 현상이 아니라 예수 그리스도가 누구**

인가를 아는 것을 가리킵니다.[54]

예수를 믿지 않고 있을 때에 말 못하는 우상에게로 끄는 대로 끌려 가는 것은 예수에 대하여 알지 못하고 성령에 대해서 알지 못하기 때문에 그렇게 될 수밖에 없다는 것입니다.

그러므로 하나님의 영으로 말하는 자는 누구든지 예수를 저주할 자라 하지 아니하고 성령으로 아니하고는 누구든지 예수를 주라 시인할 수 없다고 바울은 전합니다. 혹자들은 이 말씀을 가지고 교회에 나와 예수 이름을 부르면성령을 받는다고 하는데 '성령으로 아니하고는 누구든지 예수를 주시라 할 수 없'다고 하는 것을 우리는 한 번 더 깊고, 넓고, 바르게 이해할 필요가 있습니다.

바울이 이 말씀을 하던 당시는 예수를 그 하나님으로 믿을 때에 상상을 초월하는 박해를 받게 되는 시대였습니다. 그러나

---

54 기독교는 기적의 종교가 아니라 예수 그리스도를 통한 하나님 사랑의 선포를 하는 존재의 원리를 알고 예수 그리스도를 예배하는 것입니다. 그러므로 기독교가 사랑의 종교라고 불리는 것은 여타 종교들 보다 자선적인 행위를 하기 때문이 아니라 예수 그리스도를 통한 속죄의 사랑을 보여준 하나님이 사랑이시라는 진리를 선포하기 때문입니다.

그런 박해를 받으면서까지도 예수가 그 하나님이심을 믿는 자들은 고난 속에서도 예수를 부인하지 아니할 것입니다.

따라서 예수가 그 하나님이심을 시인하는 것은 성령으로만이 가능하다고 말하는 것입니다. 예수가 주 되신 것을 시인하게 되면 유대인들로부터 또는 헬라의 문화권 속에서 출회를 당하고 핍박을 당하며 여러가지로 생활에 어려움을 당하는데, 이런 상황 속에서 성령의 감동함을 받지 않고서는 예수를 주라고 시인할 수 없는 것입니다. 그러니 이 말씀을 오늘날 우리 시대에 하여 교회에 나와 찬송 부르고 예배 시간에 설교를 듣고 같이 찬송하는 것으로 성령의 감동을 받는다고 한다면 문제가 있는 것입니다. 교회 안에는 참 성령의 은혜 가운데 있는 사람이 있는가 하면 그렇지 못한 사람도 있습니다. 그러므로 성령의 감동을 자구적으로 해석하는 것은 매우 문제가 있는 것입니다.

12장 4절 - 11절

○ 4 은사는 여러 가지나 성령은 같고 5 직분은 여러 가지나 주는
같으며 6 또 사역은 여러 가지나 모든 것을 모든 사람 가운데서 이
루시는 하나님은 같으니 7 각 사람에게 성령을 나타내심은 유익하게

하려 하심이라 8 어떤 사람에게는 성령으로 말미암아 지혜의 말씀을,
어떤 사람에게는 같은 성령을 따라 지식의 말씀을, 9 다른 사람에게
는 같은 성령으로 믿음을, 어떤 사람에게는 한 성령으로 병 고치는 은
사를, 10 어떤 사람에게는 능력 행함을, 어떤 사람에게는 예언함을,
어떤 사람에게는 영들 분별함을, 다른 사람에게는 각종 방언 말함을,
어떤 사람에게는 방언들 통역함을 주시나니 11 이 모든 일은 같은
한 성령이 행하사 그의 뜻대로 각 사람에게 나누어 주시는 것이니라

우리는 은사에 대해 올바르게 인식해야 합니다. 은사가 무엇이겠습니까? **사람들은 나타나는 표적을 은사라고 믿습니다.** 그러나 **성령께서 역사하시는 것이 바로 은사입니다.** 가장 큰 은사는 성령께서 역사해 주심으로 인하여 죄 사함의 은혜를 입고 거듭나는 것, 또한 같은 선상에서 어떠한 어려움이 있어도 예수 그리스도를 사랑함을 잃어버리지 아니하는 것이 가장 큰 은사인 것입니다.

바울이 "은사는 여러 가지나 성령은 같고"라고 한 것은 한 성령이 역사하시기 때문입니다. 직분은 여러 가지나 주님은 같다고 하였으며 이 말씀에서 직분이란 주께서 사람들에게 맡겨 주신 소임입니다. 그러나 맡기는 분은 한 분 그 하나님이십니

다.

사역은 여러 가지나 모든 것을 모든 사람 가운데서 이루시는 하나님은 한 하나님이시며 각 사람에게 성령의 역사하심으로 나타내 주시는 것은 그들에게 유익하기 위함이라는 것입니다. 유익이란 어떤 것을 가리키는 걸까요? 그것은 가난한 자가 물질을 얻거나 병든 자가 병을 낫는 것이 아닙니다. 참 유익은 죄로 인하여 죽을 수밖에 없고 멸망에 이를 수밖에 없는 죄인을 성령께서 속죄의 은혜를 주시고 영원한 생명에 이를 수 있도록 거듭나게 하시는 것입니다.

"어떤 사람에게는 같은 성령을 따라 지혜의 말씀을"이라고 한 것은 유대교에서 배웠던 교리를 바르게 깨달아 알아유대교에서 절대화하는 그 율법이 바로 예수 그리스도를 가리키는 것을 아는 것이라고 한 것입니다. 율법에 의해 제사로 속죄 받던 것이 예수를 그 하나님으로 믿으면 죄 사함 받는 것이 되므로 율법은 바로 예수 그리스도를 가리키는 것이며 예수 그리스도를 통해 율법이 완성된 것입니다. 또한 성령께서 역사해주심으로 예수 그리스도를 설명하는데 조금도 부족함 없이 전파하게 되는 것을 '지혜'라고 가리킨 것입니다.

또 "다른 사람에게는 같은 성령으로 믿음을, 어떤 사람에게는 한 성령으로 병 고치는 은사를"이라고 한 말씀에서 유의해야할 점이 있습니다. 성령께서 역사해 주심으로 병을 고치는 것이 있는가 하면 사탄의 영이 역사하여 병을 고치는 일도 있음을 우리는 알아야 할 것입니다. 사탄은 성령께서 역사하는 것을 모방하여 성령의 역사인 것처럼 속여 우리를 미혹하기 때문입니다.

"어떤 사람에게는 능력 행함으로"라는 말씀에서 말하는 능력이란, 그것을 행하는 주체가 사람이 아니라는 것이 중요합니다. 혹자는 나타나는 현상을 능력이라고 가르치는 사람도 있습니다. 이렇게 가르치는 것은 영이요, 생명의 말씀인 성경을 사람의 인식으로 이해해서 가르치는 것입니다. 성경에서 말하는 능력이란, 예수 그리스도께서 성령으로 오셔서 우리 죄를 사하시고 거듭나게 하셔서 하나님의 자녀가 되게 하는 것입니다. 그리고 그 능력은 오직 하나님만이 행할 수 있습니다.

"어떤 사람에게는 예언함을"이라고 한 것은 우리의 미래나 길흉을 말한 것이 아닙니다. 이 말씀에서 '예언'은 "주 예수를 그 하나님으로 믿으라 그리하면 너와 네 집이 구원을 얻으리라"고 한 복음 전파를 가리키는 것입니다.[55] 믿는 사람들은 영원한 생명을 얻어 하나님의 나라에서 별과 같이 빛날 것이기 때문에 이보다 더 큰 예언이 어디 있겠습니까! 그러므로 예수 그리스도가 그 하나님이신 것을 전하는 것이 바로 예언입니다.

"어떤 사람에게는 영들 분별함을"이라는 말씀에서는 육을 입은 사람이 어떻게 영들을 분별할 수 있다는 것일까요? 이것은 성령께서 역사하여 지혜를 주시고 알게 해 주시면 고린도 교회에 네 파로 나뉘어 분쟁하던 것을 바르게 분별할 수 있다는 것입니다. 이 말씀은 사도 바울이 고린도 교회에 편지를 쓴 동기를 알아야 제대로 알 수 있고 해석할 수 있습니다. 교회가 하나가 되어야 함에도 불구하고 네 파로 나뉘어 분쟁한다는 것 자체가 이미 교회가 온전한 성령 안에 있지 않다는 것을

---

55 예언이라는 것의 성경적 의미는 오직 예수 그리스도에 대한 것입니다. 그 목적성이 하나님의 실존 곧 예수 그리스도를 통한 구원에 관련된 것이 아니라면 그것은 성경적인 것이 아닙니다. 미래에 관한 불확실성을 받아들이지 못하는 것 또한 인간으로서의 오만인 것입니다.

그러므로 예언이라는 의미는 길흉화복을 말함이 아닌 것입니다.

반증하는 것이기 때문에 고린도 교회는 칭찬받을 만한 교회가 아니라 책망을 받을 교회입니다.

고린도 교회는 왜 그렇게 되었을까요? 그것은 바로 성령을 가장한 사탄의 영이 들어와 사람들을 미혹하여 그들로 하여금 바울이 전하는 복음을 무너뜨리려는 것입니다. 바울은 그것을 분별할 수 있는 은사에 대해서 바르게 설명해 주고 있는 것입니다.

"또 어떤 사람들에게는 각종 방언 말함을"이라는 말씀에서 가리키는 각종 방언은 바로 외국어입니다. 기독교인들 중에 방언을 외국어로 생각하지 않고 사람이 이상한 소리를 내는 것을 방언이라고 인식하는 자들이 많이 있습니다. 이 인식 자체가 비성경적이고 잘못된 것입니다. 누가 사람이 알아들을 수 없는 말을 방언이라고 가르쳤습니까! 이것을 하나님께서 준 은사로 가르치는 사람들은 성경과 무관한 사람들이며 성령도 알지 못하는 자들입니다. 그들은 다른 영에 속해 무지한 말로 믿는 자들을 현혹시키고 잘못 가르치는 자들입니다.

사도 바울은 다른 사람들보다 방언, 즉 외국어를 다양하게 구사하였습니다. 그래서 '나는 다른 사람들보다 방언을 더 말한다'고 한 것은 혀로써 알아듣지 못하는 말을 한다는 뜻이 아니라 복음을 전파하기 위해 다양한 외국어를 사용했다는 것입니다. 아람어를 사용하는 시대에 바울이 붙잡혀 가면서 유대인들이 법정에 많이 모인 것을 보고 "히브리 방언으로 말하기를 시작하니라"고 분명하게 사도행전에 기록된 것을 볼 때 방언은 '룰루랄라', '아라차차', '스텔라' 등과 같이 사람이 알아들을 수 없는 말을 하는 것이 아니라 정확하게 외국어를 가리킨다는 것을 알 수 있습니다.[56]

중요한 사실은 오순절 날 성령이 임한 다음에 사도들에게 역사했던 그 '방언'은 오늘날 존재하지 않는다는 것입니다. 만약 지금도 여전히 존재하고 있다면, 미국의 복음주의자 빌리

56 이에 관하여 종교 개혁주의자들의 의견도 그 누구 하나 알아들을 수 없는 것이라 서술하지 않습니다. 1800년대 이후의 은사 운동이 과연 성경적인 것인가에 관하여 깊이 생각해 보아야 합니다. 종교적 열광주의가 복음주의 운동에 있었던 것이 사실이지만, 그것이 과연 성경적인 것인지 각자의 신앙에 비추어 성경 안에서 예수 그리스도 십자가 앞에서 깨달아야 합니다.

그레함 목사님이 한국에 와서 집회할 때 통역사는 필요하지 않았을 것입니다. 뿐만 아니라 한국에서 외국으로 선교를 가는 사람들이 현지의 언어를 배울 필요도 없을 것입니다. 한국어로 복음을 전해도 듣는 사람들이 자신들이 사용하고 있는 언어로 듣게 되는 것이 성령께서 역사하여 사도행전에서 보여졌던 참 방언이기 때문입니다.

바울은 나아가 "어떤 사람에게는 방언 통역함을 주시나니"라고 하였습니다. 복음을 전파하기 위해서는 통역이 필요하기 때문에 이렇게 설명한 것이나, 그 속뜻은 고린도 교회에서 사람이 알아들을 수 없는 말을 하면서 이를 성령의 은사라고 주장하던 이들에게 그것이 잘못된 사탄의 역사에 매여 일어나는 일임을 가르치기 위함입니다. [57]. 알아들을 수 없는 방언은 통

---

57 실제의 방언 통역함이 실존한다는 것이 아니라 수사적으로 아예 불가능한 것을 주께서 허락하시면, 할 수 있다는 의미입니다. 즉, 주께서도 허락치 아니하는 방언의 은사는 주께로 부터 온 것이 아닌 다른 영의 이끌림을 받은, 현대적 서술로 본다면, 정신병리적으로는 이상행동이라 본다는 의미입니다. 이 이상행동이 신적인 것이라고 한다면, 구약 역사에 누가 그런 행동을 했는지 또한, 예수 그리스도 자체가 그런 방언을 하였는지 생각해 보아야 합니다. 언제나 주님은 우리가 이해할 수 있게 설명해 주십니다. 우리가 이해하지 못하는 것은 주님을 온전히 바라보지

역할 수 없어 복음 전파를 할 수 없으므로 통역이 되지 아니하면 그런 행동들을 절대 하지 말라고 한 것입니다. 더욱이 뒤에 나오는 것처럼 만일 방언이 하나님께 비밀을 말하는 것이라면, 이를 통역해 비밀을 폭로하는 것은 죄인이 되는 것이므로, 통역하면 안되는 것입니다.[58]즉, 바울은 방언을 금지시키기 위해 이같이 가르치는 것입니다.

이 모든 일들은 성령께서 행하사 그의 뜻대로 각 사람에게 역사해 주어 예수 그리스도가 그 하나님이심을 믿게 하기 위한 것입니다.

12장 12절 – 14장 19절

○ 12 몸[59]은 하나인데 많은 지체가 있고 몸의 지체가 많으나 한 몸임

못하기 때문일 수도 있습니다.

58 이것은 사도 바울의 고차원적인 수사기법으로 생각됨이 합당합니다. 조건 없이 금지하는 것이 아니라, 너희들의 의중에 신적인 것이라고 한다면, 복음이 잘 서술되듯이 그 이상행동들도 다 서술할 수 있어야 한다는 깊은 언사인 것입니다.

59 여기서 말하는 '몸'의 의미는 '교회 Ecclesia 공동체' 입니다. 예수 그리스도의 몸을 나눈 형제 자매들 안에서의 순서와 연합에 관하여

과 같이 그리스도도 그러하니라 13 우리가 유대인이나 헬라인이나
종이나 자유인이나 다 한 성령으로 세례를 받아 한 몸이 되었고 또 다
한 성령을 마시게 하셨느니라 14 몸은 한 지체뿐만 아니요 여럿이니
15 만일 발이 이르되 나는 손이 아니니 몸에 붙지 아니하였다 할지라
도 이로써 몸에 붙지 아니한 것이 아니요 16 또 귀가 이르되 나는
눈이 아니니 몸에 붙지 아니하였다 할지라도 이로써 몸에 붙지 아니한
것이 아니니 17 만일 온 몸이 눈이면 듣는 곳은 어디며 온 몸이 듣
는 곳이면 냄새 맡는 곳은 어디냐 18 그러나 이제 하나님이 그 원하
시는 대로 지체를 각각 몸에 두셨으니 19만일 다 한 지체뿐이면 몸
은 어디냐 20 이제 지체는 많으나 몸은 하나라 21 눈이 손더러 내
가 너를 쓸 데가 없다 하거나 또한 머리가 발더러 내가 너를 쓸 데가
없다 하지 못하리라 22 그뿐 아니라 더 약하게 보이는 몸의 지체가
도리어 요긴하고 23 우리가 몸의 덜 귀히 여기는 그것들을 더욱 귀
한 것들로 입혀 주며 우리의 아름답지 못한 지체는 더욱 아름다운 것
을 얻느니라 그런즉 24 우리의 아름다운 지체는 그럴 필요가 없느니
라 오직 하나님이 몸을 고르게 하여 부족한 지체에게 귀중함을 더하사
25 몸 가운데서 분쟁이 없고 오직 여러 지체가 서로 같이 돌보게 하셨
느니라 26 만일 한 지체가 고통을 받으면 모든 지체가 함께 고통을
받고 한 지체가 영광을 얻으면 모든 지체가 함께 즐거워하느니라 27
너희는 그리스도의 몸이요 지체의 각 부분이라 28 하나님이 교회 중
에 몇을 세우셨으니 첫째는 사도요 둘째는 선지자요 셋째는 교사요 그

이야기하고 있습니다.

다음은 능력을 행하는 자요 그 다음은 병 고치는 은사와 서로 돕는 것
과 다스리는 것과 각종 방언을 말하는 것이라 29 다 사도이겠느냐
다 선지자이겠느냐 다 교사이겠느냐 다 능력을 행하는 자이겠느냐
30 다 병 고치는 은사를 가진 자이겠느냐 다 방언을 말하는 자이겠느
냐 다 통역하는 자이겠느냐 31 너희는 더욱 큰 은사를 사모하라 내
가 또한 가장 좋은 길을 너희에게 보이리라 ○ 13:1 내가 사람의 방
언과 천사의 말을 할지라도 사랑[60]이 없으면 소리 나는 구리와 울리는
꽹과리가 되고[61] 2 내가 예언하는 능력이 있어 모든 비밀과 모든 지
식을 알고 또 산을 옮길 만한 모든 믿음이 있을지라도 사랑이 없으면
내가 아무 것도 아니요 3 내가 내게 있는 모든 것으로 구제하고 또
내 몸을 불사르게 내줄지라도 사랑이 없으면 내게 아무 유익이 없느니
라 4 사랑은 오래 참고 사랑은 온유하며 시기하지 아니하며 사랑은
자랑하지 아니하며 교만하지 아니하며 5 무례히 행하지 아니하며 자
기의 유익을 구하지 아니하며 성내지 아니하며 악한 것을 생각하지 아
니하며 6 불의를 기뻐하지 아니하며 진리와 함께 기뻐하고 7 모든

---

60 여기서의 사랑이라는 단어는 '아가페'가 원형인 '예수 그리스도를 통한 하나님의 속죄'를 의미합니다. 일반적인 사랑의 의미가 아닙니다.

61 울리는 꽹과리는 한국사회의 이해를 돕기위한 번역입니다. 심벌과 같은 종류의 악기를 의미하는 것인데, 본절에 말하고 있는 악기는 실제로는 '제금'으로 번역되는 구약 예배에 사용된 악기나 또는 이방신 제사에 사용된 악기들을 비유하여서 말하고 있음을 알 수 있습니다.

것을 참으며 모든 것을 믿으며 모든 것을 바라며 모든 것을 견디느니
라 8 사랑은 언제까지나 떨어지지 아니하되 예언도 폐하고 방언도
그치고 지식도 폐하리라 9 우리는 부분적으로 알고 부분적으로 예언
하니[62] 10 온전한 것이 올 때에는 부분적으로 하던 것이 폐하리라
11 내가 어렸을 때에는 말하는 것이 어린 아이와 같고 깨닫는 것이 어
린 아이와 같고 생각하는 것이 어린 아이와 같다가 장성한 사람이 되
어서는 어린 아이의 일을 버렸노라 12 우리가 지금은 거울로 보는
것 같이 희미하나 그 때에는 얼굴과 얼굴을 대하여 볼 것이요 지금은
내가 부분적으로 아나 그 때에는 주께서 나를 아신 것 같이 내가 온전
히 알리라 13 그런즉 믿음, 소망, 사랑, 이 세 가지는 항상 있을 것
인데 그 중의 제일은 사랑이라 ○ 14:1 사랑을 추구하며 신령한 것
들을 사모하되 특별히 예언을 하려고 하라 2 방언을 말하는 자는 사
람에게 하지 아니하고 하나님께 하나니 이는 알아 듣는 자가 없고 영
으로 비밀을 말함이라 3 그러나 예언하는 자는 사람에게 말하여 덕
을 세우며 권면하며 위로하는 것이요 4 방언을 말하는 자는 자기의
덕을 세우고 예언하는 자는 교회의 덕을 세우나니 5 나는 너희가 다

---

62 여기서 말하는 예언도 미래의 것을 말하는 것이 아니라, 구약의 예언이 어떻게 예수 그리스도를 통해 이루어졌는지 설명하는 것으로 봐야 타당한 것이 됩니다. 만약 그렇지 않다면, 예언서들이 지금도 쓰여져야 합니다. 예언 비중지론은 심각한 오류인 것입니다. 이미 주님의 역사는 예수 그리스도를 통해 완성되었고 우리는 그 구원의 마지막 시간들에 살고 있는 것입니다.

방언 말하기를 원하나 특별히 예언하기를 원하노라 만일 방언을 말하
는 자가 통역하여 교회의 덕을 세우지 아니하면 예언하는 자만 못하니
라 6 그런즉 형제들아 내가 너희에게 나아가서 방언으로 말하고 계
시나 지식이나 예언이나 가르치는 것으로 말하지 아니하면 너희에게
무엇이 유익하리요 7 혹 피리나 거문고[63]와 같이 생명 없는 것이 소
리를 낼 때에 그 음의 분별을 나타내지 아니하면 피리 부는 것인지 거
문고 타는 것인지 어찌 알게 되리요 8 만일 나팔이 분명하지 못한
소리를 내면 누가 전투를 준비하리요 9 이와 같이 너희도 혀로써 알
아 듣기 쉬운 말을 하지 아니하면 그 말하는 것을 어찌 알리요 이는
허공에다 말하는 것이라 10 이같이 세상에 소리의 종류가 많으나 뜻
없는 소리는 없나니 11 그러므로 내가 그 소리의 뜻을 알지 못하면
내가 말하는 자에게 외국인이 되고 말하는 자도 내게 외국인이 되리니
12 그러므로 너희도 영적인 것을 사모하는 자인즉 교회의 덕을 세우기
위하여 그것이 풍성하기를 구하라 13 그러므로 방언을 말하는 자는
통역하기를 기도할지니 14 내가 만일 방언으로 기도하면 나의 영이
기도하거니와 나의 마음은 열매를 맺지 못하리라 15 그러면 어떻게
할까 내가 영으로 기도하고 또 마음으로 기도하며 내가 영으로 찬송하
고 또 마음으로 찬송하리라 16 그렇지 아니하면 네가 영으로 축복할
때에 알지 못하는 처지에 있는 자가 네가 무슨 말을 하는지 알지 못하

---

63 여기서 말하는 거문고는 하프형태의 악기를 말합니다. 이것도 역시 성경이 번역될 당시의 한국의 상황에 맞게 이해를 돕기 위하여 이렇게 번역되었습니다.

고 네 감사에 어찌 아멘 하리요 17 너는 감사를 잘하였으나 그러나
다른 사람은 덕[64] 세움을 받지 못하리라 18 내가 너희 모든 사람보
다 방언을 더 말하므로 하나님께 감사하노라 19 그러나 교회에서 네
가 남을 가르치기 위하여 깨달은 마음으로 다섯 마디 말을 하는 것이 일만 마디 방언으로 말하는 것보다 나으니라

예수 그리스도를 그 하나님으로 믿는 사람들은 신앙의 의견이 나누어져서는 안 된다는 것을 가르치기 위하여 "몸은 하나인데 많은 지체가 있고 몸의 지체가 많으나 한 몸임과 같이 그 하나님인 예수도 그러하니라"고 한 것입니다.

예수가 그 하나님임을 믿는 유대인이나 헬라인이나 종이나 자유인이나 다 한 성령으로 죄 사함을 받아 예수 그리스도 안에서 지체가 되었음으로 '한 성령을 마시게 하셨느니라'라고 표현한 것입니다. 성령이 먹고 마시는 것이 아님에도 이렇게 바울이 설명한 이유는 예수님께서 "내가 주는 물을 먹으면 영원히 목마르지 아니한다"라고 한 말씀을 인용한 것입니다. 나

---

64 여기서 한국인들의 이해를 돕기 위하여 '유교적 가치관인 "덕(德)" '이라는 단어를 삽입하여 번역하였습니다. 원래는 사람 자체를 세운다는 뜻입니다.

아가 한 몸에 여러 지체가 있다는 비유를 들어서 고린도 교회가 나뉘어져 분쟁하는 것을 회개하고 예수 그리스도 안에서 하나가 되어야 된다고 지적한 것입니다.

이 분쟁을 정리하기 위하여 사도 바울이 고린도 교회에 편지를 보낸 것이며 따라서 이 편지의 주된 내용은 그들이 거짓된 영과 성령을 영분별할 수 있도록 하기 위함이며, 궁극적으로 이 서신을 통해서 그들이 그리스도 안에서 하나가 되기를 원하고 있는 것입니다.

교인들 중에는 유력자도 있고 약하게 보이는 자도 있을 수 있습니다. 그러나 어느 것도 더하고 덜함이 없다는 것을 가르치기 위하여 "더 약하게 보이는 몸의 지체가 도리어 요긴하고 우리가 몸의 덜 귀히 여기는 것들을 더 귀한 것들로 입혀 주며 우리의 아름답지 못한 지체는 더 아름다운 것을 얻느니라"는 몸의 비유를 통해 고린도 교회의 교인들 모두가 소중하다고 설명하는 것입니다.

이렇게 몸의 비유로써 설명하는 이유가 있습니다. 교회는 그리스도의 몸이고, 몸에 각 지체가 있는 것처럼 교인들은 예수 그리스도의 지체가 되어서 복음의 역사에 귀히 쓰임 받는 일꾼들이 되어야 하기 때문입니다. 무엇보다 믿음도 하나요, 주도 한 분이요, 모든 행동하는 것이 주님의 영광을 위한 하나가 되어야 한다는 것을 가르치기 위해서입니다.

교회가 분쟁하지 말고 일치가 되어야 한다는 것을 가르치기 위해 한 몸에는 지체끼리 분쟁이 없다는 것과, 오직 그 몸을 위해 여러 지체가 서로 같이 합심하는 비유를 들고 있습니다. 만일 한 지체가 고통을 받으면 모든 지체가 함께 고통을 받고 한 지체가 영광을 얻으면 모든 지체가 함께 즐거워한다는 것입니다. 그러므로 바울은 "너희는 그리스도의 몸이요 지체의 각 부분이라"라고 선언합니다.

고린도 교인들이 분쟁하는 이유 중에 거짓 교사들에 의해 성령의 역사로 가장한 사람이 알아들을 수 없는 방언의 체험으로 바울을 우습게 여기는 경향이 있었던 것을 볼 수 있습니다. 그래서 사도 바울은 "하나님의 교회 중에 몇을 세우셨으니 첫째는 사도요"라고 하여 사도권을 들고 고린도 교회의 교인들을 치리하고자 한 것입니다. 사도가 가장 중요한 일을 맡고 있다는 것을 가르치며 사도들이 전하는 것과 가르치는 것을 주님의 뜻으로 받아들이라는 것입니다. 그렇게 인식될 때만이 고린도 교회가 파벌적 싸움에서 벗어나 하나가 될 수 있기 때문입니다.

"둘째는 선지자요"라고 하였지만 사실 사도들이 복음을 전하고 다닐 때에는 선지자는 없었습니다. 그러나 바울이 이렇게 말한 것은 고린도 교인들이 비록 고린도에 살고는 있지만 출신은 디아스포라 유대인들이라 그들의 의식 속에는 아직도 선지자가 제일이라는 인식이 있었기 때문에 선지자보다 더 위에 있는 것이 사도임을 가르치기 위함입니다. 구약시대에 하나님께서 계시하시면 그 계시한 것을 백성들에게 설명했던 것이 선지자의 역할인데, 바울 당시의 의미로 보면 예수 그리스도를 설명하는 설교자라고 볼 수 있습니다.

"셋째는 교사요"라는 말씀에서 교사는 교회에서 남을 가르치는 자들입니다. 교사들이 왜곡되게 가르치면 영적으로 큰 문제가 생길 수 있습니다. 그래서 교회 안에서 믿음이 바로 서 있는 사람들을 교사로 세워 사람들을 가르쳤던 것입니다.

"그 다음은 능력을 행하는 자요"라고 하는데, 앞서도 말했지만 사람이 무슨 능력을 행할 수 있습니까! 그러나 고린도 교회는 성령의 역사가 아닌 다른 영의 역사에 의해서 능력을 행하는 자들로 교인들이 미혹되어 분쟁하고 있었던 것을 상기해보아야 합니다.

"다 병을 고치는 은사를 가진 자이겠느냐"라고 한 것도 모든 것이 성령으로 역사하는 것이 아닌 다른 영에 끌려 역사하는 자들도 있기에 분별해 주기 위한 것입니다.

"다 방언을 말하는 자겠느냐"라고 한 것은 성령에 의하여 방언을 하는 것이 아니라 다른 영에 이끌려 방언을 하는 자들도 있으므로 다 참 방언을 말하는 자이겠느냐고 한 것입니다. 다 방언을 통역할 수 있는 자이겠느냐고 지적한 것도 고린도 교회 가운데 성령의 은혜를 입고 믿음을 가진 자에게 역사하는 역사가 있는가 하면 사단이 고린도 교회에 들어와 거짓 교사들을 통해 일으키는 영적인 역사도 있다는 것을 가르쳐 성령이 아닌 다른 영에 이끌림을 받는 자들을 깨우쳐 돌이키게 하기 위한 것입니다.

사도 바울은 고린도 교인들을 향하여 "너희는 더욱 큰 은사를 사모하라 내가 또한 가장 좋은 길을 너희에게 보이리라"라고 할 때, 가장 좋은 길을 보인다는 것은 참 하나님이신 성령의 역사를 바르게 제시해 주겠다는 것입니다. 고린도 교회가 영분별을 하지 못하여 서로 분쟁하고 있음으로 그 분쟁하는 것을 막고 교회를 교회답게 세우고자 하는 것이 사도 바울의 의중인 것입니다.

13장

고린도 교회가 당시 네 파로 나뉘어 분쟁하고 있었던 이유는 무엇입니까? 그들의 성전 유대교적, 행위적, 율법적 신앙과 헬라적 사상들의 영향을 받은 온전치 못한 인식과 알아들을 수 없는 방언의 체험 등, 근본적으로 영적인 것이 잘못되어 있고 또한 근본적으로 예수 그리스도에 대한 사랑이 없었기 때문입니다. 그래서 사도 바울은 자신을 비유하여 자신이 사람의 방언과 천사의 말을 할지라도 사랑이 없으면 소리나는 구리와 꽹가리와 같다고 하였습니다.

이것은 바울이 아무리 외국어를 많이 한다 해도(지식이 있다고 해도) 사랑(아가페)으로 묘사한 예수가 없는 방언(사상, 신념, 기적, 체험)은 아무런 의미가 없다는 것입니다.

'천사의 말'이라는 표현을 사용한 것은 고린도 교인들이 혀로써 알아들을 수 없는 말을 하면서 천사의 말이라고 주장했기 때문입니다. 즉, 고린도 교인들이 사람이 알아들을 수 없는 방언을 하는 것은 무의미한 것이며 더 나아가 그것은 성령의 역사에 의한 것이 아니라는 것을 가르치고자 한 것입니다. 사람이 알아들을 수 없는 소리를 내는 것은 마치 생명이 없는 악기가 소리내는 것과 같아서 '사랑'으로 묘사한 성령의 역사가 아니라는 것입니다.

"내가 예언하는 능력이 있어 모든 비밀과 모든 지식을 알고 또 산을 옮길 만한 모든 믿음이 있을지라도 사랑이 없으면 내가 아무 것도 아니요"라고 한 것은 신앙생활 속에 사랑이라고 묘사한 예수가 없다면 아무 의미가 없다는 것입니다. **왜 바울은 예수님을 사랑으로 표현하고 있을까요? 그것은 하나님을 설명하기 위한 방법으로 '하나님은 사랑이시라'라고 한 것을 들어 예수 그리스도를 동일하게 사랑으로 묘사하고 있는 것입니다.** 그 동일하신 하나님이신 예수께서 우리들의 죄를 사하시기 위해 십자가에서 희생하신 것을 우리를 향한 사랑이라고 알고 있기에 예수님을 사랑으로 묘사하고 있는 것입니다. 고린도전서 13장 내용을 두고 혹자들은 바울이 사랑을 말함으로 사상적으로 위대한 말을 남겼다고 합니다. 그래서 그 일부의 내용을 가지고 노랫말을 만들고 음계를 붙여서 복음성가로 부르기도 하고 특별히 기독교인들의 결혼식장에서 축가로 많이 부릅니다. 그러나 이것은 고린도전서 13장 내용을 전혀 알지 못한 채 사랑이라는 단어만을 사용하는 행위입니다.

만약 그 내용의 뜻을 바르게 알게 된다면 우리는 가슴을 치면서 회개(주께 돌아감)하게 될 것이기 때문입니다.

바울은 자신이 말하는 것이 사람들이 다 아는 일반론적인 사랑이 아니라는 것을 설명하기 위해 다음과 같이 말하고 있습니다. "내가 내게 있는 모든 것으로 구제하고 또 내 몸을 불사르게 내어줄지라도 사랑이 없으면 내게 아무 유익이 없느니라."

인간으로서 도저히 행하기 어려운 행위를 예로 든 것으로 보아 바울은 인간적인 사랑이 아니라 예수 그리스도를 묘사하기 위해 '사랑'이라는 단어를 사용하고 있다는 것을 알 수 있습니다. 우리가 가진 모든 재산을 다 구제 비용으로 쓰고 "또 몸을 불사르게 내어줄지라도 사랑이 없으면"이라고 한 것은 **인간적으로 아무리 위대한 사랑을 베풀지라도 진정한 사랑이신**

예수 그리스도가 없으면 아무 소용이 없다는 것입니다. 이렇게 설명하는 것은 고린도 교인들 중 일부, 곧 사람이 알아들을 수 없는 방언을 말하는 자들에게 그러한 행위는 자신을 드러내기 기뻐하는 사탄적인 교만함에 불과하며 예수 그리스도의 성령 없이 행하는 잘못된 것이라고 지적하기 위한 것입니다.

그래서 "사랑은 오래 참고 사랑은 온유하며 시기하지 아니하며 사랑은 자랑하지 아니하며 교만하지 아니하며 무례히 행치 아니하며 자기의 유익을 구하지 아니하며 성내지 아니하며 악한 것을 생각치 아니하며 불의를 기뻐하지 아니하며 진리와 함께 기뻐하고 모든 것을 참으며 모든 것을 믿으며 모든 것을 바라며 모든 것을 견디느니라"라고 하는 것입니다.

이와 같은 행위는 인간이 온전히 행할 수 있는 것이 아닙니다. 이것은 예수 그리스도가 어떤 분인지, 예수님이 이 땅에 오셔서 역사하시고 이루시는 사역이 어떤 것인지 가르치기 위하여 구체적 행위로 설명한 내용입니다. 그러나 이것을 도덕적으로 적용하여 사람에게 오래 참아야 되고 온유해야 된다고 하면 성경을 바르게 아는 것이 아닙니다.

그래서 성경을 우리가 볼 때 주연과 조연을 바꾸면 안 되는 것입니다. 성경의 주연은 예수 그리스도입니다. 성경에 등장되는 사람들은 조연인 것입니다. 그리고 연출자는 그 하나님이십니다. 조연과 주연을 바꾸어 성경을 이해하여 설명한다면 그것은 성경을 왜곡시키는 큰 죄임을 명심해야 할 것입니다. 마찬가지로 내 생명의 주인이 하나님이라고 말하면서도 선택의 주도권을 내가 갖고 내 마음의 주인을 나로 여기는 것도 아직 예수 그리스도를 주님으로 온전히 믿는 신앙이라고 할 수 없습니다. 자기를 부인하고 자기 십자가를 지고 예수 그리스도를 따를 수 없다면 그분의 제자가 아니라고 예수님께서 직접적으로 말씀하셨기 때문입니다.[65]

사랑은 언제까지나 떨어지지 아니한다고 하였습니다. 사랑으로 묘사된 그분이 우리를 구원하시는 그 하나님이신 예수님이기 때문입니다. 예언이 폐한다는 것에서 예언은 우리의 앞날에 대한 길흉을 말하는 것이 아닙니다. 고린도 교회 교인들 중 자

---

65 개정 마태 16: 24 이에 예수께서 제자들에게 이르시되 아무든지 나를 따라 오려거든 자기를 부인하고 자기 십자가를 지고 나를 좇을 것이니라 25 누구든지 제 목숨을 구원코자 하면 잃을 것이요 누구든지 나를 위하여 제 목숨을 잃으면 찾으리라 26 사람이 만일 온 천하를 얻고도 제 목숨을 잃으면 무엇이 유익하리요 사람이 무엇을 주고 제 목숨을 바꾸겠느냐

신들이 하는 행위를 일부 예언이라 스스로 정의하는 잘못을 하는 사람도 있었기에 그런 예언은 폐지된다는 것입니다. 성령에 의한 참된 예언은 폐함이 없습니다. 사단의 영에 의하여 예언하는 것은 성령이 오셔서 역사하심으로 이미 폐지되었다는 것을 가르치는 것입니다.

"방언도 그치고"에서 '방언'은 계속 이야기하지만 고린도 교인 중 일부가 마귀가 역사하는 방언인데도 불구하고 이를 성령의 역사로 오인하여 혀로써 사람이 알아듣지 못하는 방언을 하지만 성령이 오셔서 역사할 때는 그 방언도 그치고 그들이 잘못 알고 있던 신앙의 지식까지도 폐하게 된다는 것입니다.

바울은 또 "부분적으로 알고 부분적으로 예언을 하므로 온전한 것이 올 때는 부분적으로 하던 것은 폐하리라"고 하였습니다. 온전한 것이란 성령을 가리키는 것입니다. 그 성령이 오셔서 각 사람에게 역사하게 되면 사단의 영에 의해 사람이 알아들을 수 없는 방언을 하는 것, 또는 잘못된 예언, 이 모든 것은 끝이 난다는 것입니다. 성령이 오시면 성령에 의해서 역사하는 것이 아닌 것들은 반드시 끝이 난다는 것입니다.

특별히 지금까지도 한국의 기독교 문화에서는 성령을 충만이 받으면 사람이 알아들을 수 없는 방언도 하고 예언도 한다고 이해하는 사람들이 많습니다. 그러나 그것이 참 성령의 역사가 아님을 이제 우리는 분명히 알아야 합니다. 그렇게 사람이 알아들을 수 없는 방언을 하고 통변을 하고 예언을 하며 여러 가지 형태로 역사하는 자들은 하나님의 뜻을 알지 못하는 자, 또는 구원자 예수 그리스도께서 미워하는 자들이라는 사실을 말입니다.

그들이 참 성령의 은혜 가운데 있다면 '하나님의 깊은 것도 통달한다'고 성경에 기록되어 있습니다. 하나님의 깊은 것을 통달한다는 의미가 무엇일까요? 그것은 바로 예수 그리스도의 속죄의 은혜입니다. 그러나 사람이 알아들을 수 없는 방언을 하는 사람들은 예수 그리스도의 속죄의 은혜보다는 현실적인 도움에 관한 여러가지 이야기를 나열하기 일쑤입니다. 그러나 우리에게 주어진 표적 중에서 예수 그리스도 이외에 다른 것을 말하는 것은 교회에게 허락되지 않았습니다. 따라서 그러한 모든 행위는 음란한 것이며 우상숭배인 것입니다. 하나님을 표면적으로, 행위적으로 가장 잘 경배한다는 것은 이미 기독교의 본질이 아닌 것입니다. 유대교와 이슬람의 일반적인 예배의 수준이나 신에 관한 사상들에 관해 본 바가 없는 한국 교회의 많은 사람들이 한국식으로, 무당적으로, 유교적 기독교에 심취되어 있다는 사실을 이제 인식하고 이를 경계하며 예수 그리스도로 돌아가야 합니다.

하나님의 깊은 것을 통달한 자들이 예수 그리스도 외에 다른 말을 섞거나 다른 이적을 행하는 것을 기뻐하거나 사회 윤리로서 예수 그리스도를 해석하는 행위를 하는 것은 주 앞에서 가증스러운 것입니다. 그래서 사도들은 오직 예수의 부활만을 전했던 것입니다.

또한 마가복음 16:17에 "믿는 자들에게는 이런 표적이 따르리니 곧 그들이 내 이름으로 귀신을 쫓아내며 새 방언을 말하며"라는 말씀에서 언급하는 '새 방언'은 사람이 알아들을 수 없는 방언이 아니라 예수 그리스도가 그 하나님이시며 부활하셨다는 새로운 방언인 복음을 가리킵니다. 예수 그리스도의 부활이 인류 역사에서 최초이기 때문에 새 방언이라고 한 것입니다.

여러분들 가운데 사람이 알아들 수 없는 방언의 체험을 한 분들이 있습니까? 깊이 생각해 보십시오. 밤새도록 방언으로 기도하였으나 마음에는 열매를 맺지 못했을 것입니다. 자신이 무엇을 기도했는지조차 알지 못하는 것이 어찌 기도이겠습니까! 또한 그것이 잠깐 마음의 안정을 준다고 하였을지라도 그것이 예수 그리스도께서 주시는 속죄의 은혜와 무슨 관계가 있겠습니까! 특수 예언이 중지되었다면, 특별 은사도 중지된 것입니다. 우리에게 가장 소중한 것은 나의 고통의 반감도, 내가 보기에 온전한 행복도 아니라 예수 그리스도 자체인 것입니다. 이에서 떠나 다른 말을 하는 모든 자들에게 주의 분노가 임하는 것입니다. 더 늦기 전에 반드시 돌이켜야 합니다.

사도 바울은 다시 비유를 듭니다. "내가 어렸을 때에 말하는 것이 어린 아이와 같고 깨닫는 것이 어린 아이와 같고 생각하는 것이 어린 아이와 같다가 장성한 사람이 되어서는 어린 아이의 일을 버렸노라." 고린도 교인들 중 일부가 마귀의 영에 속해 있고 그 나타나는 현상에 의해서 매료되어 있으므로 그들을 깨우치기 위하여 바울은 어린 아이의 성장과정을 들어 고린도 교인들의 신앙을 조명하고자 하는 것입니다.

그들이 알지 못하고 분별할 줄 모르기 때문에 그들이 행하는 모든 것을 성령에 의한 역사라고 믿고 있는 그들을 재차 설득하는 것입니다.

"성령 안에 있지 아니할 때는 거울로 보는 것 같이 희미하나"라는 말씀을 생각해 보자면, 먼저 그 당시의 거울은 동판을 연마한 것이라 요즘 우리가 사용하는 거울과 다르다는 것을 알아야 합니다. 지금의 거울은 유리를 이용해서 만들기 때문에 명암이 대단히 좋습니다. 그러나 당시의 거울은 원래의 피사체를 온전히 보여주기에는 모자람이 있었습니다.

바울은 이 사실을 비유하여서 성령이 오셔서 역사해 주시면 동판 거울로 보는 것 같이 희미했던 것이 주께서 나를 아시는 것처럼 주님을 바로 알고 깨닫게 된다는 뜻입니다.

그러므로 "믿음, 소망, 사랑, 이 세가지는 항상 있을 것인데 그 중에 제일은 사랑이라"고 말씀하고 있는 것을 볼 때 믿음의 본질은 예수 그리스도요, 소망도 예수 그리스도요, 사랑도 예수 그리스도입니다.

그런데 왜 바울은 그 중에서도 첫번째(제일)가 사랑이라고 강조하고 있을까요? 예수님을 사랑으로 묘사했기 때문이며 고린도 교회가 이제 그리스도 예수 안에서 사랑으로 하나 되기를 원했기 때문입니다. **고린도전서에서 잘 구분 지어서 이해해야 하는 것이 '사랑'입니다. 여기서 말하는 사랑은 우리의 이성과 감성으로 이해하는 상호관계적인 것이 아니라 끊임없이 부어주시는 예수 그리스도의 속죄의 은혜를 표현한 것이라는 사실입니다.** 그러므로 예수님 없이 방언하고, 예수님 없이 예언하고, 예수님 없이 행하는 모든 것은 성령의 역사하심이 아니라 다른 영의 역사라는 것을 설명하는 것입니다. 그러나 혹자는 또 말할 것입니다. 예수 이름으로 우리는 방언도 하고 예언도 하고 기적도 일어난다라고 말입니다. 이에 관하여 예수님은 마태복음 7:21-23에서 분명히 말씀하셨습니다. "거짓 선지자들을 삼가라 양의 옷을 입고 너희에게 나아오나 속에는 노략질하는 이리라 그의 열매로 그들을 알찌니 가시나무에서 포도를, 또는 엉겅퀴에서 무화과를 따겠느냐 이와 같이 좋은 나무마다 아름다운 열매를 맺고 못된 나무가 나쁜 열매를 맺나니 좋은 나무가 나쁜 열매를 맺을 수 없고 못된 나무가 아름다운 열매를 맺을 수 없느니라 아름다운 열매를 맺지 아니하는 나무마다 찍혀 불에 던지우느니라 이러므로 그의 열매로 그들을 알리라 **나더러 주여 주여 하는 자마다 천국에 다 들어갈 것이 아니요 다만 하늘에 계신 내 아버지의 뜻대로 행하는 자라야 들어가리라."** 경고를 들을 줄 아는 자들이 복된 것입니다. 듣는 귀와 보는 눈이 다 그 하나님이 지으신 것인데, 들을 귀 없는 자들은 주님의 자녀가 아니기 때문입니다.

14장

사도 바울은 사랑, 곧 예수 그리스도를 추구하며 또한 성령으로 오셔서 역사하는 것들을 사모하라고 했습니다. 그리고 특별히 예언[66]을 하라고 당부하고 있는데 이는 우리가 아는 예언, 즉 우리의 앞날의 길흉을 말하라는 것이 아니라 예수 그리스도의 복음을 전하라는 것입니다. 왜냐하면 그것이야 말로 하나

66 신약에 있어서 '예언'이라고 번역되는 단어가 '예언서'이냐 '예언'이냐는 논쟁도 있습니다. 그러나 예수 그리스도께서 '다 이루셨다'는 의미가 예언의 성취라고 한다면, 단 하나라도 남아있는 예언이 있다면, 예수는 그리스도가 아니요 성육신한 하나님이 아닌 것이 됩니다. 이 하나도 이해하지 못하는 사람들은 이미 예수 그리스도가 말로만 주님이라고 호칭하는 것입니다.

님의 일을 이루실 일이기 때문에 참된 예언이기 때문입니다.

또한 "방언을 말하는 자는 사람에게 하지 아니하고 하나님께 하나니"라고 기록되어 있습니다. 그러나 이 구절은 번역상 문제가 많습니다. 헬라어로는 이 본문이 '데δε(However/Not so ever]'라는 단언, 곧 부정 접속사로 기록되었는데 우리말로 성경을 번역하는 번역자들이 그것을 순접으로 번역했기 때문에 바울의 서신이 앞뒤가 맞지 않는 것입니다.[67]

왜 이렇게 바울의 서신이 앞뒤가 맞지 않을까요? 다른 사람이 기록했을까요? 아닙니다. 분명히 바울의 서신입니다. 이것은 번역상의 오류입니다. 헬라어 '데δε'는 부접사로도 쓸 수 있고 순접으로도 쓸 수 있습니다. 가령 우리 나라의 언어에서 '잘한다 잘해'라는 표현은 칭찬입니다. 똑같은 표현으로 '잘한다 잘해~'는 잘못하는 것을 지적합니다. 똑같은 글자이나 전혀 다른

---

67 이에 관한 코이네 그리스어 문법에 관한 수많은 논쟁이 있어 왔습니다. 그러나 바울의 말을 문맥적으로 읽는다고 했을 때, 이것은 부정법으로 읽어야 문단의 진행이 매끄럽습니다.

뜻을 내포하고 있음을 알 수 있습니다.

그래서 이런 문장들을 바르게 해석해야 하는 것입니다. 전자의 잘한다는 것은 칭찬이고 후자의 잘한다는 것은 질책하는 것입니다. 똑같은 단어이지만 칭찬과 질책, 이것을 구분해서 기록하지 않는다면 전혀 다른 내용이 됩니다. 그러므로 부접사를 순접사로 보고 번역하여 방언이 마치 하나님께 하는 것이라고 주장하는 것처럼 돼 버린 것입니다.

"방언을 말하는 자는 사람에게 하지 않고 하나님께 하나니" 라고 하면서 바울은 방언은 사람이 혀로써 알아들을 수 없는 말을 하는 것으로 이것은 허공에다 하는 것이라고 분명히 제시하였습니다. 또, "방언을 말하는 자는 사람에게 하지 아니하고 하나님께 하는 것 같으나 알아듣는 자가 없고 영으로 비밀을 말함이라"라고 하였습니다. 그러나 방언이 사람에게는 비밀이 되겠지만 하나님께는 비밀이 될 수 없습니다. 이것만 구분지을 수 있어도 혀로써 알아들 수 없는 방언은 그 방언을 하는 자 자신도 알지 못하므로 하나님께 하는 것이 아니라는 것을 알 수 있습니다.

그러므로 사도 바울은 혀로써 알아들을 수 없는 방언을 긍정으로 보는 것이 아니라 부정으로 보며 그 방언은 모순이라는 것을 지적하기 위하여 계속 설명해 나가고 있는 것입니다.

사도 바울은 예언하는 자는 사람에게 말하여 덕을 세우며 권면하며 위로하는 것이라고 본문에는 기록되어 있지만 사실 그리스어 성경에는 '덕'이라는 단어가 없습니다. 이것은 성경이 한국어로 번역될 당시 한국의 사회적, 문화적 틀 안에서 전도의 목적을 가지고 이해를 돕기 위하여 삽입된 (현 시대에는) 다소 불필요한 표현입니다. 그러면 덕을 무엇이라고 표현한 것일까요? '덕' 대신 '사람을 세운다'고 번역되면 맞을 것 같습니다. 그렇다면, 사람을 세운다는 것은 무엇을 말하는 것일까요? 주님 앞에서 참 사람으로 서게 되면 하나님의 비밀인 예수 그리스도[68]가 곧 그 하나님인 것을 깨달아 주님 앞에 서서 감사

68 개역 골 2:1 내가 너희와 라오디게아에 있는 자들과 무릇 내 육신의 얼굴을 보지 못한 자들을 위하여 어떻게 힘쓰는 것을 너희가 알기를 원하노니 2 이는 저희로 마음에 위안을 받고 사랑 안에서 연합하여 원만한 이해의 모든 부요에 이르러 하나님의 비밀인 그리스도를 깨닫게 하려 함이라 3 그 안에는 지혜와 지식의 모든 보화가 감취어 있느니라

하며 기뻐함으로 예배(송축)하게 됩니다.

바울이 말한 성령 안에서의 권면과 위로는 현실에서 예수 그리스도를 영접한 믿음을 지키는데 있어서 여러 가지 핍박과 어려움이 있지만, 그 믿음을 지키게 하는 것입니다. 이것을 "예언하는 자는 사람에게 말하여 덕을(그를) 세우며"라고 표현한 것입니다.

그리고 본문은 '방언을 말하는 자는 자기 덕을 세우고 예언하는 자는 교회의 덕을 세운다'고 기록되어 있는데, 이것이 여러 다른 언어와 심지어 상반된 신학 사조들의 논란을 거쳐 번역되어 변개되어 있는 것으로 보아야 할 것입니다.[69] 왜냐하면

---

69 단편적으로 현재의 한글 개역 성경이나 한글 개역 개정의 문제점에 관하여 의문을 품지 않는 신학자는 존재하지 않습니다. 심지어 그 문제점들 때문에 다양한 학회들과 개인들, 대한 성서 공회에서 조차 새로운 버전의 한글 성경 번역이 현재도 이뤄지고 있는 중 입니다. 이것은 먼저 한국어 자체의 지난 50년간의 변화가 영미 문화권의 500년 간의 변화보다 빨랐기 때문이기도 합니다. 실례로서 50년 전의 한글 표기는 세로쓰기 국한문 혼용이었습니다. 이것은 마치 1500-1600년대 영어 문화권이 라틴어와 불어 혼용으로 글을 쓴 것과 유사하다고 할 수도 있습니다. 단순 한글 성경만으로 신학들의 차이를 논할 수는 없습니다. 만약 그러하다면, 그런 부류의 분들은 라틴어, 독일어, 프랑스어, 등등은 제치고라도 기본적인 영어 성경들 사이의 매우 상이한 지점들과, 심지어

바울은 사람이 알아들을 수 없는 방언을 부정하고 있기 때문입니다. 그리고 이미 말한 바 원래의 그리스어 사본 성경에는 '덕'이라는 단어 자체가 없다는 것을 상기하여 윗 구절을 다시

기초적인 영어도, 기초 그리스어나 기초 히브리어도 수학하지 않은 분들일 가능성이 많습니다. 신학이라는 것이 성경보다 우선될 수 없는 것일 때, 원어 성경을 접해보지 않은 상태로서의 논쟁은 이미 의미가 없으며 원어성경이라 해도 그 전수와 사본학에 관한 기초가 없다면 학술적으로는 가짜인 것입니다. 신앙에 있어서 축자 보존주의자들 중에 뛰어난 원어 성경 해석자가 없다는 사실은 이것을 증명합니다. 그러나 신앙의 확증은 언어가 아니라 하나님의 말씀으로 상징되는 예수 그리스도를 깨닫는 것에 있습니다. 만약 신학적 논쟁을 원한다면, 과거 신학자들의 글을 그들이 사용한 그 들의 언어로 해야할 것입니다. 즉, 1500년대 불어와 라틴어가 안되면 칼빈을 논할 수 없고, 삼위일체 논쟁을 이해하려면 고등 그리스어와 최소한의 기초 라틴어는 필수라고 많은 이들이 이미 역사 속에서 이야기해 왔습니다. 이에 합당한 수준의 신학자들이 몇명이나 되는지는 주님만이 아실 것입니다. 그러므로 한국어 성경과 외국어 성경들 사이의 의미적 외연과 내포가 다른 문제들이 원래의 복음을 해치지 않는 것은, 그것들이 마치 그루터기 만 남은 모자란 성경일지라도 그것 마저도 생명을 살리기 위해 싹을 틔워 쓰시는 하나님의 사랑을 기억해야 한다는 사실입니다. 상한 갈대를 꺽지 않는다(이사야 42:3)는 의미가 우리에게 있어서는 감정적으로 볼 때, 죄인이며 썩은 갈대 같은 우리를 끝까지 구원하시는 주님으로 읽게 되겠지만, 갈대라는 단어의 히브리어 구약 성경적 원래의 의미는 '율법'이나 '측량자'를 의미하기 때문에 율법 아래에서 예수 그리스도를 통해 속죄를 완성하신다는 의미로 읽히게 됩니다. 이 두 가지 해석 모두 예수 그리스도 이름 아래에 있다는 사실도 망각하면 안됩니다.

바르게 번역하자면, '**방언을 말하는 자는 자기 자신을 세우고 예언하는 자는 교회를 세운다(**그리스어 직역 강신행 박사 사역)'고 할 수 있을 것입니다.

그러므로 이 또한 사람이 알아들을 수 없는 방언에 심취되어 있는 고린도 교인들에게 알아들을 수 없는 방언을 하는 것은 성령의 역사가 아니라는 것을 재차 설명하고 있는 것입니다. 그런데도 왜 바울은 방언을 금하지 말라고 했을까요? 이것은 사도행전 2장에 기록된 오순절 날의 사건에 대해 오해가 없도록 하기 위함입니다. 그 당시 마가의 다락방에 모여 있었던 자들이 성령의 임재하심에 따라서 예루살렘으로 나아가 증언하기를 '예수께서 십자가에 죽으신 것은 우리 죄를 대속하기 위한 것이며 장사 지낸 지 삼일만에 부활하셔서 오백여 문도에게 나타내 보여주셨고 오순절 날 성령으로 오시어 우리들에게 역사해 주심으로 예수는 우리를 구원하시는 그 하나님이신 것을 전파하고 예수를 그 하나님으로 믿으라'고 한 것을 염두했기 때문으로 볼 수 있습니다. 이 때 각국에서 온 디아스포라[70] 유대인들은 그 증언(복음)을 자신들이 사용하는 각 언어로

---

70 디아스포라(영어: diaspora)는 특정 민족이 자의적이든지 타의적이든지

들었습니다.

소아시아 지역에 다양하게 분포되어 살고 있었던 디아스포라 유대인들이 유월절 기간에 오순절까지의 약 한 달 반의 기간을 지키러 예루살렘에 모였을 때, 자신들이 태어난 각 나라의 언어로 사도들이 전하는 복음을 듣게 되었던 것입니다. 그러나 **사도들은 방언을 스스로 말한 사실이 없습니다.** 사도들은 그들이 사용하는 당대의 언어로 예수를 증거했는데 각국에서 모여든 디아스포라 유대인들은 자신들이 사용하는 각 나라의

기존에 살던 땅을 떠나 다른 지역으로 이동하여 자의적인 집단을 형성하는 것, 또는 그러한 집단을 일컫는 말입니다. '흩뿌리거나 퍼트리는 것' 을 뜻하는 그리스어 단어 διασπορά에서 유래한 말입니다. 디아스포라란 낱말은 본토를 떠나 항구적으로 나라 밖에 자리잡은 집단에만 씁니다. 디아스포라가 처음으로 언급되는 부분은 신명기 28:25의 추방에 대한 내용인 "그대가 이 땅의 모든 왕국에 흩어지고"이다. 히브리어 성경이 그리스어로 번역되면서 있었고, 기원전 약 587-586년 이스라엘인들이 바빌로니아로 정착한 것과, 기원후에는 70년 로마 제국이 유대 지방에서 유대인들을 쫓아내는 부분에서 디아스포라라는 낱말이 쓰여 이 말이 지금의 의미를 얻게 되었다. 그리하여 '디아스포라'는 이스라엘의 유대인 민족 집단이 해외로 흩어진 역사적 현상과 그들의 문화적 발전 혹은 그들 집단 그 자체를 의미하게 되었습니다. 즉, 유대 전통을 지키고 구약 성경을 읽으며 때가 되면 언젠가는 예루살렘에서 예배를 드리고 싶은 세계 각국으로 흩어진 유대전통을 가진 이스라엘의 자손들을 의미합니다.

언어로 복음을 듣게 된 것입니다. 즉, 이 때는 말하는 것이 아닌 들리는 방언인 것입니다. 말하는 것이라고 해도 그것은 정확히 외국어로서의 지역 방언이라고 성경은 증언합니다.

사도행전 2:5에 보면 "그 때에 경건한 유대인들이 천하 각국으로부터 와서 예루살렘에 머물러 있더니 이 소리가 나매 큰 무리가 모여 각각 자기의 방언으로 제자들이 말하는 것을 듣고 소동하여 다 놀라 신기하게 여겨 이르되 보라 이 말을 하는 사람들이 다 갈릴리 사람들이 아니냐 우리가 우리가 각 사람이 난 곳 방언으로 듣게 되는 것이 어찜됨이냐 우리는 바대인과 메데인과 엘람인과 또 메소보다미아, 유대와 갑바도기아, 본도와 아시아, 브르기아와 밤빌리아 애굽 및 구레네 가까운 리비야 여러 지방에 사는 사람들과 로마로부터 온 나그네와 곧 유대인과 유대교에 들어온 사람들과 그레데인과 아라비아인들이라 우리가 각 언어로 하나님의 큰 일을 말함을 듣는도다" 라고 간증한 것을 분명히 볼 수 있습니다.

본문에서 다시 주의 깊게 보아야 할 것은 16개 지역의 외국 땅에서 온 디아스포라 유대인들이 사도들을 보고 그들이 다 갈릴리 사람인 것을 알 수는 없었을 텐데, 본문에는 "다 갈릴리 사람이 아니냐" 라고 기록된 것입니다. 이것은 기록자 누가가 성령의 역사하심을 설명하기 위하여 동일 언어(갈릴리 방언-아람/히브리어)로 복음을 전할 때 성령의 역사로 말미암아 각국 언어로 통역되었다는 것을 강조하여 설명하는 것으로 이해할 수 있습니다.

즉, 사도행전 속 방언이 최초의 방언이라면, 그 방언의 목적과 현상은 오직 예수 그리스도의 복음을 다른 언어를 가진이들에게 '들리게' 하는 것이었지 이해할 수 없는 소리들의 향연이 내는 것이 아니었다는 것을 분명히 깨달아 알아야 합니다. 그것은 내용적으로 사도들의 복음 전파요, 예수 그리스도에 관한 설교였습니다.

그러므로 사람이 알아들을 수 없는 방언은 교회의 유익이 없다고 한 것은 진정한 복음의 역사에는 유익이 없다는 것이며 그것을 말하는 자는 교회의 유익이 아니라 자기 자신이 심취로 방언을 하게 하는 그 (나쁜/교만한) 영에 매여 있다는 것입니다. 그것은 성령의 역사가 아니라 성령의 역사를 가장한 다른 영의 역사입니다.

바울은 방언하는 자들에게 깨우치기 위하여 예언(구약을 들어 예수 그리스도가 이루신 것을 설명함)을 하라고 권면합니다. 바울이 말한 그 예언은 복음의 역사의 본질인 예수 그리스도를 설명하는 것이며, 그것이 하나님이 원하는 것, 또 하나님이 이루신 것을 말하는 것이기 때문에 진정 예언이 되는 까닭입니다.

방언을 말하는 자가 자기의 덕을 세운다고 한 것은 방언에 심취되어서 그것에 매이게 된다는 것이며 예언하는 자가 교회에 덕을 세운다는 것은 예수 그리스도의 복음을 전파함으로 교회에 유익이 될 뿐 아니라 그들의 믿음을 더욱 세워 나가게 된다는 것입니다. 그러기에 **사도 바울이 "나는 너희가 다 방언 말하기를 원하나"라고 했을 때의 '방언'은 사람이 알아들을 수 없는 방언을 말하는 것이 아니라 사람과 사람이 소통할 수 있는 언어인 외국어를 가리키는 것입니다.** 오순절 날 성령의 역사하심에 의하여 제자들이 전하는 복음이 디아스포라 유대인들의 방언, 곧 그들이 사용하는 각 나라의 언어로 들려진 그 방언이야말로 복음에 유익이 되기 때문입니다. 사람이 알아들을 수 없는 잘못된 방언을 금하고 구약의 '예언'을 비유하여 예수 그리스도의 복음을 전파하라고 한 것이 바울의 진정한 권면이었던 것입니다.

혀로써 알아들을 수 없는 방언을 말하는 자가 통역하여 교회에 유익을 주지 못하면 예언하는 자만 못하다고 한 서술도 한 번 더 깊이 생각할 필요가 있습니다. 이것은 알아들을 수 없는 방언을 일부 허락하는 내용일까요? 만일 '사람이 알아들을 수 없는 방언'이 참 하나님의 성령의 역사라면 바울이 방언보다 예언이 낫다고 판단을 함부로 해서는 안됩니다. 바울이 성령의 역사하심을 제한하는 것이 되기 때문입니다. 바울은 성령에 이끌려 복음을 전하는 자일뿐, 성령의 역사를 제한할 자격도 없고 사실 제한하지도 못합니다. 그러므로 위의 서술도 혀로써 사람이 알아들을 수 없는 방언하는 것을 금하기 위한 내용이라고 이해하는 것이 자연스럽습니다.

그러므로 "너희에게 나아가서 방언으로 말하고 계시나 지식이나 예언이나 가르치는 것을 말하지 아니하면 너희에게 무엇이 유익하리요"라고 한 것도 바울이 바라보는 고린도 교회의 사람이 알아들을 수 없는 방언은 의미가 없으며, '유효한 방언'은 '외국어로 전하는 복음 자체'라는 내용의 반복입니다. 그렇기에 외국어에 능통했을 가능성이 많은 바울이 이방인을 향한 사역자로 주께 부르심을 받아 소아시아의 여러 지역을 다니며 복음을 전할 수 있었던 것입니다.

마찬가지로 "혹 피리나 거문고와 같이 생명 없는 것이 소리를 낼 때에 그 음의 분별을 나타내지 아니하면 피리 부는 것인지 거문고 타는 것인지 어찌 알게 되리요. 또는 나팔이 분명한 소리를 내지 못하면 누가 전투를 예비하리요. 이와 같이 너희도 혀로써 알아듣기 쉬운 말을 하지 아니하면 그 말하는 것을 어찌 알리요 이는 허공에다 말하는 것이라"는 비유도 사람이 알아들을 수 없는 방언을 하는 것은 성령의 역사가 아니기 때문에 그 방언을 하는 것은 허공에다 하는 말과 같다고 규정한 것입니다.

이렇게 바울이 분명하게 규정지었음에도 불구하고 사람이 알아들을 수 없는 말을 하면서 성령의 역사로 인식하여 방언을 한다고 하는 사람이 여전히 많았습니다. 그리고 고린도 교회에 나타났던 일들이 동일하게 오늘날도 교회라 불리는 회당들에서 사람이 알아들을 수 없는 말로 기도하며 행해지고 있습니다.

그들은 사람들이 성령을 충만이 받아 '방언도 하고 예언도 하더라'며 이것을 성령충만으로 가르치고 방언 받기를 원하고 심지어 혀(귀)로써 알아들을 수 없는 방언을 가르치기까지 합니다. 예수 그리스도 자체의 의미보다 나타난 현상을 우상 숭배하는, 사람이 가르쳐서 하는 짓들이 성령의 역사이겠습니까? 이런 것만 보더라도 이것이 거짓된 영이 발현하는 것으로 분별해야 합니다. 바울이 분명히 방언을 금하는 것을 가르쳤음에도 그것을 인정하지 않고 신비주의적 방언을 하는 것을 성령이 역사하는 것이라고 규정하고 행하고 가르치는 것은 주 예수 그리스도와 아무런 관계가 없는 자들의 주장입니다.

사도 바울은 세상에 소리의 종류가 많으나 뜻 없는 소리는 없다고 했습니다. 우리가 소리의 뜻을 알지 못하면 내가 말하는 자에게 외국인이 되고 말하는 자도 내게 외국인이 된다고 했습니다. 이것이 개정개역 성경에 기록된 내용입니다. 그러나 한글 개역성경에는 "내가 말하는 자에게 야만이 되고 말하는 자도 내게 야만이 되리니"라고 기록되어 있습니다. 야만이 무엇입니까? 인격을 갖추지 못한 짐승과 같다는 것입니다. 다시 말해 혀로써 사람이 알아들을 수 없는 방언을 말하는 자는 이

성[71] 없는 짐승과 같다는 것입니다.

'신비적인 방언'이라 불리는 삼매경에 빠져 분들은 기도하기 시작하면 시간 가는 줄 모르게 되어 장시간 기도해본 경험이 있을 것입니다. 그렇게 열심히 기도는 했으나 마음에는 열매를 맺은 것이 없음을 또한 경험했을 것입니다. 내가 무엇을 밤새도록 구했는지, 무슨 뜻으로 기도했는지 본인도 모르기 때문입니다. **내용 없는 언약이 없듯이 내용 없는 기도도 없습니다.** 자신이 모르는 내용을 어찌 하나님께 기도할 수 있다는 말입니까! 하나님은 우리의 심중을 보시고 그 기도에 응답하시는 하나님이십니다. 그러자 사람이 알아들을 수 없는 방언을 주장하는 혹자들은 하나님께 비밀로 말하는 것이라고도 합니다. 우리의 언어로 하면 마귀가 알아듣기 때문에 마귀가 알아들을 수

---

71 성경이 말하는 '이성[지성/판단력]'은 서구나 동양 철학이 말하는 '이성'과 결이 다릅니다. 구약적으로 이성이라는 것은 하나님을 예배하는 예배자로서만 가지는 것입니다. 그것이 지식[이성]의 의미이며[잠9:10 여호와를 경외하는 것이 지혜의 근본이요 거룩하신 자를 아는 것이 명철이니라] 이것은 구체적으로 고린도 후서 4:6절에 바울이 언급한 것처럼 "어두운데서 빛이 비취리라 하시던 그 하나님께서 예수 그리스도의 얼굴에 있는 하나님의 영광을 아는 빛을 우리 마음에 비취셨느니라" 라고 말할 수 있습니다.

없는 말을 하여 하나님께 직접 기도한다는 것입니다. 자신도 모르는 기도의 내용을 어떻게 비밀로 하나님께 기도할 수 있겠습니까! 사람이 알아들을 수 없는 방언이 비밀로 기도하는 것이라고 주장하는 것은 성경에 기록된 글자대로 하나님께 비밀을 말한다는 것으로 주장하기 때문에 저주를 받습니다. **바울은 반드시 통역하라고 했습니다**. 통역하면 비밀이 안 되는데 왜 통역을 하라고 했을까요? 예수님께서는 "내 이름으로 귀신을 쫓고 내 이름으로 병을 고친다 할지라도 그 날에 너희를 모른다 하리라 불법을 행한자들아 내게서 떠나가라"라고 했습니다. 불법이 무엇이겠습니까? 하나님과 성령에 대한 잘못된 가르침이며 그 가르침에 의하여 사람이 알아들을 수 없는 방언을 하는 것도 불법에 포함되는 것입니다. 그런 사람들에게 주님의 말씀은 그대로 반드시 이루어질 것입니다. 만약 아니라면 고린도전서를 성경에서 누락시켜야 할 것입니다. 고린도전서를 성경에서 누락시킴이 옳은 것이라면 예수 그리스도는 그 구원자가 아니라는 말이 됩니다. 예수 그리스도의 속죄의 은혜보다 방언이라는 현상을 극단적으로 신봉하는 자들 중에 예수 그리스도로 그 기도와 인생의 끝을 맺는 자들이 없기 때문입니다.

12절에서 고린도 교인들은 영적인 것을 사모하는 자들인즉 "교회의 믿음을 세우기 위하여 풍성하기를 구하라"고 하였습니다. 본문에 교회의 덕을 세우라고 기록되어 있지만 그리스어 사본 원어 성경에는 단지 '교회를 세우라'고 기록되어 있습니다. 이 또한 이해를 돕기 위한 당시의 한국적, 문화적 번역의 사례로, 이제는 불필요한 것입니다.

고린도 교회에는 믿음에 서 있는 것 같으나 사람이 알아들을 수 없는 방언을 말하는 자들이 바울을 대적하고 편당을 나누었으나, 그들을 돌이키기 위해 직설적으로 말씀하지 않고 우회적으로 바울이 무던히 애썼다는 것을 성경에서 볼 수 있습니다. 신앙이 어린 자들이기 때문에 '밥으로 먹이지 않고 젖으로 먹인다'고까지 바울이 표현하고 있기 때문입니다.

이처럼 고린도전서의 내용이 직설이 아니라 유대적인 은유와 때로는 헬라적인 비유를 들어서까지 설명하고 있으므로 번역된 축자로만 이해해서는 원래의 의미를 파악할 수 없거나 다르게 읽힐 수 있습니다.

이런 선상에서 방언을 말하는 자들을 사탄의 영에서 벗어나게 하기 위해서 "방언을 말하는 자는 통역하기를 기도할지니"라고 한 것입니다. 통역이 되지 않는 방언이므로 "통역하기를 기도할지니"라고 우회적으로 방언을 금지하는 것입니다. 통역이 되지 않는 방언은 거짓된 영에 미혹되어 하는 것이기 때문입니다. 그러나 이를 또 잘못 인식하여 우리 시대에 사람이 알아들을 수 없는 방언을 '통변'한다는 사람들이 있는 것을 봅니다. 그것은 통변이 아니라 자기 마음에 생각나는 대로 말한다고 보아야 할 것입니다. 필자는 통역의 은사를 받았다고 주장하는 사람들에게 방언을 했을 때 전혀 다른 내용으로 통변을 하거나 통역자의 생각대로 말하는 것을 많이 경험했습니다. 물론 신비적 공동체의 체험이 있을 수도 있겠지만, 그것이 직간접적으로 예수 그리스도의 복음의 전파와 성장에 기여하는 것이 아니라면 그것은 유사 성령, 곧 다른 영의 미혹이라는 점을 분별해야 합니다.

사도 바울은 다시 한번 더 분별할 수 있도록 설명합니다. "내가 만일 방언으로 기도하면 나의 영이 기도하거니와 나의 마음은 열매를 맺지 못하리라." 우리는 이 말씀을 깊이 생각해야 됩니다. "방언으로 기도하면 나의 영이 기도하거니와"라는 말씀은 무엇입니까? 이것은 성령이 아니라는 것입니다. 그렇다면 무엇에 심취하여 방언으로 기도하는 것일까요? 그것은 다른 영에 이끌려서 그 영과 교류하는 것입니다. 그렇기 때문에 기독교인들의 기도는 주님이 주시는 은혜의 열매를 마음에 담아 진정한 믿음을 고백하는 것이 되어야합니다.

이 말을 다시 한 번 현실적으로 보면 밤새도록 사람이 알아들 수 없는 방언으로 기도하는 분들이 있을 것입니다. 새벽이 되어 각자가 집으로 돌아갈 때 마음에 맺어지는 열매가 없을 것입니다. 내가 밤새도록 기도했는데 무엇을 기도했지 라고 의아해할 수 있습니다. 그렇게 의아한 마음이 드는 것은 성령으로 역사하지 않았기 때문에 마음에 열매가 없는 것입니다.

바울은 "내가 영으로 기도하고 또 마음으로 기도하고 내가 영으로 찬송하고 마음으로 찬송하리라"고 했습니다. 그것이 신실한 신자의 자세인 것입니다.

사람이 알아들 수 없는 방언이 사람과 소통할 수 없다는 것을 설명하는 방법으로 "내가 영으로 축복할 때[72]에 알지 못하는 처지에 있는 자가 네가 무슨 말을 하는지 알지 못하고 네 감사에 어찌 아멘 하리요"라고 한 것입니다. 언어는 사람과 사람의 소통에 필요한 최소한의 정교한 도구라 할 수 있습니다. 사람이 언어로 소통하기 때문에 하나님과의 소통도 언어로 이루어진다고 인식하는 사람들이 있습니다. 그러나 주님은 언어를 통해서만이 아니요 삶의 전반에 있어서 그분의 합하신 뜻에 따라 우리를 이끌어가심을 성경을 통해 서 많이 볼 수 있습니다. 예수 그리스도의 십자가 사역은 상징적이고 비유적일 수도 있지만 실제인 것입니다. 실제의 육체를 입고 오셨으며 실제의 피를 흘리셨고 실제의 부활을 하셨으나 그 오심도 신비요 부활도 신비인 것입니다. 그것을 이해하는 마음은 예수 그리스도의 성령을 받은 자들이 성령의 역사 속에서 갖게 되

72 과연 축복권이 존재하는 것일까요? 이것은 굉장히 유대적인 배경에서 이야기하는 것입니다. 축복이라는 것은 미래에 대한 행운을 빌어주는 무속적인 의미가 아닙니다. 하나님의 복 내려 주심은 인생의 어떠한 고난과 역경이 와도 예배자로서 피를 흘리더라도 오직 주님이신 예수 그리스도 안에서 살아가는 것이 그 복인 것입니다. 그것을 예배라 부르며, 그것을 복이라고 성경은 표현합니다. 그래야만 영원한 생명 안으로 초대되기 때문입니다. 예복을 준비하라는 예수 그리스도의 비유적인 말씀을 깊이 생각해야 합니다.

는 것입니다.

따라서 "네가 영으로 축복할 때에 알지 못하는 처지에 있는 자가 네가 무슨 말을 하는지 알지 못하고 네 감사에 어찌 아멘하리요"라고 한 것은 바울은 혀로써 알아들을 수 없는 방언이 하나님께로부터 온 것이 아님을 계속 강조하여 그것을 근절하고자 함입니다. 그리고 우리가 좀더 넓게 알아야 될 것은 사도행전에 기록된 방언은 단회적인 역사라는 사실입니다. 그것이 왜 단회적일까요? 그것이 하나님께서 이루시고자 하는 복음의 시작으로 완성되었기 때문입니다. 그럼에도 고린도 교회에 사람이 알아들을 수 없는 방언이 나타난 것은 사탄이 성령의 역사를 흉내내고 가장하여 고린도 교회를 파괴하기 위해서 고린도 교회에 역사한 것이며, 그것이 지금까지도 나타나고 있는 것입니다. 사탄은 철저하게 성령으로 가장하고 온갖 신비적인 현상들을 하나님의 역사로 포장하여 있으며 또한 그 수하들인 거짓 교사들에 의하여 이것을 전파하고 있는 것입니다.

예정하시고 그 예정한 것을 사람들에게 알게 하신 후 이루시는 것, 곧 결정을 보여주시는 것이 하나님의 역사입니다. 그래서 하나님의 역사는 점진적이라고 합니다. 하나님은 한번 이루신 큰 틀의 역사를 결코 반복하지 않으십니다. 그러나 하나님의 역사가 반복된다고 인식하는 사람들이 많습니다. 그 말이 맞다면 하나님의 역사가 이루어지지 않고 있거나 하나님의 역사를 방해하는 사탄의 능력이 더 뛰어나다는 의미가 될 수 있습니다. 그렇기에 계속해서 반복적으로 되풀이되는 것일 테니 말입니다. 반대로 사탄의 역사는 점진적이 아니라 반복적입니다. 이것에 비추어 보면 **사도행전에 기록된 방언은 점진적이고 고린도 교회에서 나타났던 사람이 알아들을 수 없는 방언은 반복적임을 깨달을 수 있습니다.**

당시 사람이 알아들을 수 없는 방언으로 의해 고린도 교회는 굉장한 피해를 입고 있었습니다. 바울이 "내가 너희 모든 사람보다 방언을 말하므로 하나님께 감사하노라"고 한 것은 고린도 교인들이 행하는 혀로써 사람이 알아들을 수 없는 방언을 가리킨 것이 아니라 바울이 외국어를 능숙하게 할 수 있는 것을 하나님께 감사한다고 한 것입니다. 그 외국어로 소아시아 지역에 복음을 전할 수 있었기 때문입니다. 그렇기에 **"교회에서 내가 남을 가르치기 위하여 깨달은 마음으로 다섯 마디 말하는 것이 일만 마디 방언으로 말하는 것보다 나으니라"**고 했

습니다. 사람이 알아들을 수 없는 일만 마디 방언보다 사람들이 알아들을 수 있도록 외국어로 전하는 다섯마디의 복음이 더 낫다고 한 것입니다.

<u>교회에서 가르치는 것은 세상의 학문이 아닙니다. 예수 그리스도가 그 하나님이심을 가르치고 그분이 성령으로 오셔서 우리에게 죄 사함을 주시고 거듭나게 하여 생명에 이르게 한다는 것을 교회에서 가르치는 것입니다.</u> 이렇게 가르치는 것이 사람이 알아들을 수 없는 방언을 일만 마디 한 것보다 더 낫다고 한 것입니다. 바울은 무엇을 말하고 있습니까? 사람이 알아들을 수 없는 방언은 아무것도 아니라는 것입니다. 즉 고린도 교인들 중 일부가 행한, 사람이 알아들을 수 없는 방언을 하는 것은 성령의 역사가 아니라는 것을 가르쳐서 그들이 회개할 수 있도록 권면하는 것입니다. 만일 사람이 알아들을 수 없는 방언이 성령께서 역사하는 것이라면 바울은 성령을 제한하는 것이 되므로 큰 죄인이 되는 것입니다. 따라서 바울은 반복하여 알아들을 수 없는 방언은 하나님께로부터 온 것이 아니라는 것을 선언하고자한 것입니다.

14장 20절 - 25절

○ 20 형제들아 지혜에는 아이가 되지 말고 악에는 어린 아이가 되라
지혜에는 장성한 사람이 되라 21 율법에 기록된 바 주께서 이르시되
내가 다른 방언을 말하는 자와 다른 입술로 이 백성에게 말할지라도
그들이 여전히 듣지 아니하리라 하였으니 22 그러므로 방언은 믿는
자들을 위하지 아니하고 믿지 아니하는 자들을 위하는 표적이나 예언
은 믿지 아니하는 자들을 위하지 않고 믿는 자들을 위함이니라 23
그러므로 온 교회가 함께 모여 다 방언으로 말하면 알지 못하는 자들
이나 믿지 아니하는 자들이 들어와서 너희를 미쳤다 하지 아니하겠느
냐 24 그러나 다 예언을 하면 믿지 아니하는 자들이나 알지 못하는
자들이 들어와서 모든 사람에게 책망을 들으며 모든 사람에게 판단을
받고 25 그 마음의 숨은 일들이 드러나게 되므로 엎드리어 하나님께
경배하며 하나님이 참으로 너희 가운데 계신다 전파하리라

그러므로 영적인 것을 분별함에는 어린 아이와 같이 되지 말라고 하는 것은 사람이 알아들을 수 없는 방언을 말하는 사악한 일에는 참여하지 말라는 것입니다.

바울은 고린도 교인들을 깨우치기 위하여 구약성경을 인용하여 설명합니다. "율법에 기록된 바 주께서 이르시되 내가 다른 방언을 말하는 자와 다른 입술로 이 백성에게 말할지라도 그들이 여전히 듣지 아니하리라 하였으니"라고 한 것은 예수께

서 성육신을 하고 오셔서 그들에게 복음을 전하여도 받아들이지 아니할 것을 예언한 것입니다. 바울은 이것을 들어 방언이 성령의 역사가 아니라 악령의 역사라는 것을 가르치는 것입니다.

바울은 참 방언은 믿는 자들을 위한 것이 아니라 믿지 않는 자들을 위한 표적이라고 설명하고 있습니다. 이것은 사도행전 2장에 기록을 들어 성령의 역사하심을 알지도 못하고 믿지도 아니하는 그들에게 예수가 그 하나님이신 것을 믿게 하기 위하여 성령께서 역사하신 것을 가르치는 것입니다. 성령이 역사하신 방언은 '말하는 것'이 아니라 베드로가 전하는 복음을 '듣고' 놀라워하며 하나님의 큰 일을 말하는 것으로 분명하게 알아듣게 한 그것입니다.

오늘날 방언을 성령의 역사로 알고 수십년 동안 방언을 해온 분들도 있을 것입니다. 그런 분들이 본서를 보면 속에서 불이 날 것입니다. 설사 그렇더라도 이 말씀을 정죄하지 말고 끝까지 읽어서 자신의 신앙을 돌아보면서 내가 하고 있는 방언이 성령에 의한 것인지 아니면 다른 영에 이끌리고 있는 것인지 생각해 보시기 바랍니다. **정죄를 할 수 있는 권리와 권위는**

오직 주 예수 그리스도께서만 가지고 계시기 때문입니다. 이에 관하여 다른 말을 할 수 있다면 아직 당신이 믿고 있는 그 주님이 예수 그리스도가 아니라는 이야기가 될 수도 있습니다.

당신이 하는 그 방언이 성령의 역사라는 것을 어떻게 알았습니까? 사람이 알아들을 수 없는 방언이 성령의 역사라고 누군가 가르쳐 주었기 때문에 여러분은 의심없이 그것을 성령의 역사로 알고 계속 방언을 해 온 것입니다. 그러나 사람이 알아들을 수 없는 방언을 하다 보면 처음에는 그 방언에 심취하게 되지만 오래하다 보면 회의를 느낄 때가 있었을 것입니다. 이렇게 느껴지는 것은 마음에 열매를 얻지 못하기 때문입니다.

그러나 예언(구약 성경을 들어 예수님에 관해 이야기하는 것), 곧 복음을 전하는 것은 신앙을 바르게 세워 믿는 자들에게 유익을 주는 것입니다. 그러므로 바울은 다시 한번 더 강조합니다. "온 교회가 함께 모여 다 방언으로 말하면 알지 못하는 자들이나 믿지 아니하는 자들이 들어와서 너희를 미쳤다 하지 아니하겠느냐"라는 것은 사람이 알아들을 수 없는 방언을 하는 자들은 '주 앞에서'와 '사람들 앞에서' 모두 미친 것과 같다고 한 것입니다.

이 경고의 메세지를 주께서 말씀하신 것처럼 '들을 귀 있는 자들(만)은 들을 것'입니다. '듣는 귀와 보는 눈은 다 하나님의 지으신 것(잠 20:12)'이기 때문입니다. 곧 회개하여 믿음의 사람이 되라는 것입니다.

바울은 사람이 알아들을 수 없는 방언을 하는 것은 미친 짓이며 하나님의 뜻인 복음을 전하는 것만이 사람들을 회개시키고 믿음을 갖도록 할 수 있다고 가르치고 있습니다. 그러므로 바울은 고린도 교인들이 사람이 알아들을 수 없는 방언을 끊어 버리고 바울이 전한 복음을 받아들여 온전히 영적으로 새로워지는 심령들이 되기를 원하여 고린도 교회에 편지한 것입니다.

14장 26절 – 33절

○ 26 그런즉 형제들아 어찌할까 너희가 모일 때에 각각 찬송시도 있으며 가르치는 말씀도 있으며 계시도 있으며 방언도 있으며 통역함도 있나니 모든 것을 덕을 세우기 위하여 하라
27 만일 누가 방언으로 말하거든 두 사람이나 많아야 세 사람이 차례를 따라 하고 한 사람이

통역할 것이요 28 만일 통역하는 자가 없으면 교회에서는 잠잠하고
자기와 하나님께 말할 것이요 29 예언하는 자는 둘이나 셋이나 말하
고 다른 이들은 분별할 것이요 30 만일 곁에 앉아 있는 다른 이에게
계시가 있으면 먼저 하던 자는 잠잠할지니라 31 너희는 다 모든 사
람으로 배우게 하고 모든 사람으로 권면을 받게 하기 위하여 하나씩
하나씩 예언할 수 있느니라 32 예언하는 자들의 영은 예언하는 자들
에게 제재를 받나니 33 하나님은 무질서의 하나님이 아니시요 오직
화평의 하나님이시니라 ○ 모든 성도가 교회에서 함과 같이

그러므로 사람이 알아들을 수 없는 방언에 심취되어 있는 자들을 향하여 "너희가 교회에 모일 때에 각각 찬송시도 있으며 가르치는 말씀도 있으며 계시[73]도 있으며"라고 한 것은 그들이 인식하고 있는 그러한 신비적인 계시를 가리키는 것이 아니라 성령께서 역사해 주시면 예수가 누구이며 성령이 무엇임을 알게 해 준다는 것을 가리킨 것입니다.

또한 방언도 있으며 통역함도 있나니 이 모든 것을 덕을 세

73 가장 오해되는 성경의 단어 중에 '계시'라는 단어가 있습니다. 원래의 계시의 의미는 '현재적으로 드러내 보이다'는 뜻이지 미래의 무엇을 미리 본다는 의미는 없습니다. 구약적으로도 미래의 무엇을 본다는 것의 해석은 모두가 예수 그리스도에게로만 집중되는 해석이 바른 것입니다.

우기를 위하여 하라고 바울은 권면하고 있습니다. 마찬가지로 여기서의 한글 번역도 그리스어 사본에는 존재하지 않는 '덕' 이라는 개념어를 삽입하여 과거의 한국인들의 이해를 도우려 한 것입니다.

따라서 이 말씀도 올바른 해석이 필요합니다. 사람이 알아들을 수 없는 말은 사람이 통역할 수 없는 것입니다. 통역이 안 되기 때문에 혀로써 알아들을 수 없는 말이라고 한 것입니다. 바울이 전하고자 한 의도를 제대로 알지 못하면 단순하게 기록된 문자만 보고, 심지어 한국어로 번역된 성경을 절대화[74]하

---

74 성경이 주님이 주신 것은 맞지만, 주님이 주신 것은 그 속 내용이지 문자 자체는 아닙니다. 만약 그러하다면, 히브리어와 그리스어, 잘 봐주어서 라틴어를 제외하고서 읽게 되는 모든 성경들의 의미론적 문화적 위상 차이는 하나님의 실존을 부정하는 쪽으로 생각이 흐르게 됩니다. 실제의 성경 번역의 목적이 이야기의 전달 자체가 아니라 그 이야기가 담고 있는 하나님의 사랑일 때, 우리에게 이미 주어진 성경 자체는 모자람이 없습니다. 다만 성경의 번역의 역사를 참고해 보면, 영어라 할지라도 그 최초 번역과 1차 완결 까지의 역사가 최소 200년[위클리프1382?/1395?년-제네바1560년] 길게는 700년[위클리프1382?/1395?년-ESV2001년]에 가깝게 걸렸다는 사실을 생각해 볼 필요가 있습니다. 심지어 지금도 영어본들은 또 번역되고 있습니다. 언어가 변하는 속도가 너무 빠르기 때문에 이미 영어라 할지라도 1600년대 성경과 지금의 성경에서 취하는 어구나 단어들이

여서 '교회에서는 방언도 하고 예언도 하고 통역도 하는 것이구나'라고 생각하기 쉽습니다. 그러나 사람이 알아들을 수 없는 방언은 통역이 불가한 것이기 때문에 바울은 통역되지 않는 방언은 교회에서 하지 말라고 했습니다. 그렇다면 방언을 교회에서만 하지 않고 자신의 집이나 다른 거처에서 하면 된다는 말일까요? 아닙니다. 사도 바울은 진짜 목적은 사람이 알아들을 수 없는 방언은 성령의 역사가 아니기 때문에 근절하고자 한 것입니다.

그래서 "만일 누가 방언으로 말하거든 두 사람이나 많아서 세 사람이 차례를 따라서 하고 한 사람이 통역할 것이요"라고 한 것은 순서와 차서를 따라 방언을 하라는 것이 아니라 여러 사람이 알 수 없는 소리를 한꺼번에 내던 그 방언을 하지 말라는 것입니다. 그리고 그 방언하는 것을 한 사람이 통역하라고 했습니다. 그러나 알아들을 수 없는 말이기에 통역이 되지 않을 것입니다. 통역되지 않는 통역을 하라는 이유는 무엇일까

상이하다는 사실을 모르고서 특정 영어성경만이 성경이라고 생각하는 것도 성경 우상숭배입니다.

요? 이것은 사람이 알아들을 수 없는 말을 하지 말라는 것이 진짜 목적인 것입니다. 그래서 바울은 "만일 통역하는 자가 없으면 교회에서는 잠잠하고 자기와 하나님께 말할 것이요" 라고도 했습니다. 이것은 바울이 사람이 알아들을 수 없는 방언에 심취되어 있던 일부 고린도 교회의 교인들을 끊어 내버리지 않고 그들을 깨우쳐 다른 영에 이끌려 방언하는 것에서 돌이키게 하기 위해 방법을 제시해 주는 것입니다.

그런데 오늘날 우리 시대에는 방언으로 말하는 사람은 없고 방언으로 기도하는 사람은 많은 것을 볼 수 있습니다. 보편적으로 방언을 하는 사람은 방언으로 기도하는 것으로 알고 있는 경우가 대부분이기도 합니다. **그러나 성경에는 방언으로 '기도한다'라고 하지 않고 방언을 '말한다'라고 기록된 것을 봅니다.** 이것만 봐도 우리 시대 속에 방언의 역사는 성경에 기록된 것과 전혀 다른 것을 꼭 알아야 합니다.

그리고 방언으로는 마음의 열매를 맺지 못한다고 바울은 설명하고 있으며 교회에서 "곁에 앉아 있는 다른 이에게 계시가 있으면 먼저 하던 자는 잠잠할지니라"고 하였습니다. 이것은 교회가 질서 있게 일사분란하게 움직여야 됨에도 불구하고 서로 다른 주장을 하면서 분쟁하는 고린도 교인들에게 질서에 대한 설명을 하기 위한 것입니다.

또한 고린도 교인들을 향하여 "너희는 다 모든 사람으로 배우게 하고"라고 했습니다. 이것은 저들이 복음을 바로 알고 믿을 때 그 믿는 것을 모든 사람에게 전하라는 것입니다. 또 모든 사람으로 권면을 받게 하기 위하여 하나씩, 하나씩 예언할 수 있다고 했습니다. 이 말씀에서 다시 한번 예언에 대한 바른 인식을 되짚어 보겠습니다. **예언은 우리의 생의 길흉을 말하는 것이 아니라 예수 그리스도의 복음을 바르게 규명하여 그들로 하여금 믿을 수 있도록 하는 것입니다. 아멘!**

하나님은 무질서의 하나님이 아니라 질서의 하나님이십니다. 그러나 고린도 교회의 교인들 중 일부 방언하는 자들이 동시에 방언으로 떠들어 교회 내에 대단히 혼란을 야기시켰던 것입니다. 따라서 거짓 영에 속해서 방언하는 자들에게 차서를 따라 하라고 한 것은 방언을 하라는 것이 아니라 금하기 위한 바울의 의도였던 것을 알 수 있습니다. 사람이 알아들을 수 없는 방언을 하면서 분쟁하는 고린도 교인들에게 "하나님은 무질서의 하나님이 아니시요 오직 화평(등가평형)[75]의 하나님이시라"

고 권면하는 것입니다.

14장 33절 -36절

○ 33 여자는 교회에서 잠잠하라 그들에게는 말하는 것을 허락함이 없
나니 율법에 이른 것 같이 오직 복종할 것이요 35 만일 무엇을 배우
려거든 집에서 자기 남편에게 물을지니 여자가 교회에서 말하는 것은
부끄러운 것이라 36 하나님의 말씀이 너희로부터 난 것이냐 또는 너
희에게만 임한 것이냐

이 말씀은 일부 여자들이[76] 방언을 하면서 자신들이 받은 은

---

75 히브리어로 '샬롬' 또는 그리스어로 '에이레네'라는 성경이 말하는 평화와 화평의 의미는 속죄를 수반한 결과를 말하는 경우가 많습니다. 진정한 화평은 하나님과 우리가 교류가 있어야하는 것이고, 그 교류라는 것은 예배이며 동시에 속죄가 보증된 것이어야 가능합니다. 하나님을 만난다는 것은 우리에게 죄가 남아있을 경우 불가능하기 때문입니다. 이를 위하여서 이방인이나 유대인이나 율법을 배운자들이나 모르는자들 마저도 예수 그리스도의 십자가와 부활, 성령으로 다시 오심에 관해 바울은 죄가 다 속죄된 등가 평형적 의미로서-'화평'이라고 말하는 것입니다.

76 여기서 말하는 여자들이 실제의 여성을 말하기도 하지만, 유대적 상징 화법으로서는 복음을 듣고 배워야하는 자들이 스스로 높아져서 남자에

혜가 하나님께로부터 온 것이라고 주장하고 있었기 때문에 그 여자들이 교회에서 말하는 것을 허락치 아니한다고 한 것입니다. 이 말씀을 단순하게 보면 여성에 대한 성차별적 설명 같으나 당시 고린도 교회에 어지러움을 주는 것은 남성들보다 여성들이 더 많았던 것도 알 수 있습니다.[77] 그렇기 때문에 여자는 교회에서 잠잠하라고 한 것입니다.

"여자가 무엇을 배우려거든 집[78]에서 자기 남편[79]에게 배울지니 여자가 교회(구별된 공동체)에서 말하는 것은 부끄러운(수치스러운) 것이라"고 하였습니다. 우리는 고린도전서의 기록 당

해당하는 예수 그리스도의 복음에 저항한다는 의미로 읽을 수 있습니다.

77 실제로 신비주의자들이나 극단적 신앙을 가진 무리들의 대다수는 여성들인 것을 현재의한국 사회에서도 사회 현상적으로도 볼 수 있습니다.

78 여기서 말하는 '집'의 의미는 단순한 한 가정을 의미할 수도 있고 유대적 상징 화법으로 사고하게 되면, 후반절의 교회의 '대명사'로 이해될 수도 있습니다.

79 유대적 상징 화법으로 말하자면, 자기 남편은 오직 예수 그리스도입니다.

시의 문화를 이해할 필요가 있습니다. 고린도 교회의 교인들은 대다수 디아스포라 유대인들이었으므로 율법에 이른 것을 들어서 복음에 순종하라고 한 것입니다.

고린도 교인들은 마귀의 영에 이끌려 스스로 성령의 역사라고 정의한 현상적인 방언[80]들을 하면서 굉장한 자부심을 가졌습니다. 그래서 그들의 인식 속에는 '바울 당신만 성령의 은혜를 입은 것이 아니라 우리도 당신 못지않게 하나님으로부터 은혜를 입었다'는 자부심이 있었을 것입니다.

그런 것을 잘 알고 있는 사도 바울은 "하나님의 말씀이 너희로부터 난 것이냐 또한 너희에게만 임한 것이냐"라고 한 것입니다. 이렇게 말하는 것은 당시 고린도 교회가 네 파로 나뉘어져 분쟁하는 원인은 그들이 성령의 충만함을 입음으로 자신들이 방언하는 것으로 잘못 알고 영적으로 눈이 가리워져 스스로 높아지고 교만해져 있는데 있다는 것입니다.

---

80 이 방언들은 '알아들을 수 없는 신비적인 행위들'과 '성경에 이르지 아니한 헬라적 철학의 복잡한 일설들'과 '이미 끝나버린 성전 유대교 또는 바리새파의 철학인 랍비 유대교의 일설들' 모두를 이야기할 수 있습니다.

14장 37절 – 38절

○ 37 만일 누구든지 자기를 선지자나 혹은 신령한 자로 생각하거든
내가 너희에게 편지하는 이 글이 주의 명령인 줄 알라 38 만일 누구
든지 알지 못하면 그는 알지 못한 자니라

그래서 바울은 그들에게 만일 누구든지 자기를 선지자나 혹은 신령한 자로 생각하거든 자신이 편지한 이 글이 주의 명령인 줄 알라고 했습니다. 고린도 교인들 중 일부가 방언에 빠져 바울이 전하는 단순한 복음마저도 인정하지도 않고 깨닫지도 못하고 있었기 때문입니다.

14장 39절 –15장 11절

○ 39 그런즉 내 형제들아 예언하기를 사모하며 방언 말하기를 금하지
말라 40 모든 것을 품위 있게 하고 질서 있게 하라 ○ 15:1 형제
들아 내가 너희에게 전한 복음을 너희에게 알게 하노니 이는 너희가
받은 것이요 또 그 가운데 선 것이라 2 너희가 만일 내가 전한 그
말을 굳게 지키고 헛되이 믿지 아니하였으면 그로 말미암아 구원을 받
으리라 3 내가 받은 것을 먼저 너희에게 전하였노니 이는 성경대로
그리스도께서 우리 죄를 위하여 죽으시고 4 장사 지낸 바 되셨다가
성경대로 사흘 만에 다시 살아나사 5 게바에게 보이시고 후에 열두
제자에게와 6 그 후에 오백여 형제에게 일시에 보이셨나니 그 중에

지금까지 대다수는 살아 있고 어떤 사람은 잠들었으며 7 그 후에 야
고보에게 보이셨으며 그 후에 모든 사도에게와 8 맨 나중에 만삭되
지 못하여 난 자 같은 내게도 보이셨느니라 9 나는 사도 중에 가장
작은 자라 나는 하나님의 교회를 박해하였으므로 사도라 칭함 받기를
감당하지 못할 자니라 10 그러나 내가 나 된 것은 하나님의 은혜로
된 것이니 내게 주신 그의 은혜가 헛되지 아니하여 내가 모든 사도보
다 더 많이 수고하였으나 내가 한 것이 아니요 오직 나와 함께 하신
하나님의 은혜로라 11 그러므로 나나 그들이나 이같이 전파하매 너
희도 이같이 믿었느니라

그럼에도 "내 형제들아 예언하기를 사모하며 방언 말하기를 금하지 말라"고 한 이 단 한 줄의 말씀에서 오늘날 많은 사람들이 방언은 성령께서 역사하는 것이라고 알고 있습니다. 바울은 '방언 말하기를 금하지 말라'고 하며 방언을 금한 사실이 없는데 왜 유독 이 저서의 필자는 방언을 성령에 의한 것이 아니라고 주장하느냐고 반문할 수 있습니다. 그러나 사도 바울이 말한 방언은 사람이 알아들을 수 없는 소리가 아니라 외국어를 설명한 것임을 이미 앞서 설명하였습니다.

다시 돌아가보면 문제는 사도행전에 나타난 방언의 역사와 고린도 교회에 나타난 방언의 역사의 시대가 시간적으로 100

년도 차이가 나지 않는 동시대라는 것입니다.

만약 바울이 방언을 금한다고 한다면 사도행전 2장에 기록된 그 방언까지 포함되기 때문에 방언을 금하지 말라고 한 것입니다.

그러나 '방언'이라고 똑같이 지칭한다고 해서 다 같은 방언이 아닙니다. 성령의 역사에 의해서 방언으로 들렸던 사도행전 2장의 내용은 사람들이 알아들어서 예수가 그 하나님 구원자임을 알고 깨닫게 하는 역사였으나 고린도 교회에서 사람들이 알아들을 수 없는 말을 하는 것은 성령의 역사로 '듣게' 했던 방언과 전혀 다른 방언입니다.[81]

한 성령이 역사하는 것이라면 두 방언이 다를 수가 없습니다. 방언은 믿지 아니하는 자들을 위한 표적이라고 했습니다.

---

81 성경에는 하나님의 사람 셋의 후손 에녹과 동명으로서의 가인의 후손 에녹이 있고, 라멕도 하나님의 선택하신 백성으로서의 셋의 후손 라멕과 가인의 후손으로서의 악한 라멕 두명이 있습니다. 이 두 사건 모두 그 등장 인물들이 동일한 이름을 가지고 있습니다. 이름이 아니라 본질이, 현상이 아니라 내용이 중요한 것입니다.

왜냐하면 믿지 않는 자들이 각 나라의 언어로 예수가 그 하나님이심을 가르치는 복음의 말씀을 들을 수 있었기 때문에 믿음을 갖기에 유익한 방언은 믿지 않는 자를 위한 표적이라고 한 것입니다. 그러나 사람이 알아들을 수 없는 방언을 말하는 자들이 교회에 모여 다 방언으로 말하면 믿지 않는 사람이나 방언을 알아들을 수 없는 사람들이 방언하는 사람들에게 다 미쳤다고 하지 않겠느냐고 바울은 지적했던 것입니다. 다시 말해서 사람이 알아들을 수 없는 방언을 하는 것은 미친 것이라고 단언하고 있다는 사실입니다.

사도 바울은 고린도 교회에 보낸 이 편지가 주의 명령인 줄 알라고 하였습니다. 성령의 역사에 대해서 알지 못하면 그 사람은 예수가 그 하나님이심을 알지 못하는 사람입니다.

이제 우리는 사도 바울이 방언 말하기를 금하지 말라고 한 이유를 확실히 알아야 합니다. 이것은 예루살렘에서 사도들이 복음을 증거할 때 나타내어 역사하신 그 방언의 역사를 금하지 말라고 한 것입니다. 그러나 사람이 알아들을 수 없는 방언은 허공에다 하는 말이기 때문에 그것은 절대 금해야 한다고

한 것입니다.[82]

---

82 신접한 자들이 하는 행동들과 유사한 행동을 한다고 해서 그것이 영적인 것이라고 생각해서는 안됩니다. 복음은 이스라엘의 구원자이신 하나님께서 육체를 입고 오신 예수 그리스도가 우리의 구원자이심을 믿고 그분의 영인 성령님이 지금 우리의 삶을 끌어가심을 신뢰하는 것입니다. 주께서 원하시는 것은 그 사랑 안의 소망인 믿음입니다. 창조자 하나님의 뜻이 그 자녀들에게 기적과 이적을 베푸는 것이었다면, 왜 그러한 방식으로 주님의 자녀들을 단 한명도 빠짐없이 모두 보호하지 않으셨는지 곰곰히 다시 생각해야 합니다. 때에 따라서는 스테반[판] 집사의 고귀한 죽음과 같은 희생을 요구하시는 것이 하나님의 섭리인 것을 인정할 때에만 진정한 주권이 주께 있다는 것을 시인것이 되는 것입니다. 우리가 보기에 온전하고 우리가 보기에 아름다운 것이 아니라 주께서 보기에 가장 아름다운 것은 고난과 역경 속 에서도 빛나기 마련이기 때문입니다. 주님은 우리를 '빛과 소금이다.[그리스어 직역]'라고 말하셨지 '빛과 소금이 되라'고 말씀하지 않으셨기 때문입니다.

개정 마태 5: 11 나를 인하여 너희를 욕하고 핍박하고 거짓으로 너희를
거스려 모든 악한 말을 할 때에는 너희에게 복이 있나니 12 기뻐하고
즐거워하라 하늘에서 너희의 상이 큼이라 너희 전에 있던 선지자들을
이같이 핍박하였느니라 13 ○너희는 세상의 소금이니 소금이 만일 그 맛을
잃으면 무엇으로 짜게 하리요 후에는 아무 쓸데없어 다만 밖에 버리워
사람에게 밟힐 뿐이니라 14 너희는 세상의 빛이라 산위에 있는 동네가
숨기우지 못할 것이요15 사람이 등불을 켜서 말 아래 두지 아니하고 등경
위에 두나니 이러므로 집안 모든 사람에게 비취느니라 16 이같이 너희
빛을 사람 앞에 비취게 하여 저희로 너희 착한 행실을 보고 하늘에 계신
너희 아버지께 영광을 돌리게 하라

15장

고린도 교회는 큰 폐단이 있던 교회였습니다. 네 파로 나누어 분쟁하는 것과 사람이 알아들을 수 없는 방언을 하는 것과 심지어 누군가는 부활이 지나갔다고 주장했던 것이 고린도 교회입니다. 방언을 말하며 신비적인 것을 주장하는 그들은 왜 부활이 지나갔다고 이렇게 주장할까요?

그것은 다른 영에 매여 있어 주님의 뜻을 전혀 모르고 하는 말인 것입니다. 이 내용을 먼저 알고 고린도전서를 읽어야 되는 것입니다. 사도 바울은 그들의 신앙을 바르게 세우기 위해서 고린도에 편지를 두 번씩이나 보냈던 것입니다. 먼저 보낸 편지를 고린도전서라 하고 두번째 보낸 편지를 고린도후서라고 우리 시대에는 불려집니다.[83]

사도 바울은 자신이 전한 복음을 굳게 지키고 헛되이 믿지

---

83 혹자는 고린도 전서 이전에 누락된 하나의 서신이 있었다거나 또는 후서가 전서보다 먼저 보낸 것이라고 보는 견해들도 있습니다. 확실한 것은 고린도 전후서의 내용을 통하여 우리가 알 수 있는 것은 사도 바울은 급하게 복음에서 이탈된 그들에게 다시 순수하고 단순한 예수 그리스도의 사랑으로 돌이키라고 권면하고 있었다는 사실입니다.

아니하면 그 하나님이신 예수 그리스도로 말미암아 구원을 받으리라고 하였습니다. 바울 자신이 받은 것을 고린도 교인들에게 전한다고 하며 예수 그리스도께서는 성경에 기록된 대로 우리 죄를 속죄하시기 위하여 죽으시고 장사지낸 바 되셨다가 성경대로 사흘만에 부활하셔서 제자인 게바[베드로]에게 보이시고 후에 남은 제자들 에게와 후에 오백여 형제들에게도 일시에 보이셨나니 그 중에 지금까지 대다수 살아있고 어떤 사람들은 잠들었다고 설명하는 것입니다. 이렇게 설명하는 이유는 예수 그리스도의 부활을 설명하기 위해서 당대의 상황을 들고 자세하게 설명-증언해 주는 것입니다.

"그 후에 야고보에게 보이셨으며 그 후에 모든 사도에게" 라고 하였으며 바울 자신은 "만삭 되지 못해 난 자 같은 내게도 보이셨느니라" 고 하였습니다. 부활하신 그리스도를 사도들이 본 것과 바울이 본 것은 약간 차이가 있습니다. 사도들이 본 모습은 때로는 예수님께서 육체를 입으셨을 때의 실존의 모습, 때로는 전혀 알아볼 수 없는 전혀 다른 모습으로 보여주었습니다. 이렇게 보인 것은 예수 그리스도의 부활은 단순히 죽었다가 다시 살아난 것처럼 보이는 것이 부활이 아니라 전혀 다른 '실존적 실제 생명'으로서 부활한다는 뜻으로 볼 수 있습니다. 다시 쉽게 말해서 '부활'을 이해시키기 위해 육신을 입고 오셨을 때의 모습으로 보이신 것입니다.

사도 바울은 초기 랍비-성전 유대교에 있었을 때 예수 믿는 사람들을 핍박하고 대제사장들에게까지 권한을 위임받아 외국의 도성[도시]인 다마스커스[다메섹]까지 가서 예수 믿는 사람들을 붙잡아 오기 위해 긴 여정을 떠났습니다. 바울은 다마스커스로 가는 길에서 참 빛 되신 예수 그리스도를 만나게 된 것입니다. 이때 바울은 놀라운 변화를 겪습니다. 이것은 믿음의 대상이 하늘에 계신 이스라엘만 구원하는 이스라엘의 하나님에서 이방인이나 유대인이나 모두를 구원하시는 예수 그리스도가 곧 그 참 창조자 하나님이심을 믿는 기적과 같은 역사가 사울[바울]에게 이루어진 것입니다.[84]

대체로 사람들은 **성령의 은혜를 입으면** 인격personality이

---

84 개역 시 117:1 너희 모든 나라들아 여호와를 찬양하며 너희 모든 백성들아 저를 칭송할찌어다 2 우리에게 향하신 여호와의 인자하심[은혜]이 크고 진실하심[진리]이 영원함이로다 할렐루야

달라지는 것으로 생각하기 쉬우나 **인격이 달라지는 것이 아니라 신앙이 달라지는 것**입니다. 성령과의 만남이 없이는 자기 중심적인 믿음의 철저한 인본주의자였으나 성령께서 역사하여 알고 깨닫게 해 주심으로 예수 그리스도 중심으로 바꾸어지는 것입니다.

이런 것을 가리켜 자기 주도적 인본주의자에서 주님 주도적 신본주의자로 변화되었다고 말할 수 있습니다.

바울이 스스로 '사도 중에 가장 작은 자'라고 하는 것은 전에 '하나님의 교회'를 박해하였으므로 사도라 칭함을 받는 것이 감당하지 못할 정도라고 고백하는 것입니다. 왜냐하면 스데반 집사를 돌로 쳐 죽일 때에도 사울이라는 청년이 앞장섰던 것입니다. 다시 말하면 스데반 집사를 죽이는데 앞장서 동조한 자라는 것입니다. 그렇기 때문에 항상 부끄러움이 있다 라고 증언하였습니다.

바울이 복음을 전하는 자로 등장한 것은 스스로 된 것이 아니라 하나님의 은혜로 된 것이며 바울에게 준 그 은혜를 헛되지 아니하게 하려 하여 바울은 모든 사도보다 더 많이 수고하며 이 수고한 것은 자신이 한 것이 아니라 자신을 이끄시는 성령께서 역사하여 주신 하나님의 은혜 라고 한 것입니다.

바울이 복음을 바르게 전했으므로 고린도 지방에 복음이 전해졌으며 그 중에는 예수 그리스도 안의 바른 신앙을 가진 사람도 있다고 하였습니다.

15장 12절 - 19절

○ 12 그리스도께서 죽은 자 가운데서 다시 살아나셨다 전파되었거늘
너희 중에서 어떤 사람들은 어찌하여 죽은 자 가운데서 부활이 없다
하느냐 13 만일 죽은 자의 부활이 없으면 그리스도도 다시 살아나지
못하셨으리라 14 그리스도께서 만일 다시 살아나지 못하셨으면 우리
가 전파하는 것도 헛것이요 또 너희 믿음도 헛것이며 15 또 우리가
하나님의 거짓 증인으로 발견되리니 우리가 하나님이 그리스도를 다시
살리셨다고 증언하였음이라 만일 죽은 자가 다시 살아나는 일이 없으
면 하나님이 그리스도를 다시 살리지 아니하셨으리라 16 만일 죽은
자가 다시 살아나는 일이 없으면 그리스도도 다시 살아나신 일이 없었
을 터이요 17 그리스도께서 다시 살아나신 일이 없으면 너희의 믿음
도 헛되고 너희가 여전히 죄 가운데 있을 것이요 18 또한 그리스도
안에서 잠자는 자도 망하였으리니 19 만일 그리스도 안에서 우리가
바라는 것이 다만 이 세상의 삶뿐이면 모든 사람 가운데 우리가 더욱
불쌍한 자이리라

바울은 그들을 향하여 "그리스도께서 죽은 자 가운데에서 다시 살아나셨다 전파 되었거늘 너희 중에서 어떤 사람들은 어찌하여 죽은 자 가운데에서 부활이 없다 하느냐" 라고 반문하고 있습니다. 기독교 역사에 부활이 없다면 기독교는 존재할 필요도 없고 예수를 믿을 필요가 없는 것입니다. 예수께서 우리의 죄를 사하시기 위해서 십자가를 지시고 장사한지 삼일만에 부활하신 것은 예수가 그 하나님이심을 입증한 놀라운 사건입니다. 그래서 부활 사상은 기독교 사상의 아름다운 꽃이라고 할 수 있습니다.

유대교는 이스라엘을 지키시는 이스라엘 만의 하나님을 믿고, 기독교는 이방인이나 유대인이나 동일한 구원의 은혜를 주시는 예수를 믿습니다. 만일 여러분이 구약의 여호와 하나님만을 믿고 있다면, 토라[율법]를 히브리어로 낭독[85]도 못하는 유

85 히브리어로 율법을 낭독하려면 선생이 있어야 합니다. 종교적 유대인에게서 배우지 못한 토라 낭독은 존재할 수가 없습니다. 이 조차도 모른다면, 성경 히브리어 자체의 사회학적-역사적 기초는 아예 없는 것입니다. 유대인이라 할지라도 토라를 읽는 방식은 그 조상들의 연원에 따라 매우 상이 하기 때문입니다.

사 유대교 교인일 뿐입니다. 예수가 성 육신한 그 하나님이신 것을 믿는 것이 기독교입니다. 그러나 오늘날에도 성부, 성자, 성령을 타자로 분리해 버리는 잘못된 종류의 삼위적 설명을 가지고서 예수가 그 하나님이심을 믿지 않는 사람들이 종종 있는 것을 봅니다.

신성한 연합이라는 의미는 하나unis/unum라는 뜻입니다.

예수는 하나님의 외아들[86]로 이렇게 인식하는 사람들이 있음을 봅니다. 왜냐하면 성경에 "하나님이 세상을 이처럼 사랑하사 독생자를 주셨으니 누구든지 저를 믿으면 멸망 받지 않고 영생을 얻게 하려 하심이라" 라고 기록된 것을 보고 예수님을 하나님의 외아들로 인식하는 사람들이 종종 있음을 봅니다. 이것은 성경의 본 뜻을 깊이 생각하지 않고 보는 사람의 사고방식으로 이해하기 때문에 발견할 수 없는 것입니다. 이 독생자

---

86 카톨릭 체계에서 말하는 '외아들'의 개념은 성모 마리아와의 연합에 관해 설명할 때 쓰는 개념입니다. 성모 마리아를 교회의 상징으로 해석하기 때문에 여기서의 외아들도 아들의 의미에 있어서 유일하다는 의미가 있습니다. 그 유일성이 곧 '지상의 하나님'이란 뜻입니다.

라는 글자의 뜻은 홀로 '독(獨)'자 라는 것입니다. 즉 홀로 계신 분, 곧 '스스로 있는 자' 라는 뜻입니다.

다시 말해 한자의 의미 자체도 모르는 한심한 사람들이 너무 많다는 것입니다.

스스로 태어나신 분이란 뜻이 '독생자(獨生子)' 입니다.

"누구든지 저를 믿으면" 이라는 뜻은 예수가 그 하나님이심을 믿으면 멸망 받지 않고 영원한 생명에 이른다는 것을 가리킨 것입니다.[87]

그러므로 예수를 믿는다는 것은 그분이 하나님이심을 믿는다는 것입니다. 사도행전에 기록된 말씀 중에 "주 예수를 믿으라 그리하면 너와 네 집이 구원을 얻으리라" 라는 말씀을 노방전도를 하기 위해서 "주 예수를 믿으라 그리하면 너와 네

---

87 유대인에게 있어서 하나님 외에 선지자라 할 지라도 그를 구원자로 믿는다는 것은 신성 모독입니다. 오직 하나님 만이 구원자이기 때문입니다. 그러므로 바울이 예수 그리스도를 믿으라고 한 것은 그분이 성육신한 우리의 주 이스라엘과 열방 모두의 창조자 하나님이라고 선포하는 것입니다.

집이 구원을 얻으리라" 고 인쇄된 띠를 어깨에 두르고 길거리에 나가서 전도하는 것을 볼 수 있습니다.

이 내용은 유대인들은 내용을 바로 알아보지만 우리 문화권 속에서는 이 뜻을 알기는 쉽지 않습니다. 다만 쓰여진 대로 예수를 믿으십시오 까지만 전하는 것입니다.

사도행전에 기록된 본문의 주 예수를 믿으라는 뜻은 그가 하나님이심을 믿으라는 뜻입니다.

그러므로 예수가 하나님이심을 믿는 것이 기독교입니다. 여호와 하나님으로만 믿는 것은 기독교가 아니라 짝퉁 유대교인입니다. 이것을 여러분들은 생각해 본적이 있을까요? 그래서 성경은 겉뜻이 있고 속뜻이 있는 것입니다. 겉뜻은 문화적인 표현이고 속뜻은 하나님의 의도하심입니다.

"만일 죽은 자의 부활이 없으면 그리스도도 다시 살아나지 못하였으리라"고 설명하고 있습니다. 그러나 예수님은 다시 살아나신 것이 아니라 부활하신 것입니다. 다시 살아난다는 것은 죽었다가 그 모습으로 살아난 것을 다시 살아난 것이라고 하지만 예수님의 부활은 전혀 다른 모습으로 부활하신 것입니다. 우리는 이 부활에 대해서 올바른 인식이 있어야 됩니다.

만일 그리스도께서 부활하지 못하셨다면 기독교는 헛된 것이며 아무것도 아닌 것입니다. 기독교의 힘은 예수 그리스도께서 부활하셨음으로 죄에 둘러쌓인 모든 생명들에게 영원한 소망을 주신 것입니다.

인류 역사에 육체적인 부활을 한 '사람'은 단 한 명도 없었습니다. 그러므로 예수가 부활했다는 말은 새 방언이 되는 것입니다. 한번도 경험해 보지 못한 것을 입증했기 때문에 그 입증하는 표현이 '새 방언'이라고 한 것입니다. 막 16:17 믿는 자들에게는 이런 표적이 따르리니 곧 그들이 내 이름으로 귀신을 쫓아내며 새 방언을 말하며 라고 한 것은 예수의 부활을 전파하는 것을 가리키는 말씀입니다.

예수 그리스도께서 부활하셔서 제자들에게 보이시고 뿐만 아니라 오백여 명에게 보이셔서 부활을 입증시켜 주었습니다. 문제는 성경에 기록한 내용을 보면 엠마오로 가는 두 제자에게 나타나신 예수님은 전혀 다른 형체로 보이셨고 마리아에게 나타난 예수님도 다른 형체로 보이셨습니다.

그러나 그 부활을 믿지 않았던 제자들에게는 십자가에 고난 당하시기 전 생존의 모습으로 제자들에게 보여주었습니다. 그렇다면 예수님의 부활은 어떤 부활인 것인지 아는 것이 중요하다고 보아야 됩니다. 제자들은 예수님의 부활을 온전히 믿지 못하였습니다. 예수님은 어떻게 역사하셔야 온전히 믿지 못하는 제자들에게 부활을 입증시키고 그들을 부활 증인으로 삼을 수가 있겠습니까?

사람은 육신을 가졌기 때문에 모든 것이 안목적인 것입니다. 그래서 예수님은 제자들에게 부활의 실존을 설명하기 위하여 "영은 살과 뼈가 없되 인자는 있느니라"고 말씀한 이유는 그들이 예수의 부활을 우리 언어로 표현하면 귀신처럼 여겼기 때문에 믿지 아니함으로 예수의 부활을 믿게 하기 위하여 말씀한 것으로 보아야 합니다. 뿐만 아니라 음식 잡수시는 것을 보이시고 도마에게 나타나셔서 손과 옆구리를 보이시므로 도마는 **나의 주 나의 하나님이라고 고백했던 것을 볼 수 있습니다.**

예수님의 부활은 신령한 부활인 것입니다. 예수님의 부활을 단순 육체의 부활로만 이해하고 있다면 예수님은 하나님이 아니라 하나님의 아들로 격하시켜 버리는 것이 됩니다. 우리는 부활을 어떻게 이해해야 될까요? 육체의 부활일까요? 영의 부활일까요? 이 물음에 신앙고백이 마음에 답이 있어야 하는 것입니다.

만일 그리스도 안에서 우리가 바라는 것이 다만 이 세상의 삶 뿐이라면 모든 사람들 가운데 복음을 위하여 일생을 헌신한 사람들이 가장 불쌍한 사람들인 것입니다. 그러나 이것은 육신의 안목으로 인식하는 것이며 반드시 우리의 부활은 이루어질 것이며 우리의 부활체는 신령한 존재가 되는 것입니다. 다시는 육신의 고통도 없고 사망도 없고 영원한 존재로 변화받는 것입니다. 그래서 성경은 **썩을 것이 썩지 아니함을 입는다고 가르친 것**입니다.

15장 20절 – 28절

○ 20 그러나 이제 그리스도께서 죽은 자 가운데서 다시 살아나사 잠
자는 자들의 첫 열매가 되셨도다 21 사망이 한 사람으로 말미암았으
니 죽은 자의 부활도 한 사람으로 말미암는도다 22 아담 안에서 모
든 사람이 죽은 것 같이 그리스도 안에서 모든 사람이 삶을 얻으리라

23 그러나 각각 자기 차례대로 되리니 먼저는 첫 열매인 그리스도요
다음에는 그가 강림하실 때에 그리스도에게 속한 자요 24 그 후에는
마지막이니 그가 모든 통치와 모든 권세와 능력을 멸하시고 나라를 아
버지 하나님께 바칠 때라 25 그가 모든 원수를 그 발 아래에 둘 때
까지 반드시 왕 노릇 하시리니 26 맨 나중에 멸망 받을 원수는 사망
이니라 27 만물을 그의 발 아래에 두셨다 하셨으니 만물을 아래에
둔다 말씀하실 때에 만물을 그의 아래에 두신 이가 그 중에 들지 아니
한 것이 분명하도다 28 만물을 그에게 복종하게 하실 때에는 아들
자신도 그 때에 만물을 자기에게 복종하게 하신 이에게 복종하게 되리
니 이는 하나님이 만유의 주로서 만유 안에 계시려 하심이라

사도 바울은 부활을 설명함에 있어서 "이제 그리스도께서 죽은 자 가운데서 다시 살아나사 잠자는 자들의 첫 열매가 되셨도다" 라고 설명하는 것은 인류 역사에서 부활은 오직 예수 그리스도 만이 부활한 자라고 가르쳐 주는 것입니다.

사망은 아담과 하와로부터 온 것을 가리켜 한 사람으로 인하여 들어왔음으로 죽은 자의 부활도 한 사람 곧 예수 그리스도가 부활에 이르렀다는 것입니다. 아담 안에서 모든 사람이 죽은 것같이 예수 그리스도를 그 하나님으로 믿으면 모든 사람이 부활에 이를 것이며 영원한 생명을 얻는다 라고 가르쳐

주는 것입니다.

그러나 각각 순서대로 부활하는 것이며 먼저는 예수 그리스도요 다음에는 성령으로 오셔서 역사하실 때에 예수가 그 하나님임을 믿는 자들에게 부활이 이루어진다는 것입니다.

그 후에는 하나님의 역사가 이루어지는 것이 마지막이며 "그가 모든 통치와 권세와 능력을 멸하시고 나라를 아버지 하나님께 바칠 때" 라고 한 말씀에서 모든 통치와 권세와 능력은 마귀를 뜻하는 것입니다. 이 말씀은 예수 그리스도의 지상에서 이루실 구속사역을 다 마친 후에 영의 세계에서 일어날 것을 설명하는 것인데 아버지가 따로 있는 것이 아니라 예수 그리스도가 그 하나님이심을 설명하는 방법으로 이 땅 위에 오셨을 때 역사하신 것과 영적인 세계에서 이루시는 역사를 가리키기 위해서 나라를 아버지께 바칠 때라고 한 것입니다. 이 말씀을 바르게 알아야 합니다. 예수님이 누구십니까? 삼위일체 하나님이십니다. 이 내용을 축자적으로 본다면 하나님이 계시고 예수도 있다는 아버지와 아들의 관계로 볼 수밖에 없습니다. <u>이렇게 설명한 것은 디아스포라 유대인들이 아직까지 하나님만을 전통적으로 믿어왔기 때문에 예수 그리스도가 그 하나</u>

님이심을 직접 설명하기에는 그들의 신앙이 나약하여 사도 바울은 이와 같이 설명했던 것입니다. 그래서 밥으로 먹이지 않고 죽으로 먹인다고 한 것입니다.

"예수 그리스도께서 모든 원수를 그 발 앞에 둘 때까지 반드시 왕 노릇 하시리니" 한 것은 그가 하나님이심을 입증한 것입니다. 하나님의 역사 끝에 "멸망 받을 원수는 사망이니라" 한 것은 곧 사망 권세는 사단이 주관하므로 사단이 멸망당한다는 것입니다.

만물 그 발 아래 두셨다 하는 것은 예수 그리스도가 그 하나님이심을 설명하기 위하여 만물이 예수님께 속했다고 가르치는 것입니다. 만물이 다 예수님께 복종할 때에는 유대인들이 하나님으로 불렀던 그 하나님은 예수 그리스도 라는 것을 가리키기 위해서 하나님이 만유의 주로써 만유 안에 계시려 하려 함이라고 하였습니다.

이 본문을 볼 때 오해하기가 쉽습니다. 분명히 하나님이 계시고 아들이 계신 것처럼 기록되어 있습니다. 그러면 하나님도 우리의 믿음의 대상이 되고 아들로 표현한 예수도 우리의 믿음의 대상이 되는 것이며 하나님도 믿고 예수도 믿어야 된다는 것입니다. 그렇다면 하나님을 하나님으로 믿되 예수를 아들로 믿어야 된다는 것이 아니겠습니까! 이것은 삼위일체 하나님을 부정하는 것입니다.

이 내용은 사도 바울이 이렇게 기록한 것이라기 보다 원전을 번역하고 번역하다 보니 세대주의적 관점론자들이 번역을 해 놓은 것입니다. 그것을 어디에서 찾을 수 있는가 하면 15장 23절 말씀에서 그가 강림하실 그리스도께 속한 자요 라는 것을 볼 때 세대주의자들이 주장하는 것입니다. 그래서 우리가 보는 성경은 번역에 의해서 신학적 해석이 된 성경이라고 볼 수 있습니다.

그러므로 성경을 읽을 때 이런 것들을 분별할 줄 안다면 성경이 가르치는 것이 무엇임을 알 수 있습니다. 예수가 그 하나님이심을 설명하는 것이 성경이 가르치는 것입니다.

15장 29절 – 34절

○ 29 만일 죽은 자들이 도무지 다시 살아나지 못하면 죽은 자들을 위하여 세례를 받는 자들이 무엇을 하겠느냐 어찌하여 그들을 위하여 세

례를 받느냐 30 또 어찌하여 우리가 언제나 위험을 무릅쓰리요 31
형제들아 내가 그리스도 예수 우리 주 안에서 가진 바 너희에 대한 나
의 자랑을 두고 단언하노니 나는 날마다 죽노라 32 내가 사람의 방
법으로 에베소에서 맹수와 더불어 싸웠다면 내게 무슨 유익이 있으리
요 죽은 자가 다시 살아나지 못한다면 내일 죽을 터이니 먹고 마시자
하리라 33 속지 말라 악한 동무들은 선한 행실을 더럽히나니 34
깨어 의를 행하고 죄를 짓지 말라 하나님을 알지 못하는 자가 있기로
내가 너희를 부끄럽게 하기 위하여 말하노라

만일 도무지 부활이 없다면 예수 그리스도의 이름으로 세례를 받을 필요가 없다는 것입니다. 왜냐하면 그는 죽은 자이기 때문에 죽은 자를 위하여 세례 받는 것은 부당하다는 것입니다. 뿐만 아니라 바울은 많은 위험을 무릅쓰면서 예수가 그 하나님이심을 전할 필요가 있겠는가 라고 반문하는 것입니다. 이렇게 반문하는 것은 부활이 지나갔다고 주장하는 자들에게 그리스도의 부활이 있으므로 그것을 믿는 우리 미래에도 반드시 부활이 있음을 증명하기 위한 것입니다.

고린도 교회 교인들에게 바울 자신은 "날마다 예수 그리스도 안에서 너희에 대한 나의 자랑을 두고 단언하는 것은 나는 날마다 죽노라"고 표현했습니다. 바울이 이렇게 말하는 것은 자

신의 인생에 자신이 주가 아니라 예수 그리스도가 주이시기 때문에 이와 같이 신앙인의 삶을 설명하여 그들로 하여금 부활에 소망을 버리지 못하게 하기 위하여 말씀하고 있는 것입니다.

사도 바울은 복음을 증거하러 다닐 때에 사람의 방법으로 에베소에서 맹수와 더불어 싸웠다면 나에게 무슨 유익이 있으리라고 하였습니다. 죽은 자의 부활이 없다면 내일 죽을 터이니 먹고 마시자 하리라 라고 한 것은 그러므로 부활이 지나갔다고 주장하는 자들에게 속지 말고 악한 자들은 예수 그리스도의 복음을 흐트러트리니 그들이 주장하는 것을 배격하여 진리 편에 서서 예수 그리스도의 부활을 믿는 믿음의 사람이 되라고 한 것입니다.

그러므로 깨어 예수를 바르게 알고 믿고 예수를 부정하는 죄를 짓지 말라 그 하나님을 알지 못하는 자가 있기로 내가 너희를 부끄럽게 하기 위하여 이렇게 편지를 쓴다고 한 것입니다.

바울이 말한 '그 하나님'은 '예수 그리스도'를 가리키는 것입니다.

15장 35절 - 49절

○ 35누가 묻기를 죽은 자들이 어떻게 다시 살아나며 어떠한 몸으로
오느냐 하리니 36 어리석은 자여 네가 뿌리는 씨가 죽지 않으면 살
아나지 못하겠고 37 또 네가 뿌리는 것은 장래의 형체를 뿌리는 것
이 아니요 다만 밀이나 다른 것의 알맹이 뿐이로되 38 하나님이 그
뜻대로 그에게 형체를 주시되 각 종자에게 그 형체를 주시느니라 39
육체는 다 같은 육체가 아니니 하나는 사람의 육체요 하나는 짐승의
육체요 하나는 새의 육체요 하나는 물고기의 육체라 40 하늘에 속한
형체도 있고 땅에 속한 형체도 있으나 하늘에 속한 것의 영광이 따로
있고 땅에 속한 것의 영광이 따로 있으니 41 해의 영광이 다르고 달
의 영광이 다르며 별의 영광도 다른데 별과 별의 영광이 다르도다
42 죽은 자의 부활도 그와 같으니 썩을 것으로 심고 썩지 아니할 것으
로 다시 살아나며 43 욕된 것으로 심고 영광스러운 것으로 다시 살
아나며 약한 것으로 심고 강한 것으로 다시 살아나며 4 4육의 몸으
로 심고 신령한 몸으로 다시 살아나나니 육의 몸이 있은즉 또 영의 몸
도 있느니라 45 기록된 바 첫 사람 아담은 생령이 되었다 함과 같이
마지막 아담은 살려 주는 영이 되었나니 46 그러나 먼저는 신령한
사람이 아니요 육의 사람이요 그 다음에 신령한 사람이니라 47 첫
사람은 땅에서 났으니 흙에 속한 자이거니와 둘째 사람은 하늘에서 나
셨느니라 48 무릇 흙에 속한 자들은 저 흙에 속한 자와 같고 무릇
하늘에 속한 자들은 저 하늘에 속한 이와 같으니 49 우리가 흙에 속
한 자의 형상을 입은 것 같이 또한 하늘에 속한 이의 형상을 입으리라

부활은 사람의 인지로 이해될 수 없는 것입니다. 이것을 알고 깨닫는 것은 성령께서 역사하여 지혜를 주실 때 그 지혜로 알고 깨닫고 믿게 되는 것입니다. 부활이 없다는 자들이 묻기를 죽은 자들이 어떻게 다시 살아나며 어떤 몸으로 나오는지 질문할 것인즉 그렇게 질문하는 것은 아직도 부활을 알지 못하고 믿지 아니함으로 어리석은 자인 것입니다.

그러므로 나는 그들을 향해서 "네가 뿌리는 씨가 죽지 않으면 살아나지 못하겠고 또 네가 뿌리는 것은 장래의 형체를 뿌리는 것이 아니요 다만 밀이나 다른 것의 알맹이뿐이로되 하나님이 그 뜻대로 그에게 형체를 주시되 각 종자에게 그 형체를 주시느리라" 라고 하였습니다.

밀과 밀 이삭의 관계를 들어서 바울이 설명하고자 하는 것은 밀이 땅에 뿌려져 이삭으로 나오는 것처럼 사람도 죽은 후에 부활은 땅 속에 묻힌 그 육의 몸으로 부활하지 않는다는 것을 가르치기 위해서 밀과 밀 이삭을 들어서 설명하는 것입니다.

그렇다면 부활후에는 어떤 모습으로 부활할까요? 이 물음에서 예수님께서 하신 말씀을 기억해야 될 것입니다. 부활이 없다는 사두개파 신학자들이 예수님께 와서 묻기를 형제가 여럿이 있어 후사를 얻지 못하고 그 형수가 첫째부터 막내까지 아내가 되었던 것을 들어 부활시에는 누구의 아내가 되겠습니까? 라고 물었을 때 예수님은 명료한 답을 주셨습니다. 부활시에는 시집도 가지 아니하고 장가도 가지 아니하는 천사와 같다고 했습니다. 천사는 육체가 없습니다. 하나님이 부리는 영입니다. 그러나 사람들에게 나타내어 하나님의 뜻을 전할 때는 사람의 모습을 하고 사람들에게 하나님의 뜻을 전달했던 것을 봅니다. 신약성경에는 가브리엘 천사가 마리아에게 나타나서 마리아에게 잉태될 것을 전하였습니다. 이렇게 천사는 영적 존재이지만 인간에게 나타나 하나님의 뜻을 전할 때는 인간의 문화권 속에 등장해 사람과 소통했던 것입니다. 이와 같이 부활은 죽었다가 살아나는 것이 부활이 아니라 다른 형체로 변화되는 것이 부활인 것입니다. 그래서 이것을 사도 바울은 신령한 몸이라고 가르치고 있습니다.

이 부활에 대한 설명을 하기 위해서 "육체는 다 같은 육체가 아니니 하나는 사람의 육체요 하나는 짐승의 육체요 하나는 새의 육체요 하나는 물고기의 육체요 하늘에 속한 형체도 있고 땅에 속한 형체도 있으나 하늘에 속한 자의 영광이 따로 있고 땅에 속한 것의 영광이 따로 있으니 해의 영광이 다르고 달의 영광이 다르며 별의 영광도 다른데 별과 별의 영광이 다르도다" 라고 설명하는 것은 영광을 설명하는 것이 아니라 부활체를 고린도 교인들에게 알기 쉽게 설명하기 위해서 비유를 들어서 설명하는 것이며 이 설명의 내용은 육체로 죽음을 당하나 부활하는 것은 영으로 부활한다는 것을 가르치는 것입니다.

죽은 자의 부활은 "썩을 것으로 심고 썩지 아니할 것으로 다시 살아나며" 라고 설명하는 것을 볼 때 단순한 육체의 부활이 아니라 신령한 부활임을 입증하고 있습니다. 육체를 가지고는 썩지 않을 수가 없습니다. 영은 육체가 아니기 때문에 썩음을 당하지 않는 것입니다.

그러므로 "육신의 몸으로 심고 신령한 몸으로 다시 살아나나니 육의 몸이 있은즉 영의 몸이 있느니라고" 한 말씀은 영의 몸이라고 설명하는 것이며 육체의 몸을 가리키는 것이 아닙니다. 이 말씀에서 진정한 부활의 의미를 깨닫고 우리는 육체를 입었으나 우리 영혼이 떠날 때는 육체는 흙으로 되었으니 흙으로 돌아가는 것입니다. 그러므로 예수 그리스도의 구속의 은혜는 우리의 영육구원이 아니라 영혼구원이라고 성경은 제시해 주고 있습니다.

기록된 바 첫 사람 아담은 생령이 되었다 함과 같이 마지막 아담으로 표현한 예수 그리스도는 살려주는 영이 되었다고 한 것입니다. 다시 말해서 아담으로부터는 죄가 들어왔지만 예수로부터는 생명이 들어왔다는 것을 가르치는 것입니다. 본문에서 유의해야 될 것이 있습니다. 보편적인 사람은 목숨을 생명이라고 인식합니다. 그러나 성경이 생명이라고 가리키는 것은 우리 목숨이 아니라 영원한 생명을 생명이라고 가리키는 것입니다. 그러기에 예수님께서 "너희는 목숨을 위하여 무엇을 입을까 무엇을 마실까 무엇을 먹을까 염려하지 말라"고 한 이유가 여기에 있습니다. 또 말씀하시기를 "살리는 것은 영이니 육은 무익하니라"고 말씀한 것을 볼 때 예수님께서 역사하시고 우리를 부활케 하는 것은 육체의 부활이 아니라 신령한 부활 곧 영적인 존재가 되는 것을 가리키는 것입니다.

그러므로 아담은 신령한 사람이 아니라 육의 사람이고 예수 그리스도는 신령한 사람이라고 한 것입니다. 첫 사람 아담은 땅에서 났으며 흙에 속한 자이거니와 둘째 사람으로 표현한 예수 그리스도는 하늘에서 났다고 가르치는 것입니다.

이렇게 가르치는 것은 보편적인 사람들은 예수를 사람의 모습을 하고 이 땅에 오신 것을 보고 사람으로만 인식하기 때문이며 잉태 자체가 사람과 다르다는 것을 설명하여 그들에게 예수 그리스도의 부활을 입증하고자 하는데 목적이 있는 것입니다.

우리가 아담의 형상을 입은 것 같이 또한 하늘에 속한 자라고 표현한 예수 그리스도의 부활과 같이 우리도 부활시에는 신령한 존재가 된다는 것입니다.

이것을 가리켜 썩을 것이 썩지 아니함을 입고 신령한 몸이 있다고 설명한 것입니다.

15장 50절 - 16장 9절

○ 50 형제들아 내가 이것을 말하노니 혈과 육은 하나님 나라를 이어
받을 수 없고 또한 썩는 것은 썩지 아니하는 것을 유업으로 받지 못하
느니라 51 보라 내가 너희에게 비밀을 말하노니 우리가 다 잠 잘 것
이 아니요 마지막 나팔에 순식간에 홀연히 다 변화되리니 52 나팔
소리가 나매 죽은 자들이 썩지 아니할 것으로 다시 살아나고 우리도

변화되리라 53 이 썩을 것이 반드시 썩지 아니할 것을 입겠고 이 죽
을 것이 죽지 아니함을 입으리로다 54 이 썩을 것이 썩지 아니함을
입고 이 죽을 것이 죽지 아니함을 입을 때에는 사망을 삼키고 이기리
라고 기록된 말씀이 이루어지리라 55 사망아 너의 승리가 어디 있느
냐 사망아 네가 쏘는 것이 어디 있느냐 56 사망이 쏘는 것은 죄요
죄의 권능은 율법이라 57 우리 주 예수 그리스도로 말미암아 우리에
게 승리를 주시는 하나님께 감사하노니 58 그러므로 내 사랑하는 형
제들아 견실하며 흔들리지 말고 항상 주의 일에 더욱 힘쓰는 자들이
되라 이는 너희 수고가 주 안에서 헛되지 않은 줄 앎이라 ○ 16:1 성
도를 위하는 연보에 관하여는 내가 갈라디아 교회들에게 명한 것 같이
너희도 그렇게 하라 2 매주 첫날에 너희 각 사람이 수입에 따라 모
아 두어서 내가 갈 때에 연보를 하지 않게 하라 3 내가 이를 때에
너희가 인정한 사람에게 편지를 주어 너희의 은혜를 예루살렘으로 가
지고 가게 하리니 4 만일 나도 가는 것이 합당하면 그들이 나와 함
께 가리라 5 내가 마게도냐를 지날 터이니 마게도냐를 지난 후에 너
희에게 가서 6 혹 너희와 함께 머물며 겨울을 지낼 듯도 하니 이는
너희가 나를 내가 갈 곳으로 보내어 주게 하려 함이라 7 이제는 지
나는 길에 너희 보기를 원하지 아니하노니 이는 만일 주께서 허락하시
면 얼마 동안 너희와 함께 머물기를 바람이라 8 내가 오순절까지 에
베소에 머물려 함은 9 내게 광대하고 유효한 문이 열렸으나 대적하
는 자가 많음이라

고린도 교인들에게 바울이 재차 설명하는 것은 혈과 육은

하나님의 나라를 유업으로 이어받을 수 없다고 하였습니다. 또한 썩을 것이고 육체로는 썩지 아니하는 유업을 받지 못한다는 것입니다. 다시 말하면 육체로써 부활에 이를 수 없다는 것을 가리킨 것입니다.

그러므로 사도 바울은 고린도 교인들에게 비밀을 말한다고 하면서 마지막 날에 순식간에 홀연히 다 변화한다고 하였습니다. 어떻게 변화할까요? 썩을 육체의 사람이 썩지 아니하는 신령한 존재로 변화된다는 것입니다. 언제 이렇게 변화가 일어날까요? 이것은 마지막 날이라고 하였습니다. 이 마지막 날은 우주종말의 날이 아니라 개개인의 육체에서 영혼이 떠날 때를 가리킨 것입니다.

"나팔소리가 나매 죽은 자들이 썩지 아니할 것으로 다시 살아나고 우리도 변화되리라"고 한 것은 잘못 해석하면 크게 오해하게 되므로 재설명이 필요합니다. 죽은 자들이라는 것은 우리의 인식으로 이미 죽어서 땅에 묻혀 있는 자들이라고 생각하기 쉽습니다. 이 말씀을 먼저 이해하려면 예수께서 하신 말씀을 깨달아야 합니다. 예수님이 제자들과 복음을 증거하러 다

니실 때 예수님의 제자 중 한 사람이 내가 부친의 장사를 하고 와서 주님을 따르겠습니다 라고 말했을 때 예수님께서는 죽은 자가 죽은 자를 장사하게 내 버려두고 너는 나를 따르라고 말씀하셨습니다. 전자의 죽은 자는 살았다 하나 실상 죽은 자라는 것입니다. 후자의 죽은 자는 제자의 죽은 아버지를 가리키는 것입니다. 이것이 주님의 말씀이며 이 말씀을 비추어볼 때 우리가 다 잠잘 것이 아니요 라는 말씀을 깊이 이해해야 될 것입니다. 보편적으로 잠잘 것이 아니요 라는 말씀에서 잠을 죽은 사람들을 가리키는 것으로 해석하기 쉬우나 사도 바울은 죽은 자들을 가리키는 것이 아니라 살아 있는 사람이라도 예수를 믿지 않는 자는 죽은 자와 같다는 것입니다.

바울은 죽은 자들이 썩지 아니할 것으로 부활하고 우리도 다른 영적실체로 부활한다고 하였습니다. 그러므로 이 썩을 육체가 반드시 썩지 아니하는 신령한[영의] 존재로 부활하게 되고 이 죽을 것이 죽지 아니함을 입는다고 한 것입니다. 이런 부활의 역사가 이루어질 때 "이 썩을 것이 썩지 아니함을 입고 이 죽을 것이 죽지 아니함을 입을 때에는 사망을 삼키고 이기리라고 기록된 말씀이 이루어지리라"고 시편 25편 8절을 들고 설명하는 것입니다.

또 사도 바울은 호세아 13장 14절을 인용해서 "사망아 너의 승리가 어디 있느냐 사망야 네가 쏘는 것이 어디 있느냐 사망이 쏘는 것은 죄요 죄의 권능은 율법이라"고 했습니다. 본문에서 죄의 권능은 율법이라고 한 말씀의 올바른 해석이 필요합니다. 이 율법은 모세를 통해 우리에게 계율과 계명으로 준 것으로만 인식할 것이 아니라 율법의 완성자가 예수 그리스도이므로 사망이 쏘는 것은 죄와 같이 죄를 이겨 생명에 이르게 하는 것은 예수 그리스도라고 가르치고 있는 것입니다. 그러므로 사도 바울이 구약성경 호 13장 14절을 인용해서 설명하는 목적은 죄 때문에 사람이 사망에 이르는 것처럼 그 죄를 이기는 권능은 예수님께 있다는 것을 가르치기 위하여 죄를 이기는 권능은 율법이라고 한 것입니다.

그러므로 예수 그리스도를 믿음으로 말미암아 우리에게 사망에서 승리를 주시는 하나님께 감사해야 된다는 것입니다. 그러므로 고린도 교인들에게 믿음에 건실하며 어떤 유혹이 온다하더라도 흔들리지 말고 부활의 신앙이 되어야 하며 항상 주의 일에 더욱 힘쓰는 자들이 되라. 이렇게 믿음을 지키는 것은 너희 수고하는 수고가 주 안에서 헛되지 않을 줄 알아야 된다는 것입니다.

16장

고린도 교회가 연보[88]하게 된 이유는 예루살렘에 있는 교인들이 기근과 핍박에 의해서 굉장히 어려움을 당할 때입니다. 그들을 위해서 연보해서 예루살렘 교회로 보내기 위해서 갈라디아 교회에도 연보를 하자고 제의했던 것입니다. 그러므로 고린도 교회도 갈라디아 교회에게 말한 것 같이 연보 할 것을 권유한 것입니다.

'매주 첫날에' 라는 매주 첫날은 오늘날의 월요일로 생각하기 쉬우나 주일날입니다. 그래서 우리가 주일날 예배하는 것은 처음 것을 주님께 드린다는 의미에서 주님께서 부활한 날을

88 헌금의 사용 목적은 교회의 유지 보수 만이 아니라 믿는 형제들의 생활권을 지켜주는데에 까지 사용되었음을 알 수 있습니다. 왜냐하면 실제의 교회는 예수 그리스도를 하나님으로 믿는 사람들의 공동체이기 때문에 그 공동체를 유지하고 확장하는 것 자체도 주의 일이기 때문이라고 볼 수 있습니다.

기념하여 주일 날 예배하는 것입니다.

고린도 교인들에게 바울이 권하기를 매주 첫날 너희 각사람이 수입에 따라 모아두어서 내가 갈 때 연보를 하지 않게 하라는 것입니다. 왜냐하면 바울이 연보에 대해서 오해받지 않기 위해서 자신이 갈 때 연보하지 말라고 한 것입니다.

사도 바울은 고린도 교인들이 연보하는 것을 예루살렘 교회로 가지고 가게 할 것이며 만일 나도 가는 것이 합당하면 연보를 가지고 예루살렘으로 가는 그들과 함께 간다는 것입니다. 바울은 마게도냐를 지날 터이니 마게도냐를 지난 후에 고린도에 가서 고린도에서 함께 머물며 겨울을 지낼 것도 같으니 이렇게 하는 것은 너희가 나를 내가 갈 곳으로 보내어주게 하려함이라고 하였습니다.

고린도 지역을 지나갈 때 너희 보기를 원하지 아니한다고 하였습니다. "만일 주께서 허락하시면 얼마동안 너희와 함께 머물기를 바람이라"는 것은 자신의 의지로서가 아니라 주께서 역사해 주심으로 만이 가기도 하고 머물기도 한다는 바울의 신앙적 표현입니다.

사도 바울이 오순절까지 에베소에 머물려 하는 것은 복음을 전할 수 있는 광대하고 유효한 문이 열렸으나 대적하는 자가 많다는 것입니다. 복음을 전할 길이 활짝 열려 있으나 바울을 훼파하는 자라고 한 것은 디아스포라 유대인들 중 아직도 복음을 깨닫지 못한 성전 유대교 주의자들 또는 헬라 사상에 물든 유대인들에게 의해서 훼방을 받는다는 것입니다.

16장 10절 – 12절

○ 10 디모데가 이르거든 너희는 조심하여 그로 두려움이 없이 너희
가운데 있게 하라 이는 그도 나와 같이 주의 일을 힘쓰는 자임이라
11 그러므로 누구든지 그를 멸시하지 말고 평안히 보내어 내게로 오게
하라 나는 그가 형제들과 함께 오기를 기다리노라 12 형제 아볼로에
대하여는 그에게 형제들과 함께 너희에게 가라고 내가 많이 권하였으
되 지금은 갈 뜻이 전혀 없으나 기회가 있으면 가리라

사도 바울은 고린도 교회가 분쟁하고 영적으로 잘못되어 있기 때문에 그들에게 다시 교육할 선생으로서 [아들과 같은-동일한 복음을 말하는] 디모데를 파송하게 되는 것입니다.

고린도 교회에 디모데가 이르면 디모데가 복음을 바르게 규명할 수 있도록 복음사역에 조력자가 되라고 당부합니다. 디모데도 바울과 같이 주의 일에 힘쓰는 자라고 바울은 디모데의 신앙과 디모데의 모든 것을 고린도 교인들에게 부탁을 하는 것입니다.

이러한 편지 내용을 듣고 바울의 탄원을 이해하고 실행해야 할 자가 누구이겠습니까? 자신들은 바울편이라고 하여 바울의 복음을 전적으로 믿는 그들이 있기에 이렇게 당부하는 것입니다. 디모데를 통해서 거짓 교사들이 가르치는 것과 거짓 영에 매여 있는 그들을 돌이키기 위한 것이 바울의 목적인 것입니다.

그러므로 누구든지 디모데를 외모로 판단하여서 어리다고 멸시하지 말고 평안히 보내어 바울에게로 돌아오게 할 것이며 바울은 그가 형제들과 함께 오기를 기다린다고 하였습니다.

복음사역에 함께하는 아볼로에 대하여는 복음사역에 이바지하는 형제들과 함께 고린도 교회에 가라고 사도 바울은 많이 권면하였으되 지금은 고린도 갈 뜻이 전혀 없으나 기회가 있으면 아볼로도 갈 것이라고 하였습니다.

아볼로가 이렇게 고린도에 가기를 꺼려하는 것은 나는 아볼로 편이라고 주장하는 자들이 있기에 그 잘못된 것이 합당하다고 여길 수 있으므로 아볼로가 가기를 꺼려했던 것으로 볼 수 있습니다.

16장 13절 - 14절

○ 13깨어 믿음에 굳게 서서 남자답게 강건하라 14 너희 모든 일을 사랑으로 행하라

그러므로 깨어 믿음에 굳게 서서 남자답게 강건하라[89] 너희가 행하는 모든 일을 그 하나님 예수 그리스도를 사랑하므로 행하라고 한 것입니다. 고린도 교회 모든 교우들이 강건하기를

---

89 이 표현도 굉장히 구약 유대교적인 것 또는 유대인 문화적 표현입니다. 이것은 다윗이 유언에 있어서 솔로몬에게 한 말을 상기 시키는 것 입니다.

개역 왕상 2:1 다윗이 죽을 날이 임박하매 그 아들 솔로몬에게 명하여 가로되 2 내가 이제 세상 모든 사람의 가는 길로 가게 되었노니 너는 힘써 대장부가 되고 3 네 하나님 여호와의 명을 지켜 그 길로 행하여 그 법률과 계명과 율례와 증거를 모세의 율법에 기록된대로 지키라 그리하면 네가 무릇 무엇을 하든지 어디로 가든지 형통할찌라

바라는 것입니다. 남자들에게만 이야기하는 것이 아닙니다.

16장 15절 – 18절

○ 15 형제들아 스데바나의 집은 곧 아가야의 첫 열매요 또 성도 섬기
기로 작정한 줄을 너희가 아는지라 내가 너희를 권하노니 16 이같은
사람들과 또 함께 일하며 수고하는 모든 사람에게 순종하라 17 내가
스데바나와 브드나도와 아가이고가 온 것을 기뻐하노니 그들이 너희의
부족한 것을 채웠음이라 18 그들이 나와 너희 마음을 시원하게 하였
으니 그러므로 너희는 이런 사람들을 알아주라

그리고 고린도 교인들에게 스데바나의 집은 곧 아가야 지방의 첫 열매요 또 성도 섬기기를 작정한 줄을 너희가 아는지라라고 하였습니다. 스데바나 집은 복음의 역사에 기여하는 사람들입니다. 이 아가야의 첫 열매라는 것은 고린도 지역도 아가야의 지역에 속했기 때문에 설명하는 것입니다. 그리고 그들에게 부탁하기를 이와 같이 귀한 사람들이 있으니 함께 합력하여 주의 뜻을 전하며 수고하는 모든 사람에게 순종하라는 것입니다.

또한 바울은 스데바나와 브드나도와 아가이고가 온 것을 기

뻐한다고 하였습니다. 그것은 복음의 사역자들이 재정적으로 어려웠을 때 그들에 의해서 채워졌음으로 기뻐한다는 것입니다.

"그러므로 스데바나와 브드나도와 아가이고가 복음사역에 이바지하는 너희의 마음을 시원케 하였으니" 라는 것은 고린도 교인들이 이들의 복음사역에 헌신하는 것을 알아야 주어야 한다는 것입니다.

16장 19절 – 20절

○ 19 아시아의 교회들이 너희에게 문안하고 아굴라와 브리스가와 그
집에 있는 교회가 주 안에서 너희에게 간절히 문안하고 20 모든 형
제도 너희에게 문안하니 너희는 거룩하게 입맞춤[90]으로 서로 문안하라

아시아의 교회들이 너희에게 문안하고 아굴라와 브리스가와 그 집에 있는 교회가 주 안에서 너희에게 간절히 문안한다고 했습니다. 이 문안에 대해서 바른 이해가 필요합니다. 단순하

90 또는 '거룩한 입맞춤' 또는 '거룩한 형제 사랑' 안에서.

게 안부를 묻는 인사가 아닙니다. 예수 그리스도가 그 하나님 이심을 전하기 위해서 함께 일하고 핍박도 받고 여러가지 어려움 속에 있어서도 신앙이 바로 세워지기를 원하는 것이 당시의 문안인 것입니다.

"모든 형제가 너희에게 문안하니 너희는 거룩하게 입맞춤으로 서로 문안하라"는 말씀은 대단히 중요한 말씀입니다. 거룩하게 입맞춤으로 서로 문안하라는 말씀에서 거룩한 입맞춤이란 예수 그리스도에 관한 복음은 어디에서든지 똑같이 말을 맞추어 전하라는 뜻입니다. 그러나 혹자들은 입맞추는 키스의 문화가 기독교에서 유래되었다고 주장하는 사람들도 있습니다. 이렇게 본문의 성경을 오해해서 가르치고 전하는 자들은 참으로 불행한 자들입니다.

바울 서신에서 입맞춤으로 문안하라는 말씀이 기록된 것은 서로 다른 상황에 있다 할지라도 복음은 하나가 되어야 한다는 내용인 것입니다.

16장 21절 - 24절

○ 21 나 바울은 친필[91]로 너희에게 문안하노니 22 만일 누구든지
주를 사랑하지 아니하면 저주를 받을지어다 우리 주여 오시옵소서[92]
23 주 예수 그리스도의 은혜가 너희와 함께 하고 24 나의 사랑이 그
리스도 예수 안에서 너희 무리와 함께 할지어다

사도 바울은 고린도전서가 친필임을 나타내 줍니다.[93] 그리

---

91 그리스어 사본 원문에서는 '나의 손으로'

92 마란아타/마라나타

마라나타 (Maranatha, 아람어: מרנא תא: maranâ thâ' 또는 מרן אתא: maran 'athâ' , 그리스: $M\alpha\rho\alpha\nu\alpha\theta\alpha$, Our Lord has come, 주께서 임하시느니라-현재형)은 2개의 아람어가 합쳐진 공식인데 신약성경에 오직 단 한번나온다. 성경에서 "마라나타(מרנא תא, maranâ thâ)"라고 하는 용어는 고린도전서 16:22에 한번 쓰였다. 이것은 본래는 아람어로 기도문에 쓰인 것으로 헬라어로 표기한 것이다. 혹자는 이것을 미래형으로 인식하는데 전혀 그렇지 않고 현재적 임재의 표현이다. '오시옵소서'가 아니라 '[지금] 임하십니다'라고 이해해야 한다. 한국어 번역의 오류라고 봐도 무방한 지점인 것은 사실이다. 그러나 한국어의 통사 변화의 상황에서 오시옵소서는 마치 미래형으로 보인다.

93 또는 '나의 그 손으로 직접 그 문안을 한다'라고 코이네 그리스어 직역으로 읽을 수 있습니다.

고 "누구든지 예수를 사랑하지 아니하면 저주를 받을지어다. 우리 주여 성령으로 오시옵소서" 라고 하였습니다. "주 예수 그리스도의 은혜가 너희와 함께 하고 나의 사랑이 그리스도 예수 안에서 너희 무리와 함께 할지어다" 라고 마지막 인사를 하는 것입니다.

고린도전서는 성령과 다른 영의 역사를 구분해 주고 부활은 육체의 부활이 아니라 신령한 부활인 것을 가르쳐 고린도 교회에서 분쟁하는 교인들을 그리스도 안에서 하나되게 하기 위한 목적에서 서술한 것입니다.

그러므로

만일 누구든지 주를 사랑하지 아니하면 저주를 받을지어다
우리 주여 오시옵소서.
주 예수 그리스도의 은혜가 너희와 함께 하고
나의 사랑이 그리스도 예수 안에서 너희 무리와 함께 할지어다.

εἴ τις οὐ φιλεῖ τὸν κύριον, ἤτω
ἀνάθεμα.
Μαρανα θα.
ἡ χάρις τοῦ κυρίου Ἰησοῦ μεθ᾽ ὑμῶν.
ἡ ἀγάπη μου μετὰ πάντων ὑμῶν ἐν
Χριστῷ Ἰησοῦ.

고린도후서

1장 1절 – 11절

○ 1 하나님의 뜻으로 말미암아 그리스도 예수의 사도 된 바울과 형제
디모데는 고린도에 있는 하나님의 교회와 또 온 아가야에 있는 모든
성도에게 2 하나님 우리 아버지와 주 예수 그리스도로부터 은혜와
평강이 있기를 원하노라 3 찬송하리로다 그는 우리 주 예수 그리스
도의 하나님이시요 자비의 아버지시요 모든 위로의 하나님이시며 4
우리의 모든 환난 중에서 우리를 위로하사 우리로 하여금 하나님께 받
는 위로로써 모든 환난 중에 있는 자들을 능히 위로하게 하시는 이시
로다 5 그리스도의 고난이 우리에게 넘친 것 같이 우리가 받는 위로
도 그리스도로 말미암아 넘치는도다 6 우리가 환난 당하는 것도 너
희가 위로와 구원을 받게 하려는 것이요 우리가 위로를 받는 것도 너
희가 위로를 받게 하려는 것이니 이 위로가 너희 속에 역사하여 우리
가 받는 것 같은 고난을 너희도 견디게 하느니라 7 너희를 위한 우
리의 소망이 견고함은 너희가 고난에 참여하는 자가 된 것 같이 위로
에도 그러할 줄을 앎이라 8 형제들아 우리가 아시아에서 당한 환난
을 너희가 모르기를 원하지 아니하노니 힘에 겹도록 심한 고난을 당하

여 살 소망까지 끊어지고 9 우리는 우리 자신이 사형 선고를 받은
줄 알았으니 이는 우리로 자기를 의지하지 말고 오직 죽은 자를 다시
살리시는 하나님만 의지하게 하심이라 10 그가 이같이 큰 사망에서
우리를 건지셨고 또 건지실 것이며 이 후에도 건지시기를 그에게 바라
노라 11 너희도 우리를 위하여 간구함으로 도우라 이는 우리가 많은
사람의 기도로 얻은 은사로 말미암아 많은 사람이 우리를 위하여 감사
하게 하려 함이라

바울 자신이 사도임을 먼저 밝히는 것은 바울이 전한 예수가 아브라함과 이삭과 야곱의 그 하나님이심을 설명하고, 참된 하나님의 말씀을 믿고 하나님의 뜻을 따라 성령께서 역사하시는 목적을 가르치기 위함입니다.

그리스도 예수의 사도(보내심 받은 자)인 바울과 디모데는 고린도 지역에서 예수를 그 하나님으로 믿는 자들과 고린도를 포함한 헬라(고대 그리스) 남부 지역에 있는 아가야 지방에 있는 모든 성도들에게 그 하나님이신 예수 그리스도께서 성령으로 오셔서 역사하심으로 이루어지는 죄 사함과, 거듭남을 입은 자만이 누릴 수 있는 평강이 함께 하기를 원한다고 하였습니다.

그러면서 아가야 지역의 교회 안에서 예수 그리스도를 위해 수고하는 성도들과, 성령께서 주시는 근본적인 죄 사함을 받아 거듭나기(새로 태어나기)를 원하며 예수가 그 하나님이심을 믿는 자들, 그리고 예수 이름을 부르며 예수를 구원자로 믿는다고 말은 하지만 아직 그 믿음에 굳게 서지 못한 자들에게도 문안한다고 했습니다.

디모데는 헬라계 부친과 히브리(유대계)인 모친 사이에서 태어나 예수 그리스도 안의 신앙의 가정에서 자라[94] 바울의 1차 전도 여행 때 그리스도를 믿게 된 바울의 제자로서 루스드라 지역과 이고니온 지역에 있는 형제들에게도 칭찬을 받는 자이며 사도 바울과 함께 예수 그리스도에 관한 복음을 전하는 동역자이기도 합니다.

이전에 디모데는 고린도 교회의 교인들 중 예수의 이름을

---

94 혹자는 유대교 신앙에서 기독교 신앙으로의 전이가 어머니 때에 있었다고 보기도 하고 어머니인 유니게는 기독교도이며 디모데의 외할머니인 로이스가 유대교인에서 기독교인으로 변화되었다고 보기도 합니다. 시간적인 이해로 볼 때에는 로이스가 성전 유대교적인 사람이었을 것으로 보는 학자들도 있습니다.

부르나 아직 성령으로 거듭나지 못하여 영을 분별하지 못하고 다른 영들에 미혹되어 가르치는 자들과 그 가르침에 미혹된 자들을 위하여 고린도 교회에 가서 바른 복음을 가르친 일도 있었습니다. 그때 바울은 고린도 교인들에게 디모데가 가르친 교훈을 듣고 믿음을 굳게 지켜 디모데가 다시 바울에게 돌아올 때에는 모든 고린도 교인들의 믿음이 온전해짐을 보고 디모데가 편한 마음으로 떠날 수 있도록 당부하였습니다. 이후 바울이 돌아온 디모데로부터 고린도 교회와 아가야 지방 교회의 소식을 전해 듣고 고린도 지역에서 가르치는 자들과 아가야 지방의 성도들이 온전히 성령의 은혜를 입어 주님의 뜻을 따라 바른 믿음을 가질 수 있도록 응원하고 격려하기 위하여 쓴 두 번째 서신이 바로 <고린도후서>입니다.

바울은 성령으로 오셔서 속죄의 은혜를 베푸시며 우리를 구원하신 동일하신 이스라엘의 그 하나님이신 예수 그리스도를 찬송한다고 하였습니다. 그 하나님인 예수 그리스도를 구원자로 믿는 자들에게는 성령(주)의 능력으로 죄 사함을 주시고 거듭나게 하심으로 고린도 교회의 다른 교훈들로 미혹된 자들을 돌이켜 바울이 전하는 바른 복음에 순종하게 하고 하나님께 속하도록 하시므로 가르치는 자들과 가르침을 받는 자들에게 그분은 '위로의 하나님'이라고 한 것입니다.

주께서 부르신 사도들에게 예수가 그 하나님이심을 증거하게 하고 날마다 예수를 구원자로 믿는 자들을 많아지게 하셔서 속죄해 주시고 이들도 또한 복음 사역에 참여케 하시는 것은 바울의 능력도, 강요도, 사상도 아닌 하나님 스스로의 뜻이라고 말하고 있습니다.

이러한 일이 이루어지는 것이 바로 사도가 하나님께 받는 위로인 까닭은 주께서 다른 교훈들로 가르치는 자들이 회개하여 바울이 전한 복음을 믿을 수 있도록 역사하셔서 죄 사함의 은혜를 입게 하시고 거듭나게 하사 그 은혜 입은 자들이 다시 복음 사역에 기여하게 되었다는 것입니다.

즉, 바울이 전하지 않은 다른 교훈들로 가르쳤던 자들이 이제는 돌이켜서 사도들이 전파하는 복음으로 하나가 되어 성령의 은혜로 죄 사함을 받고 한 분이신 주의 일에 힘쓰는 자들이 되었기 때문에 이것을 두고 그리스도로 말미암아 위로가 넘친다고 한 것입니다.

또한 다른 교훈으로 가르치는 자들이 성령의 역사하심으로 변화를 입어 이들도 바르게 가르치는 자의 기쁨을 얻을 수 있도록 영적 환난 중에 있는 자들을 '능히 위로하게 하시는 그 하나님은 예수'라고 선포하고 있는 것입니다.

그러므로 주께 부르심을 받은 사도들이 환난을 겪는 것마저도 다른 교훈으로 가르치는 자들을 속죄의 은혜로 구원하기 위함이며 혹 위로 받는 것도 성령 안에서 너희들을 구원하기 위함이라고 한 것입니다.

또한 이 위로가 고린도와 아가야 지방의 모든 성도들이 사도들이 받는 것 같은 고난을 다 견디게 한다는 것입니다. 사도들이 고난과 환난 속에서도 끝까지 견디며 복음을 전하여 고린도 교회에서 바울이 전한 복음과 다른 교훈으로 가르쳤던 자들이 돌이켜 바울이 전한 바른 복음을 따르므로 사도와 그들 모두에게 위로가 된 것처럼 이러한 위로는 복음 사역에 동참한 이들 속에 성령께서 동일하게 역사하여 바른 복음을 가르치는 성도의 직임을 다할 수 있도록 한다는 것입니다.

고린도 교회와 아가야 지방의 교인들을 위한 사도들의 바램은 성도들이 어떤 고난에도 믿음을 지키고 직임을 다하여 사람들을 구원하는 구원의 역사가 날로 더해지는 것입니다. 그러므로 성령으로 역사하셔서 모든 교인들이 성령의 은혜로 죄 사함을 받아 거듭나서 구원에 이르게 하는 예수 그리스도가 창조자이자 근본적 구원자이신 그 하나님이심을 믿는다는 것입니다.

다시 말해, 예수의 복음을 전하고 성령께서 역사하심에 대하여 바로 가르치며 아직 성령의 은혜로 거듭나지 못한 자들이 복음을 듣고 성령의 은혜로 거듭날 수 있도록 하시는 이는 그 하나님이신 예수 그리스도 곧 성령님이라는 것입니다.

바울은 사도들이 복음을 증거하기 위해 아시아에서 받는 환난을 고린도 교회와 아가야 교회가 알기를 원한다고 했습니다(행 19:23). 이 환난을 당할 때는 사도들이 힘에 지나도록 심한 고생을 하며 살 소망까지 끊어지고 심지어 마음에 사형 선고를 받은 줄로 알았다고 했습니다. 그러나 이런 환난은 사도들로 자신을 의지하지 말고 오직 죽은 자를 다시 살리시는 그 하나님만 의지하게 하심이라고 했습니다. 또, 이러한 연단은 사도들의 믿음을 더더욱 굳건하게 만들어 준다는 것입니다.

사도들이 아시아에서 다른 신들을 섬기는 자들에게 복음을 전할 때 성령께서 사도들과 함께 역사하셔서 예수가 그 창조자 하나님이심을 믿지 않았던 자들이 돌이켜 예수를 믿는 자들의 수가 많아졌을 뿐만 아니라 계속 복음을 전파할 수 있도록 사도들을 성령께서 인도해 주셨다고 서술하고 있습니다. 사도들에게는 고난이 넘쳤지만 그 하나님이신 예수 그리스도로 말미암아 위로도 넘치게 하셨다는 것입니다. 그 하나님께서 이같이 바울을 비롯한 사도들이 믿지 아니하는 자들에 의하여 죽을 수밖에 없었으나 건져주셨고 또 사도들이 복음을 전할 수 있도록 성령께서 역사해 주시고 사도들은 역사하시는 그 성령을 의지한다고 했습니다.

그러므로 성도들은 그리스도의 고난에 동참하여 성도의 직임을 다하고 많은 교인들이 참으로 거듭나 그리스도의 구속 사역에 동참할 수 있도록 참고 믿음으로 살기를 바란다고 당부하는 것입니다. 그리스도의 고난에 동참한다는 것은 단순한 개인적 어려움에 동참한다는 것이 아니라 하나님의 뜻을 이루는 그 일에서 맞이하게 되는 반대적인 일들을 견디고 이기어 냄을 믿음 안에서 한다는 뜻입니다.

바울의 부탁은 고린도와 아가야의 성도들에게 바울이 전한 복음을 따르지 않는 자들을 돌이키게 하여서 바울이 전한 예수 그리스도에 관한 복음을 믿을 수 있도록 전념하라는 것입니다. 이는 바울이 전한 복음을 따라 많은 무리가 믿음으로 인하여서 하나님의 뜻을 이루는 일에 기여하게 되며 감사하게 하려 함이라는 것입니다.

1장 12절 – 14절

○ 12 우리가 세상에서 특별히 너희에 대하여 하나님의 거룩함과 진실
함으로 행하되 육체의 지혜로 하지 아니하고 하나님의 은혜로 행함은
우리 양심이 증언하는 바니 이것이 우리의 자랑이라 13 오직 너희가
읽고 아는 것 외에 우리가 다른 것을 쓰지 아니하노니 너희가 완전히
알기를 내가 바라는 것은 14 너희가 우리를 부분적으로 알았으나 우
리 주 예수의 날에는 너희가 우리의 자랑이 되고 우리가 너희의 자랑
이 되는 그것이라

바울은 고린도 교회와 아가야 지방에서 예수의 복음을 증거하며 가르친 것은 하나님이 주신 거룩함과 진실함으로 한 것이며 육체의 지혜로 행한 것이 아니라고 하였습니다. 다시 말해 사람의 방법들로 복음을 전하지 않았다는 것입니다. 바울이 전한 복음을 들어 믿음으로 말미암아 성령께서 역사해 주셔서 거듭난 성도(구별된 무리)가 많아지고 구원에 이를 수 있는 것은 그것이 바로 참된 하나님의 말씀이기 때문입니다.

이와 같이 하나님의 은혜로 바울과 사도들이 예수 그리스도

에 대하여 가르치며 사도의 직임을 행한 것은 사도들 자신의 양심이 증거하는 바이며 이것이 주께서 사도로 부르신 자들의 자랑이라고 한 것입니다. 바울을 비롯한 사도들이 하나님의 뜻을 따라 예수가 그 하나님이심을 전하고 성령의 인도하심으로 조명된 그 가르침은 구원에 이르는 그 하나님의 은혜이며 오직 사도들이 바른 복음만을 증거했다는 증언입니다.

바울은 예수가 그 하나님이심을 가르친 것이며 고린도 지역과 아가야 지방의 교인들에게 편지를 써 보낸 것 외에 다른 것을 쓰지 않는 것은 모든 교인들이 바울이 전에 가르치고 쓴 복음을 끝까지 알기를 바라기 때문이라는 것입니다. 교인들이 바울을 비롯한 사도들을 주의 종으로 알아 교인들 모두가 바울이 증거한 복음을 믿어 성령으로 거듭나서 구원에 이르러 이들이 사도들의 자랑이 되고 사도들이 성도가 된 자들의 자랑이 되는 것이라고 한 것입니다.

그러기에 바울이 전하는 복음을 따라서 믿음을 가진 자들은 성령 안에서 거듭나서 주님의 역사, 곧 복음을 전파하는 그 일에 동참할 수 있도록 맡은 바 직임을 다하라는 것입니다. 먼저 고린도 교회에 다른 교훈을 좇고 있는 자들을 돌이켜 바울이 전한 복음을 믿음으로 성령으로 거듭날 수 있도록 성도들은 최선을 다해야 한다는 것입니다. 그렇게 함으로써 모든 교인들이 성령 안에서 바르게 거듭나 복음 사역에 이바지하게 되며 복음을 가르치는 자들과 가르침을 받는 자들 모두가 한 하나님께 속하여 심판에 이르지 아니하고 영생에 이를 수 있기를 바란다는 뜻입니다.

1장 15절 – 22절

○ 15 내가 이 확신을 가지고 너희로 두 번 은혜를 얻게 하기 위하여
먼저 너희에게 이르렀다가 16 너희를 지나 마게도냐로 갔다가 다시
마게도냐에서 너희에게 가서 너희의 도움으로 유대로 가기를 계획하였
으니 17 이렇게 계획할 때에 어찌 경솔히 하였으리요 혹 계획하기를
육체를 따라 계획하여 예 예 하면서 아니라 아니라 하는 일이 내게 있
겠느냐 18 하나님은 미쁘시니라 우리가 너희에게 한 말은 예 하고
아니라 함이 없노라 19 우리 곧 나와 실루아노와 디모데로 말미암아
너희 가운데 전파된 하나님의 아들 예수 그리스도는 예 하고 아니라
함이 되지 아니하셨으니 그에게는 예만 되었느니라 20 하나님의 약
속은 얼마든지 그리스도 안에서 예가 되니 그런즉 그로 말미암아 우리
가 아멘 하여 하나님께 영광을 돌리게 되느니라 21 우리를 너희와
함께 그리스도 안에서 굳건하게 하시고 우리에게 기름을 부으신 이는
하나님이시니 22 그가 또한 우리에게 인치시고 보증으로 우리 마음
(안)에 성령을 주셨느니라

바울은 확신을 가지고 고린도 교회와 아가야 지역의 교인들이 (예수 그리스도에 관한 소식을) 두 번 들을 수 있도록 계획이 되었다고 합니다. 고린도 교인들에게 두 번 듣게 하여 복음의 본질인 그 하나님이신 예수 그리스도를 온전히 믿고 그 성령의 인도하심을 받아 그들이 은혜, 곧 속죄를 얻게 하려 했다는 것입니다.

바울이 복음의 확신을 가지고 먼저 고린도에 가서 복음을 조명하여 가르친 후 마게도냐에 갔다가 마게도냐에서 고린도로 가서 복음을 재조명한 후 고린도 성도들이 보내어 줌으로 유대로 가기를 계획하였으며 이렇게 계획할 때에 자신의 의지대로 '예' 하고 '아니라' 하는 일이 바울 자신에게 있었겠느냐고 하는 것은 이것이 전적인 성령께서 인도하심이라고 가리키는 것입니다.

바울이 여러 지방으로 다니면서 복음을 전하려고 했던 것은 성령의 인도하심으로 더 많은 교인들이 바울이 전한 복음을 좇아 성령으로 죄 사함을 받아 하나님께서 원하신 뜻을 이루게 하시기 위한 것이 목적이라는 것입니다.

하나님은 능력을 주시며 긍휼과 자비가 풍성하신 분으로 하나님의 뜻을 이루기 위하여 그 뜻을 알도록 예언하게 하시고, 그 기록된 예언대로 예수 그리스도께서 이 땅에 오셨으며, 십자가의 고난과 부활을 통하여 그 하나님이심을 나타내셨고 그 예수께서 오순절 성령으로 오셔서 역사하심으로 말미암아 기독교의 역사가 시작된 것입니다. 그러므로 우리 시대에는 하나님께서 성령으로 인도하시며 그 일을 이루시는 분이라는 것을 바울은 믿는다고 한 것입니다.

그리고 바울을 비롯한 사도들이 전한 복음은 예수 그리스도 '그 하나님의 말씀'이며 하나님의 뜻이라는 것을 표현한 것입니다.

바울과 실루아노와 디모데로 말미암아 고린도와 아가야 교회에 전파된 하나님의 아들, 예수 그리스도로 성경에 기록된 그분은 그 하나님이시며 구약성경에 예언된 모든 말씀은 예수로 말미암아 다 이루시어 '예'만 되었다는 것입니다.

하나님의 약속은 얼마든지 주 안에서 '예'가 되어, 즉 '아멘'이 되어 바울을 비롯한 사도들이 전파한 대로 그 예수가 하나님이심을 믿으면 성령을 통하여 죄 사함을 주셔서 구원에 이르게 되며, 예수 그리스도의 영으로 말미암아 성도들이 각각의 직임을 다하는 수고를 하여 주님의 뜻대로 이루어지리라고 선언한 것이며 그 일을 '아멘'하는 행위가 하나님께 영광을 돌리게 된다고 한 것입니다.

복음을 전하는 바울을 비롯한 사도들을 고린도 교회들과 아가야 지방을 비롯해 여러 곳에 흩어져 있는 성도들과 함께 그리스도 안에서 각자의 직임을 다할 수 있도록 믿음으로 견고케 하시고 사도들을 사역자로 부르셔서 주님의 역사에 동참케 하시는 이는 그 하나님이라고 했습니다.

하나님께서 또한 바울을 비롯한 사도들을 구별되게 인치시고 보증으로 영분별 할 수 있는 성령으로 역사하셔서 사도들의 마음에 믿게 해 주셨다는 것입니다.

1장 23절 – 2장 4절

○ 23 내가 내 목숨을 걸고 하나님을 불러 증언하시게 하노니 내가 다
시 고린도에 가지 아니한 것은 너희를 아끼려 함이라 24 우리가 너
희 믿음을 주관하려는 것이 아니요 오직 너희 기쁨을 돕는 자가 되려
함이니 이는 너희가 믿음에 섰음이라 ○ 2:1 내가 다시는 너희에게
근심 중에 나아가지 아니하기로 스스로 결심하였노니 2 내가 너희를
근심하게 한다면 내가 근심하게 한 자밖에 나를 기쁘게 할 자가 누구

냐 3 내가 이같이 쓴 것은 내가 갈 때에 마땅히 나를 기쁘게 할 자
로부터 도리어 근심을 얻을까 염려함이요 또 너희 모두에 대한 나의
기쁨이 너희 모두의 기쁨인 줄 확신함이로라 4 내가 마음에 큰 눌림
과 걱정이 있어 많은 눈물로 너희에게 썼노니 이는 너희로 근심하게
하려 한 것이 아니요 오직 내가 너희를 향하여 넘치는 사랑이 있음을
너희로 알게 하려 함이라

바울은 자신의 '목숨을 걸고 하나님을 불러 증거하게 하노니'라고 표현하고 있습니다. 스스로 사도가 된 것이 아니라 주께서 직무를 주고 세워주신 참 사도임을 나타내는 것입니다. 사도 바울이 마게도냐 지역으로 갔다가 다시 고린도 지역으로 가려고 했었지만 가지 못하고 드로와를 거쳐 마게도냐로 직접 가게 된 것은 고린도에 가지 않은 것이 고린도 교인들을 '아끼려 함'이라고 했습니다. 이렇게 말하는 것은 바울이 고린도전서에서 '내가 너희에게 나아갈 때에 매를 가지고 나아가랴 칭찬을 가지고 나아가랴'고 물었고 가서 각자의 능력을 시험해 보아 돌이키지 않는 자들은 용서하지 않겠다고 하였기 때문입니다.

바울이 전한 복음대로 가르치지 아니하고 다른 교훈을 가르치는 자들이 돌이켜 성령의 은혜를 입고 바울이 전한 복음과

같이 전할 수 있도록 하기 위하여 시간을 주었다는 것입니다. 다시 말하자면 회개의 시간을 준다는 뜻입니다.

그러므로 바울은 고린도 교회에 다른 교훈으로 가르치는 자들이 회개하고 바른 믿음을 가지기를 원하는 것이며, 그들을 인간적인 잣대로 판단하고 용서치 아니함이 아니라 다만 그들의 기쁨을 돕는 자가 되려 함이라는 것입니다. 모두가 바울이 전하는 복음을 따라서 성령 안에 거하며 주님이 이루시는 그 역사에 동참하게 됨을 기뻐할 수 있게 되고 그 일에 바울이 먼저 돕는 자가 되려 한다는 것입니다.

따라서 다른 교훈에 미혹되었던 그들이 다시 돌이켜 바른 복음으로 돌아오고 있고, 다시 이들이 예수 그리스도의 복음 사역에 이바지하는 것은 아름다운 일이라고 말하면서 그들에 대한 신뢰를 표현하고 있습니다.

바울은 다시 근심하는 마음으로 고린도 지역 교회에 가지 않기로 스스로 결단하였다고 말하고 있습니다. 바울이 고린도 교회에 가서 다른 교훈들로써 가르치는 자들을 용서치 아니하여 그들을 근심하게 하면 바울이 구원에 이르기를 소망한 교인들까지 근심하게 하는 것이 되므로 나아가지 아니하기로 결단하였던 것입니다. 이를 설명하기 위해 바울은 고린도에 갈 때에 마땅히 바울 자신을 기쁘게 할 자들로부터 도리어 근심(함)을 얻을까 염려함이라고 했습니다. 고린도 교회의 온 교인과 아가야 지방의 온 성도들에 대한 바울 자신의 기쁨은 바울이 전한 복음을 믿어 다른 교훈들에서 돌이켜 성령의 은혜 안에서 주를 위한 복음 사역에 동참하게 되는 것인 줄 확신함이라고 말하고 있습니다.

또한 바울이 전한 복음에 의하여 고린도 지역 교회가 세워졌으나 고린도 지역 교회에 거짓 교사들에 의하여 왜곡되고 변질된 가르침들이 퍼지는 일들이 발생하여 바울은 그들이 다시 참 복음안에 있게 하기 위하여 열심히 수고했다고 서술하고 있습니다.

믿음이 약한(어린) 고린도 교회의 교인들 중 일부는 사람이 알아들을 수 없는 방언을 가르치는 자들의 행위와 교훈들을 성령이라고 인식하며 따라가므로 바울이 마음에 큰 환난과 애통한 마음이 있어 많은 눈물로 다시 고린도 교인들에게 복음에 대하여 바로 알게 하기 위해 서신을 쓴다고 했습니다. 이것이 고린도후서입니다.

고린도교회 안에 들어와 있는 잘못된 방언의 역사를 분별하여 그것이 잘못된 것임을 지적하고 성령의 역사하심을 복음 자체로서 바르게 가르쳐 헛된 방언의 영에 매여 있는 그들을 경계하며 경고하기 위하여 서신을 보냈다는 것입니다. 여기에서 우리가 꼭 알아야할 것은 사람이 알아들을 수 없는 방언은 기독교의 전유물이 아니라는 것입니다. 타종교에도 신비주의적 현상의 하나로 방언의 사건들은 일어납니다. 그러므로 '방언'이라 불리는 현상 자체가 모두 성령의 일이라 봐서는 안됩니다.

바울이 권면하고 지적하는 서신으로 인하여 다른 교훈을 따르던 자들이 돌이켜서 바울이 전한 복음을 믿어 성령으로 거듭나 다시 믿음 안에 있게 됨으로 고린도 교회의 모든 교인들은 그들을 주께서 사랑함을 알게 함이라고 한 것입니다.

사랑하는 것이란 복음을 바르게 가르쳐 성령께서 역사하여 주심으로 예수 그리스도를 믿어 죄 사함을 받아 성령 안에 거할 수 있도록 하는 것과 예수 그리스도 안에서 영원한 생명을 얻게 하는 것입니다.

2장 5절 - 11절

○ 5 근심하게 한 자가 있었을지라도 나를 근심하게 한 것이 아니요
어느 정도 너희 모두를 근심하게 한 것이니 어느 정도라 함은 내가 너
무 지나치게 말하지 아니하려 함이라 6 이러한 사람은 많은 사람에
게서 벌받는 것이 마땅하도다 7 그런즉 너희는 차라리 그를 용서하
고 위로할 것이니 그가 너무 많은 근심에 잠길까 두려워하노라 8 그
러므로 너희를 권하노니 사랑을 그들에게 나타내라 9 너희가 범사에
순종하는지 그 증거를 알고자 하여 내가 이것을 너희에게 썼노라 10
너희가 무슨 일에든지 누구를 용서하면 나도 그리하고 내가 만일 용서
한 일이 있으면 용서한 그것은 너희를 위하여 그리스도 앞에서 한 것
이니 11 이는 우리로 사탄에게 속지 않게 하려 함이라 우리는 그 계
책을 알지 못하는 바가 아니로라

바울이 전에 쓴 편지(고린도 전서)로 인하여 바울이 전한 복음이 아닌 다른 교훈으로 가르친 어떤 자가 그 교훈을 따르는 자를 돌이키지 못하도록 근심하게 한 자가 있었을지라도 바울은 근심하게 한 것이 아니라는 것입니다.

오히려 바울이 쓴 편지를 보고 다른 교훈으로 가르치는 자가 다른 교훈을 좇는 무리를 근심하게 한 것이며 다른 교훈을 좇는 자의 수를 '어느 정도'라고 표현한 것은 수적으로 많은

교인들이 다른 교훈들을 가르치는 자에게 미혹되어 있기 때문에 그들을 돌이키게 하기 위해 직설을 피하고 우회적으로 권면하는 것입니다. 무엇보다 사람이 근심하는 것으로는 어떤 것도 이룰 수 없는 것이며 다만 이루시게 하시는 분은 그 하나님이신 예수 그리스도이기 때문입니다.

그리고 다른 교훈을 가르치며 따르게 하였던 자들이 바울이 쓴 편지를 보고 많은 사람에게서 잘못된 가르침이었음을 지적받고 벌받은 것이 족하다고 하였습니다. 이제 성령 안에 거하는 자들에게 징계와 지적과 권함을 많이 들어 자신들이 잘못된 교육에 머물러 있다는 것을 알았을 것이니 이전의 행위는 다 개의치 말고 참 복음에 순종하며 주님이 이루시는 일에 동참하라는 것입니다.

정리해 보면 사람이 알아들을 수 없는 방언을 말하는 것이 성령의 역사라고 가르치며 교회를 주관하는 자들이 많았기 때문에 바울이 이들로 하여금 근심하게 하여 돌이킬 수 있도록 편지를 강하게 표현하여 썼다는 것입니다.

바울은 이런 자들에게 교회에서는 잠잠하고 말하지 말라고 절제시키며 교인들이 거짓으로 가르치는 그들의 행위를 본받지 않고 그들의 교훈을 따르지 않고 경계하는 것으로 이런 사람이 많은 사람에게 벌받은 것이 족하다고 하며 이제 사랑 안에 있으라고 한 것입니다. 그들이 회개하여 돌이킬 수 있도록 돕고 진정한 예수 그리스도를 다시 바르게 가르치는 것이 사랑의 행위인 것입니다.

바울이 영적으로 분별하여 다른 교훈들에 빠져 있는 자들을 지적하고 권징하는 내용들을 써서 지적 받은 사람들이 교회의 많은 사람에게 책망받는 것으로 족하니 교회 안의 성도들은 이들을 용서하고 위로하라는 것입니다.

그들이 성령의 역사인 줄 알고 사람이 알아들을 수 없는 방언을 하면서 성령의 임재라고 주장했던 것은 영적 무지함과 부족한 복음의 이해에서 기인한 것입니다. 오늘날에도 사람이 알아들을 수 없는 말로 기도를 한다고 하면서 그것이 성경적 방언이라고 하며 성령의 역사라고 인식하는 사람들이 많습니다.

참으로 통탄할 일입니다. 그런 사람들은 고린도 전, 후서를 바르게 이해하고 초대 교회에 성령이 역사했던 기록인 사도행전 2장에 기록된 방언과 고린도전서에 나타난 사람이 알아들을 수 없는 방언의 차이를 분별할 줄 알아야 합니다.

사도행전의 사도들이 복음을 전파할 때는 알아들을 수 없는 소리의 방언으로 한 것이 아니라 당시에 사용하는 언어로서 예수 그리스도의 십자가의 고난과 부활, 성령으로 다시 오셔서 우리 가운데 역사하는 것을 전했습니다. 오순절 날 예루살렘에 있었던 디아스포라 유대인들은 사도들이 전하는 복음을 자신들이 태어난 곳의 언어로 듣게 되었던 것입니다.

성경에 나타난 참된 방언, 성경적인 방언은 말로 하는 것이 아닙니다. 자신이 사용하는 개별 언어로 복음을 듣게 했던 것이 참 성령의 역사로서의 방언입니다.

그래서 고린도 교회에서 거짓 교사들에 의하여 행해지던, 사람이 알아들을 수 없는 방언은 다른 영의 역사이며, 마귀가 성령을 가장했던 현상인 것입니다.

고린도 교인들이 거짓 교사들의 가르침에 미혹되어 교회가 많은 어려움을 당하고 영분별을 할 수 없기 때문에 사단의 영적 역사가 성령의 역사로 가장되었던 문제를 해결하기 위해서

바울은 고린도 교회에 편지를 두 번씩이나 썼던 것입니다. [95]

바울은 자신의 편지를 통해 지적을 받은 이들이 너무 많은 근심에 잠겨 실족할까 염려한다고 쓰고 있습니다. 그러기에 성도들은 성령의 역사하심에 대하여 바로 깨달아 혀로써 알아들을 수 없는 방언이 성령의 임재인 줄 착각하는 그들에게 바른 교훈(복음)으로 다시 잘 가르쳐 그들이 다시 돌이켜 성령의 은혜 안에 거할 수 있도록 도움을 주라고 하는 것입니다.

이렇게 하는 것이 하나님의 사랑을 나타내는 것이며 성도 무리는 이들이 바른 복음으로 돌이켜 성령의 은혜를 확실하게 입을 수 있도록 최선을 다하여 오직 단순한 바른 복음만을 가르치라는 것입니다.

바울이 이들을 어느 정도 징계(권징)하라고 쓴 것은 다른 교인들이 미혹당하지 않도록 하기 위함이지, 다른 교훈들에 미혹된 그들을 버리기 위함이 아니었습니다. 입으로는 예수의 이름

---

[95] 혹자는 후서가 먼저이고 전서가 뒤에 보냈다든지, 전서 이전에 한편의 누락된 서신이 있었다고 보기도 합니다. 고린도 전후서는 그러므로 같이 읽게 되었을 때에 전체적인 상황을 조망할 수 있다고 봅니다.

을 부르면서 다른 영을 좇아 주께로부터 은사를 받은 것처럼 자랑하는 자들을 책망하고 영원히 정죄하기 위한 목적이 아니라 그들을 다시 돌이켜 예수 그리스도의 은혜 안에서 속죄함을 받고 진정한 하나님의 자녀가 되기를 원하여 고린도 교인들에게 촉구하고 있는 것입니다.

그러므로 고린도 교회의 교인들은 바울의 진정한 의도를 알고 주님께서 원하시는 뜻이 무엇인지 깨달아 교인들 모두가 성령의 은혜로 죄 사함 받아 구원에 이를 수 있도록 예수 그리스도의 (인내의) 사랑 안에서 가르쳐야 한다는 것입니다.

고린도 교인들이 용서하고 사랑으로 가르쳐 다른 교훈을 따르던 것에서 돌이키게 한다면 바울도 성도들이 하는 일에 대하여 인정할 것이라는 것입니다.

주를 위해 부르심을 받은 우리가 어찌하든지 예수의 이름을 부르는 교인이라면 끝까지 서로를 정죄하지 않고 용서하며 바르게 가르쳐서 성령의 은혜로 죄 사함을 받고 거듭날 수 있도록 하기 위하여 힘쓰라는 것입니다.

이것은 사도들이 믿음이 연약한 교인들을 미혹하고 성령을 가장하여 훼방하고자 하는 것이 사단의 궤계임을 알고 있기 때문이며, 그렇기에 미혹 당한 자를 용서하고 예수 그리스도의 사랑을 나타내어 돌이킬 수 있도록 하라고 한 것입니다. 이를 사단에게 속지 않게 하려 함이라고 표현한 것입니다.

사단은 고린도 교인들이 성령의 은혜로 속죄 받을 수 없도록 하기 위하여 성령을 가장하여 사람이 알아들을 수 없는 방언의 징표를 나타내 미혹했던 것입니다. 그러나 성령의 역사는 누구든지 예수를 그 구원자 하나님으로 믿게 하여 죄 사함을 주시고 은혜 안에 거하게 하는 것입니다. 그러므로 일부 다른 영을 따라가며 영분별하지 못하는 교인들을 용서하고 그들을 위로하여 예수가 그 하나님이심을 가르치고 성령의 은혜로 거듭날 수 있도록 예수 그리스도의 사랑을 나타내라는 것입니다.

2장 12절 – 3장 11절

○ 12 내가 그리스도의 복음을 위하여 드로아에 이르매 주 안에서 문
이 내게 열렸으되 13 내가 내 형제 디도를 만나지 못하므로 내 심령
이 편하지 못하여 그들을 작별하고 마게도냐로 갔노라 14 항상 우리
를 그리스도 안에서 이기게 하시고 우리로 말미암아 각처에서 그리스
도를 아는 냄새를 나타내시는 하나님께 감사하노라 15 우리는 구원

받는 자들에게나 망하는 자들에게나 하나님 앞에서 그리스도의 향기니
16 이 사람에게는 사망으로부터 사망에 이르는 냄새요 저 사람에게는
생명으로부터 생명에 이르는 냄새라 누가 이 일을 감당하리요 17 우
리는 수많은 사람들처럼 하나님의 말씀을 혼잡하게 하지 아니하고 곧
순전함으로 하나님께 받은 것 같이 하나님 앞에서와 그리스도 안에서
말하노라 ○ 3:1 우리가 다시 자천하기를 시작하겠느냐 우리가 어찌
어떤 사람처럼 추천서를 너희에게 부치거나 혹은 너희에게 받거나 할
필요가 있느냐 2 너희는 우리의 편지라 우리 마음에 썼고 뭇 사람이
알고 읽는 바라 3 너희는 우리로 말미암아 나타난 그리스도의 편지
니 이는 먹으로 쓴 것이 아니요 오직 살아 계신 하나님의 영으로 쓴
것이며 또 돌판에 쓴 것이 아니요 오직 육의 마음판에 쓴 것이라 4
우리가 그리스도로 말미암아 하나님을 향하여 이같은 확신이 있으니
5 우리가 무슨 일이든지 우리에게서 난 것 같이 스스로 만족할 것이
아니니 우리의 만족은 오직 하나님으로부터 나느니라 6 그가 또한
우리를 새 언약의 일꾼 되기에 만족하게 하셨으니 율법 조문으로 하지
아니하고 오직 영으로 함이니 율법 조문은 죽이는 것이요 영은 살리는
것이니라 7 돌에 써서 새긴 죽게 하는 율법 조문의 직분도 영광이
있어 이스라엘 자손들은 모세의 얼굴의 없어질 영광 때문에도 그 얼굴
을 주목하지 못하였거든 8 하물며 영의 직분은 더욱 영광이 있지 아
니하겠느냐 9 정죄의 직분도 영광이 있은즉 의의 직분은 영광이 더
욱 넘치리라 10 영광되었던 것이 더 큰 영광으로 말미암아 이에 영
광될 것이 없으나 11 없어질 것도 영광으로 말미암았은즉 길이 있을
것은 더욱 영광 가운데 있느니라

바울은 예수 그리스도가 그 하나님이심을 가르치기 위하여 드로아 지역에 갔으며 예수 그리스도의 은혜로 복음을 전할 수 있는 기회가 왔다는 것입니다. 그러나 바울은 형제 디도를 만나지 못하므로 마음이 편하지 못하여 그들을 작별하고 마게도냐 지방으로 갔다고 하였습니다. 그럼에도 항상 예수 그리스도 안에서 승리하게 하시고 각처에서 예수 그리스도를 나타내게 하시는 하나님께 감사한다고 하는 것입니다.

구원을 받는 자들에게나 망하는(영원히 죽는) 자들에게나 하나님 앞에서 그리스도의 복음사역자이므로 어떤 사람에게는 사망으로부터 사망에 이르는 것이 되기도 하고 또 다른 사람에게는 생명으로부터 생명에 이르게 하는 그 하나님이신 예수 그리스도의 은혜가 되기에 그 일은 아무나 감당하는 것이 아니라 사역자들이 감당하리라는 것입니다.

복음을 맡은 사도들은 다른 교훈들을 가르치는 사람들처럼 하나님의 말씀을 혼잡하게 말하지 아니하고 오직 예수 그리스도는 그 하나님이시라는 것을 전한다는 것입니다. 왜냐하면 그가 우리의 유일한 속죄자이시기 때문이라는 것입니다.

3장

바울은 어떤 천거서를 가지고 다니는 것이 아니었습니다. 또한 추천서를 받은 것도 아니었습니다. 그 이유는 바울이 고린도 지역에 복음을 전하여 고린도 교회가 형성되었으므로 그 자체가 확실한 증거라는 것입니다. 그래서 바울은 말하기를 '너희는 우리 편지(서신/계약서)라 우리 마음에 썼고 뭇사람이 알고 읽는 바'라고 한 것입니다. 고린도 교인들은 바울이 복음을 전함으로 인하여 나타난 예수 그리스도의 은혜의 편지이며 이는 먹[96]으로 쓴 것이 아니며 오직 살아계신 그 하나님의 영으로 쓴 것이며 또 돌판에 쓴 것이 아니라 오직 육신(들)의 마음 판(들)에 쓴 것이라고 한 것입니다.

고린도 교회는 사람의 방법으로가 아니라 성령께서 역사하셔서 예수가 그 하나님이심을 전하므로 그들이 받아들여 교회가 되었습니다. 교회란 성령의 은혜를 입은 사람들이 모이는

---

[96] 이것은 한국적인 문화 번역을 한 사례입니다. 원래의 그리스어 본문에는 잉크[멜라니]로 기록되어 있습니다.

공동체입니다. 그러나 오늘날은 예배당의 건물을 가리켜 교회라고 칭하는 시대입니다. 건물 자체는 교회가 아닙니다. 예배하는 장소는 '예배당'으로 인식하는 것이 바르게 아는 것입니다. 이것은 장소를 거룩하게 인식하는 것조차 우상숭배가 되기 때문입니다. 주님은 하늘에만 계시거나 특정 장소에만 계신 것이 아니라 우리의 삶 속에 역동적으로 역사하시며 계시기 때문입니다.

복음을 전하는 사도들은 그 하나님이신 예수 그리스도로 인하여 복음의 확장을 확신한다고 전하고 있습니다. 왜냐하면 자신들이 전하는 것은 자신들이 만들어 낸 말이 아니라 성령께서 알고 깨닫게 해 주셨기에 예수가 그 하나님이심을 전하는 것이고, 이는 다름아닌 하나님께로부터 난 것이라고 하는 것입니다.

그래서 율법조문으로 하지 아니하고 오직 영으로 함이니 율법적 조문은 죽이는 것이요 (예수 그리스도의) 영은 살리는 것이라고 한 것입니다. 이는 바울이 예수님께서 '살리는 것은 영이니 육은 무익하니라[97]'라고 하신 말씀을 인용한 것입니다.

또 바울은 "돌판에 새겨 써서 죽게 하는 율법의 직분도 영광이 있어 이스라엘 자손들은 모세의 얼굴의 없어질 영광 때문에도 그 얼굴을 주목하지 못하였거든"이라고 적고 있습니다. 모세가 시내산에서 돌비를 받아 내려올 때에 그 얼굴에 광채가 나서 사람들이 쳐다보지 못하고 얼굴을 가리웠던 것을 들어 율법과 은혜의 차이점을 설명하고 있습니다.

바울이 이렇게 설명하는 것을 볼 때 편지의 수신자들은 우리가 알고 있는 단순한 이방인이 아니라 구약성경에 대한 이해가 있었던 디아스포라 유대인들임을 알 수 있습니다.

그러므로 우리에게 주어진 복음을 전하는 직분은 더욱 영광이 있지 아니하겠느냐고 한 것은 모세보다 더한 직분으로 우리가 복음의 사역자들로 세움을 입었다는 의미입니다.

다시 말해 율법의 직분도 영광이 있은즉 그 하나님이신 예수께서 성령으로 역사하시는 직분은 영광이 더욱 넘치리라는

---

97 요한 6:63

것입니다.

"영광되었던 것이 더 큰 영광으로 인하여"라고 표현한 것은 모세를 통하여 율법을 지키고 제사로 말미암아 속죄 받았던 것보다 예수 그리스도께서 오셔서 그를 그 하나님이심을 믿음으로 말미암아 속죄해 주시는 것이 더 큰 영광이라는 것입니다. 폐해질 율법[98]으로 과거에는 속죄를 받았으나 영원한 속죄의 은혜를 베풀고 생명을 얻게 하는 그 일(사역)은 성육신한 하나님이신 예수 그리스도로 말미암아 이루어지는 일이기 때문에 더욱 영광 가운데 있다고 한 것입니다.

3장 12절 – 4장 15절

○ 12 우리가 이같은 소망이 있으므로 담대히 말하노니 13 우리는
모세가 이스라엘 자손들에게 장차 없어질 것의 결국을 주목하지 못하
게 하려고 수건을 그 얼굴에 쓴 것 같이 아니하노라 14 그러나 그들
의 마음이 완고하여 오늘까지도 구약을 읽을 때에 그 수건이 벗겨지지
아니하고 있으니 그 수건은 그리스도 안에서 없어질 것이라 15 오늘
까지 모세의 글을 읽을 때에 수건이 그 마음을 덮었도다 16 그러나

98 축자 해석의 율법

언제든지 주께로 돌아가면 그 수건이 벗겨지리라 17 주는 영이시니
주의 영이 계신 곳에는 자유가 있느니라 18 우리가 다 수건을 벗은
얼굴로 거울을 보는 것 같이 주의 영광을 보매 그와 같은 형상으로 변
화하여 영광에서 영광에 이르니 곧 주의 영으로 말미암음이니라
○ 4:1 그러므로 우리가 이 직분을 받아 긍휼하심을 입은 대로 낙심하
지 아니하고 2 이에 숨은 부끄러움의 일을 버리고 속임으로 행하지
아니하며 하나님의 말씀을 혼잡하게 하지 아니하고 오직 진리를 나타
냄으로 하나님 앞에서 각 사람의 양심에 대하여 스스로 추천하노라
3 만일 우리의 복음이 가리었으면 망하는 자들에게 가리어진 것이라
4 그 중에 이 세상의 신이 믿지 아니하는 자들의 마음을 혼미하게 하
여 그리스도의 영광의 복음의 광채가 비치지 못하게 함이니 그리스도
는 하나님의 형상이니라 5 우리는 우리를 전파하는 것이 아니라 오
직 그리스도 예수의 주 되신 것과 또 예수를 위하여 우리가 너희의 종
된 것을 전파함이라 6 어두운 데에 빛이 비치라 말씀하셨던 그 하나
님께서 예수 그리스도의 얼굴에 있는 하나님의 영광을 아는 빛을 우리
마음에 비추셨느니라 7 우리가 이 보배를 질그릇에 가졌으니 이는
심히 큰 능력은 하나님께 있고 우리에게 있지 아니함을 알게 하려 함
이라 8 우리가 사방으로 우겨쌈을 당하여도 싸이지 아니하며 답답한
일을 당하여도 낙심하지 아니하며 9 박해를 받아도 버린 바 되지 아
니하며 거꾸러뜨림을 당하여도 망하지 아니하고 10 우리가 항상 예
수의 죽음을 몸에 짊어짐은 예수의 생명이 또한 우리 몸에 나타나게
하려 함이라 11 우리 살아 있는 자가 항상 예수를 위하여 죽음에 넘
겨짐은 예수의 생명이 또한 우리 죽을 육체에 나타나게 하려 함이라

12 그런즉 사망은 우리 안에서 역사하고 생명은 너희 안에서 역사하느
니라 13 기록된 바 내가 믿었으므로 말하였다 한 것 같이 우리가 같
은 믿음의 마음을 가졌으니 우리도 믿었으므로 또한 말하노라 14 주
예수를 다시 살리신 이가 예수와 함께 우리도 다시 살리사 너희와 함
께 그 앞에 서게 하실 줄을 아노라 15 이는 모든 것이 너희를 위함
이니 많은 사람의 감사로 말미암아 은혜가 더하여 넘쳐서 하나님께 영
광을 돌리게 하려 함이라

바울은 부활의 소망이 있음으로 담대히 말한다고 하였습니다. 모세가 이스라엘 자손들에게 장차 없어질 율법에 주목하지 못하게 하려고 수건을 그 얼굴에 쓴 것 같이 아니하노라고 하였습니다. 율법은 의문(적힌 문자)에 의한 것이지만 은혜는 모든 사람들에게 믿기만 하면 다른 요구 없이 주시는 진정한 하나님의 은혜이기 때문입니다.

그러나 율법을 추종하는 그들은 마음이 완고하여 구약성경에 예수가 그 하나님이심으로 기록되었는데도 모세의 얼굴에 가렸던 수건이 그 마음을 덮었음으로 예수를 바로 알지 못했다고 하는 것입니다. 그러나 언제든지 예수가 그 하나님이심을 알고 믿으면 그 수건은 벗겨지리라는 것입니다.

주님은 영이시므로 성령으로 역사하시는 곳에는 정죄함으로

부터의 자유가 있다는 것입니다. 우리는 보통 죄에 대한 인식이 그 시대의 윤리와 도덕에 좌초되어 있지만 성경이 가르치는 근본적인 죄는 윤리와 도덕을 넘어 하나님의 반대자 사탄에 의하여 매여 있는 것입니다.

따라서 죄에 대하여 자유케 된다는 것은 영적인 자유입니다. 우리를 속죄하시는 그 하나님이신 예수께서 사단에 매여 있는 우리의 영적인 속박을 끊어 주시고 그리스도에게 속한 자로 만들어 주시는 것이 구속의 은혜인 것입니다. 그러므로 사람은 죄의 자식이거나 하나님의 자녀, 둘 중의 하나입니다. 이것은 성경이 말하는 영적인 사실입니다.

따라서 우리는 이제는 수건을 벗은 얼굴로 거울을 보는 것과 같이 그 하나님이신 예수께서 성령으로 오셔서 역사해 주심으로 깨달음을 얻어 예수 그리스도가 그 하나님이신 것을 알고 확신하여 변화를 받아 주의 은혜로 영원한 생명을 얻는다는 것입니다.

4장

사도 바울은 예수 그리스도의 은혜로 죄 사함을 받고 예수 그리스도가 그 하나님이심을 전하는 일에 직분을 받았다고 말합니다. 이에 바울 자신은 율법의 추종자로 있던 것을 버리고 예수 그리스도의 복음을 전하는 것을 속임으로 하지 아니하며 하나님의 말씀을 혼잡케 하지 아니하므로 오직 진리이신 예수 그리스도가 그 하나님이심을 믿으라고 한다는 것입니다.

만일 바울이 전하는 복음이 가리워졌다면 성전 유대교를 추종하는 그들에 의해서 가리진 것이며 복음을 가리우는 자는 누구든지 결국 사망에 이른다는 것입니다.

그 중에서도 이 세상에 역사하는 사단이 예수가 그 하나님을 믿지 아니하는 자들의 마음을 혼미케 하여 예수 그리스도의 복음이 가려지게 한다는 것입니다. 바울은 그리스도는 하나님의 형상이라고 하였습니다. 이 말을 들은 당시 디아스포라 유대인들은 받아들이기 참으로 어려웠을 것입니다. 왜냐하면 전통적으로 하나님을 믿는 그들의 인식으로는 예수가 그 하나님이라 하는 것을 도저히 이해할 수 없기 때문입니다.[99] 그렇

[99] 성전 유대교 입장에서의 하나님의 성육신에 관한 관점의 신학이나 해설이 존재하지 않았기 때문이기도 하고 주께서 이미 그들에게 가린바

기 때문에 믿음은 아무나의 것이 아니라 '하나님의 선물'이라고 설명했던 것을 봅니다. 우리는 우리 자신을 한 번 생각해보아야 합니다. 우리는 무엇을 믿고 있습니까? 대부분 예수를 믿는다고 대답할 것입니다. 문제는 예수를 '누구'라고 인식해서 믿는가가 중요합니다.

1950~80년대, 어깨 띠에 '주 예수를 믿으라 그리하면 너와 네 집이 구원을 얻으리라'라고 사도행전에 축자적으로 기록된 말씀을 인쇄해서 어깨띠로 두르고 길 거리에 나가서 무작정 '예수를 믿으십시오'라고 앵무새처럼 소리로서 말만 외치던 노방 전도 행위들을 많이 볼 수 있었습니다. 그러나 이것은 별다른 복음에 대한 설명 없이 그저 소리만 크게 내는 것으로 사람들에게 오히려 위화감을 불러 일으키는 행동이 되기도 하였습니다.

사도행전에 기록된 말씀의 뜻은 '주 예수가 곧 창조자 하나님이심을 믿으라'는 것입니다. 여러분은 예수님을 성육신한 하

되리라고 말씀하셨기 때문입니다.

나님으로 믿고 있습니까? 아니면 하나님의 아들로 믿고 있습니까? 이 물음 하나로 우리의 신앙이 바로 세워질 수 있습니다. 구원자는 한 분 하나님이십니다. 그런데 우리는 예수님을 구원자로 알고 있지 않습니까! 그렇다면 예수를 누구라고 설명할 수 있겠습니까? 이렇듯 분명 하나님이라고 설명되어 있는데도 불구하고 예수님이 하나님의 아들로서 우리를 구원한다는 인식을 가진 사람들이 많이 있음을 봅니다. 대다수의 사람들은 하나님을 믿는다고 말합니다. 그런데 예수님도 믿는다고 말합니다. 하늘에 계신 이스라엘의 하나님을 믿는다는 사람들은 성전 유대교인이 되는 것입니다. 예수를 믿는 것이 기독교인입니다. 우리는 유대교가 아니라 기독교입니다. 그렇다면 예수가 그 하나님이심을 믿는 것이 기독교인 것은 자명한 사실입니다.

사도들은 자신들을 전파하는 것이 아니라 그리스도 예수의 하나님 되신 것과 그 예수를 위하여 너희에게 복음을 전파한다는 것입니다. 바로 '예수가 하나님이심을 가르치는 것=복음'인 것입니다. 어두운 데서 빛이 비치라 말씀하신 그 하나님과 본질적으로 동일한 예수 그리스도가 그 분이 그 하나님이심을 우리 마음에 비추어 알고 깨닫게 하셨다는 것입니다. 그러므로 믿음은 아무나의 것이 아니라고도 했습니다.

소중한 보배를 우리(사도들)와 같은 질그릇에 담은 것은 심히 큰 능력은 그 하나님께 있고 우리에게 있지 아니함을 고린도 교인들에게 알게 하기 위함이라는 것입니다. 우리가 복음을 전할 때 사방으로 우겨쌈을 당하여도 싸이지 아니하며, 답답한 일을 당하여도 낙심하지 아니하며, 박해를 당하여도 버린 바 되지 아니하며, 거꾸러뜨림을 당하여도 망하지 아니하고 우리가 항상 예수께서 우리 죄를 사하시기 위하여 십자가에 죽으심을 우리의 몸에 짊어지는 것은 예수 그리스도가 부활하신 것처럼 우리의 부활도 예수님의 부활처럼 나타나게 하기 위함이라는 것입니다.

육신을 입고 살아가는 자로서 항상 예수 그리스도의 복음을 전파하다가 죽음에 넘겨짐은 예수의 생명이 우리에게 나타나게 하려 하심이라고 하였습니다. 그러므로 핍박은 우리에게 역사하고 생명은 고린도 교인들 안에서 역사한다고 하는 것입니다.

바울은 구약성경 시편 116장 10절을 인용하여 “기록된 바 내가 믿었으므로 말하였다”한 것과 같이 예수께서 부활하여 하나님이심을 나타내 주심으로 예수가 그 하나님이심을 믿는 모든 사람들은 예수께서 부활하심과 같이 부활할 것을 안다고 한 것입니다. 이 모든 역사는 예수 그리스도를 믿는 믿음의 사람들을 위한 것이며 많은 사람들이 감사할 뿐만 아니라 성령께서 속죄해 주심으로 은혜가 넘쳐서 그 하나님이신 예수께 영광을 돌리게 하려 함이라고 한 것입니다. 영광을 돌린다는 것은 예수가 그 하나님이심을 믿는 것입니다.

4장 16절 – 5장 7절

○ 16 그러므로 우리가 낙심하지 아니하노니 우리의 겉사람은 낡아지
나 우리의 속사람은 날로 새로워지도다 17 우리가 잠시 받는 환난의
경한 것이 지극히 크고 영원한 영광의 중한 것을 우리에게 이루게 함
이니 18 우리가 주목하는 것은 보이는 것이 아니요 보이지 않는 것
이니 보이는 것은 잠깐이요 보이지 않는 것은 영원함이라 ○ 5:1 만
일 땅에 있는 우리의 장막 집이 무너지면 하나님께서 지으신 집 곧 손
으로 지은 것이 아니요 하늘에 있는 영원한 집이 우리에게 있는 줄 아
느니라 2참으로 우리가 여기 있어 탄식하며 하늘로부터 오는 우리
처소로 덧입기를 간절히 사모하노라 3 이렇게 입음은 우리가 벗은
자들로 발견되지 않으려 함이라 4 참으로 이 장막에 있는 우리가 짐

진 것 같이 탄식하는 것은 벗고자 함이 아니요 오히려 덧입고자 함이
니 죽을 것이 생명에 삼킨 바 되게 하려 함이라
5 곧 이것을 우리에
게 이루게 하시고 보증으로 성령을 우리에게 주신 이는 하나님이시니
라
6 그러므로 우리가 항상 담대하여 몸으로 있을 때에는 주와 따로
있는 줄을 아노니
7 이는 우리가 믿음으로 행하고 보는 것으로 행하
지 아니함이로라

복음을 전하는 우리가 낙심하지 아니하고 우리의 겉 사람, 곧 육체는 늙어지지만 우리의 속 사람, 즉 영적인 생명은 날로 새로워진다고 한 것은 부활의 날이 가까이 오고 있다는 것을 설명하는 것입니다. 우리가 육신을 입고 잠시 받는 환난은 큰 것이 아니라 경한 것이며 지극히 크고 영원한 생명을 얻는 영광이 더 중한 것을 우리에게 이루어지게 한다는 것입니다. 우리가 바라는 것은 보이는 것이 아니며 영적인 것입니다. 보이는 사물의 세계는 잠깐이지만 보이지 않는 영의 세계는 영원한 것입니다.

바울은 고린도 교인들에게 부활의 소망을 강조하고 있는 것입니다. 그리스도께 부활이 없었다면 우리의 부활도 없는 것입니다. 그리고 예수의 부활은 확실한 것입니다.

만일 이 땅에 존재하는 우리의 육신이 죽음을 맞이하면 주님은 주님의 능력으로 우리를 부활하게 하셔서 영원한 하나님의 나라에 거하게 하신다는 것입니다. 그래서 바울은 "땅에 있는 장막이 무너지면 하나님께서 지으신 집 곧 손으로 지으신 것이 아니요 하늘에 있는 영원한 집이 우리에게 있는 줄 아노라"고 한 것입니다. 이것은 영의 세계를 가리킨 것입니다.

그래서 우리는 육신에 있지만 탄식하며 하늘로부터 오는 우리의 처소로 덧입기를 간절히 사모하노라고 했던 것입니다. 덧입다는 말을 깊이 생각해 볼 필요가 있습니다. 무엇을 덧입는 것일까요? 그것은 바로 육체를 벗어버리고 신령한 영적 존재로 바꾸어지는 것을 가리키는 것입니다.

우리가 예수 그리스도의 은혜를 입는 것은 죄인으로 발견되지 않게 위함입니다. 우리가 육신으로 인하여 짐 진 것 같이 탄식하는 것은 벗고자 함이 아니요 오히려 덧입고자 함이니 죽을 것이 생명에게 삼킨 바 되게 하려 함이라고 한 것입니다. 이것은 성령께서 역사해주시는 은혜로 썩을 것이 썩지 아니함을 입는 하나님의 구원의 은혜를 설명하고 있습니다.

이런 일들을 예수가 그 하나님이심을 믿는 자들에게 이루어지게 하시고 또한 그 사실을 알고 깨닫게 하기 위하여 성령의 은혜를 우리에게 주시는 이는 그 하나님 예수 그리스도라는 것입니다. 그러므로 우리가 육신을 입고 있을 때도 항상 담대한 것은 우리가 복음을 전파하는 것은 보는 것으로 행하는 것이 아니라 믿음으로 행하기 때문이라고 한 것입니다.

5장 8절 - 10절

○ 8 우리가 담대하여 원하는 바는 차라리 몸을 떠나 주와 함께 있는 그것이라 9 그런즉 우리는 몸으로 있든지 떠나든지 주를 기쁘시게 하는 자가 되기를 힘쓰노라 10 이는 우리가 다 반드시 그리스도의 심판대 앞에 나타나게 되어 각각 선악간에 그 몸으로 행한 것을 따라 받으려 함이라

바울은 자신이 원하는 바는 차라리 몸을 떠나 주와 함께 있는 것이라고 하였습니다. 주와 함께 있는 것이 가장 소중한 것은 영원한 생명이 주님께 있기 때문이라고 하는 것입니다. 그러므로 바울은 우리는 몸으로 있든지 떠나 있든지 주님을 기

쁘게 하는 자가 되기를 힘쓴다고 자신의 신앙을 설명하는 것입니다.

우리 모두는 언젠가 그리스도의 심판대 앞에 나타나게 될 것이며 각각 선악 간에 그 몸으로 행한 것을 따라 받으려 함이라고 말한 것은 육신을 입고 있을 동안에 예수를 믿으며 그 믿음 안에서 얼마나 헌신했느냐에 따라 생명의 상급이 나누어진다는 것을 가리킨 것입니다.

5장 11절 – 19절

○ 11 우리는 주의 두려우심을 알므로 사람들을 권면하거니와 우리가
하나님 앞에 알리어졌으니 또 너희의 양심에도 알리어지기를 바라노라
12 우리가 다시 너희에게 자천하는 것이 아니요 오직 우리로 말미암아
자랑할 기회를 너희에게 주어 마음으로 하지 않고 외모로 자랑하는 자
들에게 대답하게 하려 하는 것이라 13 우리가 만일 미쳤어도 하나님
을 위한 것이요 정신이 온전하여도 너희를 위한 것이니 14 그리스도
의 사랑이 우리를 강권하시는도다 우리가 생각하건대 한 사람이 모든
사람을 대신하여 죽었은즉 모든 사람이 죽은 것이라 15 그가 모든
사람을 대신하여 죽으심은 살아 있는 자들로 하여금 다시는 그들 자신
을 위하여 살지 않고 오직 그들을 대신하여 죽었다가 다시 살아나신
이를 위하여 살게 하려 함이라 16 그러므로 우리가 이제부터는 어떤
사람도 육신을 따라 알지 아니하노라 비록 우리가 그리스도도 육신을

따라 알았으나 이제부터는 그같이 알지 아니하노라
17 그런즉 누구
든지 그리스도 안에 있으면 새로운 피조물이라 이전 것은 지나갔으니
보라 새 것이 되었도다
18 모든 것이 하나님께로서 났으며 그가 그
리스도로 말미암아 우리를 자기와 화목하게 하시고 또 우리에게 화목
하게 하는 직분을 주셨으니
19 곧 하나님께서 그리스도 안에 계시사
세상을 자기와 화목하게 하시며 그들의 죄를 그들에게 돌리지 아니하
시고 화목하게 하는 말씀을 우리에게 부탁하셨느니라

신앙인들은 하나님을 두려워할 줄(경외) 알아야 합니다. 그러기에 사람들에게 예수가 그 하나님이심을 믿으라고 하는 것입니다. 또한 예수 그리스도를 믿는 믿음의 사람들은 하나님 앞에 알려진 자이며 뿐만 아니라 복음의 사도들은 복음을 듣고 믿는 사람들의 마음에도 이미 알려진 자라는 것입니다.

사도들은 고린도 교인들에게 자천하기를 원하는 것이 아니라고 합니다. '자천'한다는 의미에 대해 알 필요가 있습니다. 자천은 고린도 교인들이 바울이나 다른 사도들은 분명하게 복음을 전하는 사람들이라고 인정하는 기준을 가리키는 것입니다. 그러나 사도는 교인들의 인정에 의해 사도가 되는 것이 아니라 주께서 세우실 때에 사도인 것입니다.

그러나 사도를 사도라고 증언을 할 수 있는 것은 고린도 교인들이므로 자칭 사도라고 하면서 고린도 교회를 어지럽혔던 자들에게 참된 사도는 바울을 비롯한 사도들이라는 것을 입증하라는 것입니다.

예수께서 모든 사람의 죄를 대속하시기 위하여 죽으심은 살아있는 자들로 하여금 다시는 그들 자신을 위하여 살지 않고 오직 그들을 대신하여 죽었다가 다시 살아나신 이(예수 그리스도)를 위하여 살게 하기 위함이라고 말하는 것은 이런 정도의 신앙을 가진 자가 비로서 사도라고 인정받을 수 있다는 것입니다. 거짓 교사들은 자신들의 배만 불렸습니다.

그래서 바울이 "이제부터는 어떤 사람도 육신을 따라 알지 아니하노라"고 한 것은 사람은 그 사회의 유력자인지 문벌이 좋은 자인지 하는 것으로 평가되는 것이 아니라 오직 성령의 역사하심 속에 있는가 없는가가 더 중요하다는 것입니다.

"비록 우리도 그리스도도 육신을 따라 알았으나 이제부터는 그와 같이 알지 아니하노라"한 것은 예수 그리스도를 육체를 따라 안목적으로 아는 것이 아니라 성령이 역사해 주심으로 영적으로 안다는 것입니다. 그렇기 때문에 누구든지 그리스도 예수를 그 하나님으로 믿으면 성령께서 은혜로 죄 사함을 주어 거듭나게 하심으로 새로운 피조물이라고 한 것입니다. 이전 것, 곧 율법주의적 신앙은 속죄함이 없으므로 다 지나간 것이 되고 예수 그리스도로 말미암아 속죄함을 받는 새 신앙인인 기독교인이 되었다는 것입니다.

이 모든 역사는 그 하나님이신 예수 그리스도께서 우리를 자기와 화목하게 하시고 또는 우리를 복음사역자로 삼아 화목하게 하는 직분을 주시기 위함이라는 것입니다.

복음을 맡은 자들은 예수에 대해서 바르게 가르쳐서 그 하나님 되심과 죄 사함과 성령의 은혜로 역사하셔서 우리를 진리 가운데 인도하시는 것을 가르치는 것이 소임인 것입니다.

예수를 잘못 전한다면 그것은 복음을 가장한 유사복음이 됩니다.

5장 20절 - 6장 10절

○ 20 그러므로 우리가 그리스도를 대신하여 사신이 되어 하나님이 우
리를 통하여 너희를 권면하시는 것 같이 그리스도를 대신하여 간청하
노니 너희는 하나님과 화목하라 21 하나님이 죄를 알지도 못하신 이

를 우리를 대신하여 죄로 삼으신 것은 우리로 하여금 그 안에서 하나
님의 의가 되게 하려 하심이라 ○ 6:1 우리가 하나님과 함께 일하는
자로서 너희를 권하노니 하나님의 은혜를 헛되이 받지 말라 2 이르
시되 내가 은혜 베풀 때에 너에게 듣고 구원의 날에 너를 도왔다 하셨
으니 보라 지금은 은혜 받을 만한 때요 보라 지금은 구원의 날이로다
3 우리가 이 직분이 비방을 받지 않게 하려고 무엇에든지 아무에게도
거리끼지 않게 하고 4 오직 모든 일에 하나님의 일꾼으로 자천하여
많이 견디는 것과 환난과 궁핍과 고난과 5 매 맞음과 갇힘과 난동과
수고로움과 자지 못함과 먹지 못함 가운데서도 6 깨끗함과 지식과
오래 참음과 자비함과 성령의 감화와 거짓이 없는 사랑과 7 진리의
말씀과 하나님의 능력으로 의의 무기를 좌우에 가지고 8 영광과 욕
됨으로 그러했으며 악한 이름과 아름다운 이름으로 그러했느니라 우리
는 속이는 자 같으나 참되고 9 무명한 자 같으나 유명한 자요 죽은
자 같으나 보라 우리가 살아 있고 징계를 받는 자 같으나 죽임을 당하
지 아니하고 10 근심하는 자 같으나 항상 기뻐하고 가난한 자 같으
나 많은 사람을 부요하게 하고 아무 것도 없는 자 같으나 모든 것을
가진 자로다

"하나님께서 그리스도 안에 계시사 세상을 자기와 화목하게 하시며 그들의 죄를 그들에게 돌리지 아니하시고 화목하게 하는 말씀을 우리에게 부탁하셨느니라"고 한 것은 예수가 그 하나님이심을 설명하는 것입니다. 그분이 우리의 속죄자이시며

그분이 하나님이심을 전하는 것을 사도들에게 부탁하신 것입니다. 그리고 이는 사도들뿐 아니라 믿는 우리 모두에게 분부하신 것입니다.

이제는 예수께서 육신을 입고 세상에 계시지 아니하기 때문에 성령으로 다시 오신 그리스도와 함께 사도들이 복음을 전하는 사람이 되어 하나님께서 사도들을 통하여 고린도 교인들에게 권면하는 것, 그리고 예수 그리스도를 대신하여 사도들이 고린도 교인들에게 간청하는 것은 고린도 교인 모두가 하나님과 화목하라는 것입니다.

하나님과 화목한 것은 예수가 그 하나님이심을 받아들이고 믿고 그 뜻대로 순종하는 믿음의 행위, 곧 전인간적 신앙고백인 것입니다.

예수 그리스도께서 우리의 죄를 대속하시기 위하여 십자가를 지신 것은 우리에게 영원한 속죄를 주어 하나님의 자녀가 되게 하기 위한 것이며 우리를 부활에 이르게 하여 영원한 생명을 얻게 하기 위한 것입니다. 그러므로 히브리서의 '믿음이 없이는 하나님을 기쁘시게 할 수 없다[100]'는 의미를 깊이 생각해야 됩니다. 누구를 어떻게 믿어야 하는 것일까요? 우리 죄를 대속해 주신 예수를 그 하나님으로 믿는 것이 바로 하나님이 기뻐하시는 일인 것이며 그것이 바로 복음입니다.

6장 11절 - 13절

○ 11 고린도인들이여 너희를 향하여 우리의 입이 열리고 우리의 마음
이 넓어졌으니 12 너희가 우리 안에서 좁아진 것이 아니라 오직 너
희 심정에서 좁아진 것이니라 13 내가 자녀에게 말하듯 하노니 보답
하는 것으로 너희도 마음을 넓히라

바울은 고린도 교인들에게 사도들이 전하고자 하는 것은 예수가 그 하나님이심이며 그러기 위해 사도들의 마음이 고린도 교인들의 신앙을 이해하는 데까지 넓어졌으므로 고린도 교인들이 사도들이 전한 복음 안에서 마음이 좁아진 것이 아니라고 한 것입니다. 오히려 고린도 교인들이 바울이 전한 복음을

---

[100] 히브리서 11:6 믿음이 없이는 기쁘시게 못하나니 하나님께 나아가는 자는 반드시 그가 계신 것과 또한 그가 자기를 찾는 자들에게 상 주시는 이심을 믿어야 할찌니라

온전히 받아들이지 못하고 좁게 생각한다는 것입니다. 그렇기 때문에 바울은 자녀를 권고하듯이 본 편지를 보는 사람들은 마음을 넓혀서 복음을 바로 알게 하기 위하여 권고하는 것입니다.

6장 14절 7장 1절

○ 14 너희는 믿지 않는 자와 멍에를 함께 메지 말라 의와 불법이 어
찌 함께 하며 빛과 어둠이 어찌 사귀며 15 그리스도와 벨리알이 어
찌 조화되며 믿는 자와 믿지 않는 자가 어찌 상관하며 16 하나님의
성전과 우상이 어찌 일치가 되리요 우리는 살아 계신 하나님의 성전이
라 이와 같이 하나님께서 이르시되 내가 그들 가운데 거하며 두루 행
하여 나는 그들의 하나님이 되고 그들은 나의 백성이 되리라 17 그
러므로 너희는 그들 중에서 나와서 따로 있고 부정한 것을 만지지 말
라 내가 너희를 영접하여 18 너희에게 아버지가 되고 너희는 내게
자녀가 되리라 전능하신 주의 말씀이니라 하셨느니라 ○ 7:1 그런즉
사랑하는 자들아 이 약속을 가진 우리는 하나님을 두려워하는 가운데
서 거룩함을 온전히 이루어 육과 영의 온갖 더러운 것에서 자신을 깨
끗하게 하자

바울은 고린도 교인들이 믿지 않는 자들과 함께 행동하는 것은 옳지 않다고 하였습니다. 구약성경 레위기 26:12('나는

너희 중에 행하여 너희의 하나님이 되고 너희는 내 백성이 될 것이니라'), 출애굽기 29:45('내가 이스라엘 자손 중에 거하여 그들의 하나님이 되리니'), 에스겔 37:27('내 처소가 그들 가운데에 있을 것이며 나는 그들의 하나님이 되고 그들은 내 백성이 되리라') 말씀을 들고 고린도 교인들에게 예수 그리스도가 그 하나님이심을 믿는 자는 믿지 않는 자와 다른 삶을 살아야 된다고 강조하는 것입니다.

왜냐하면 믿지 않는 자들의 인식과 사고 방식 등은 믿는 자들의 신앙을 흐려지게 하기 때문에 반드시 구별되어야 된다는 것을 강조한 것입니다.

그러므로 예수 그리스도가 그 하나님이심을 믿는 사람은 믿지 않는 자들 중에서 나와서 따로 있고 "부정한 것까지도 만지지 말라 내가 너희를 영접하여 너희에게 아버지가 되고 너희는 내게 자녀가 되리라 전능하신 주의 말씀이라 하셨느니라"고 이사야 52:11('너희는 떠날지어다 떠날지어다 거기서 나오고 부정한 것을 만지지 말지어다 그 가운데에서 나올지어다 여호와의 기구를 메는 자들이여 스스로 정결하게 할지어다')과 호세아 1:10('그러나 이스라엘 자손의 수가 바닷가의 모래 같이 되어서 헤아릴 수도 없고 셀 수도 없을 것이며 전에 그들에게 이르기를 너희는 내 백성이 아니라 한 그 곳에서 그들에게 이르기를 너희는 살아 계신 하나님의 아들들이라 할 것이라'), 이사야 43:6('내가 북쪽에게 이르기를 내놓으라 남쪽에게 이르기를 가두어 두지 말라 내 아들들을 먼 곳에서 이끌며 내 딸들을 땅 끝에서 오게 하며')의 내용을 들고 고린도 교인들에게 그리스도인은 구별된 바른 신앙을 가져야 된다는 것을 강조하였습니다.

예수가 그 하나님이심을 믿는 자들은 하나님을 두려워하는 가운데 속죄함을 받아 거룩함(구별됨)을 온전히 이루어 육과 영의 온갖 더러운 것에서 자신을 깨끗하게(분별) 하라고 하였습니다.

7장 2절 – 4절

○ 2 마음으로 우리를 영접하라 우리는 아무에게도 불의를 행하지 않고 아무에게도 해롭게 하지 않고 아무에게서도 속여 빼앗은 일이 없노라
3 내가 이 말을 하는 것은 너희를 정죄하려고 하는 것이 아니라 내가 이전에 말하였거니와 너희가 우리 마음에 있어 함께 죽고 함께 살게 하고자 함이라
4 나는 너희를 향하여 담대한 것도 많고 너희를

위하여 자랑하는 것도 많으니 내가 우리의 모든 환난 가운데서도 위로가 가득하고 기쁨이 넘치는도다

고린도 교인들에게 바울은 복음은 예수 그리스도가 그 하나님이심을 믿는 것이라고 상기시키고 있습니다. 고린도 교인들이 이 복음을 믿을 때 바울이 전하는 바를 받아들이게 되며 여러 파당으로 나누어졌던 교회가 성령의 은혜를 입음으로 하나의 공동체가 된다는 것을 가르쳤습니다.

그리고 자신이 복음을 전하면서 아무에게도 해롭게 하지 않고 또한 어떠한것도 속여 빼앗은 일이 없으므로 자신이 전한 복음을 믿으라고 강조하였습니다. 이렇게 바울이 부탁하는 것은 고린도 교인들을 정죄하기 위한 것이 아니라 성령 안에서 하나되어 온전히 주의 거룩한 뜻을 받들어 나가는 것이 중요하기 때문이라고 설명하는 것입니다.

바울은 고린도 교인들을 향하여 조금도 피해를 준 사실이 없으므로 복음에 대하여 담대하고 고린도 교인들에게 복음 안에서 자랑하는(공적인 자신함) 것도 많다고 하였습니다. 이 자랑은 바울 자신을 내세우는 것이 아니라 예수 그리스도가 그 하나님이심을 전하는 것을 가리킵니다. 그러므로 복음을 전하

는 일로 인하여 모든 환난 가운데서도 위로가 가득하고 복음을 들음으로 믿음을 갖는 사람들을 볼 때 기쁨이 넘친다고 하였습니다. 자신의 안위에 기쁨을 갖는 것이 아니라 복음이 널리 전파되어 죄 사함을 입어 구원에 이르는 무리의 수가 많아지므로 기뻐하는 것이 복음을 맡은 자의 바램이요, 기쁨입니다.

7장 5절 - 8장 15절

○ 5 우리가 마게도냐에 이르렀을 때에도 우리 육체가 편하지 못하였
고 사방으로 환난을 당하여 밖으로는 다툼이요 안으로는 두려움이었노
라 6 그러나 낙심한 자들을 위로하시는 하나님이 디도가 옴으로 우
리를 위로하셨으니 7 그가 온 것뿐 아니요 오직 그가 너희에게서 받
은 그 위로로 위로하고 너희의 사모함과 애통함과 나를 위하여 열심
있는 것을 우리에게 보고함으로 나를 더욱 기쁘게 하였느니라 8 그
러므로 내가 편지로 너희를 근심하게 한 것을 후회하였으나 지금은 후
회하지 아니함은 그 편지가 너희로 잠시만 근심하게 한 줄을 앎이라
9 내가 지금 기뻐함은 너희로 근심하게 한 까닭이 아니요 도리어 너희
가 근심함으로 회개함에 이른 까닭이라 너희가 하나님의 뜻대로 근심
하게 된 것은 우리에게서 아무 해도 받지 않게 하려 함이라 10 하나
님의 뜻대로 하는 근심은 후회할 것이 없는 구원에 이르게 하는 회개
를 이루는 것이요 세상 근심은 사망을 이루는 것이니라 11 보라 하
나님의 뜻대로 하게 된 이 근심이 너희로 얼마나 간절하게 하며 얼마

나 변증하게 하며 얼마나 분하게 하며 얼마나 두렵게 하며 얼마나 사
모하게 하며 얼마나 열심 있게 하며 얼마나 벌하게 하였는가 너희가
그 일에 대하여 일체 너희 자신의 깨끗함을 나타내었느니라 12 그런
즉 내가 너희에게 쓴 것은 그 불의를 행한 자를 위한 것도 아니요 그
불의를 당한 자를 위한 것도 아니요 오직 우리를 위한 너희의 간절함
이 하나님 앞에서 너희에게 나타나게 하려 함이로라 13 이로 말미암
아 우리가 위로를 받았고 우리가 받은 위로 위에 디도의 기쁨으로 우
리가 더욱 많이 기뻐함은 그의 마음이 너희 무리로 말미암아 안심함을
얻었음이라 14 내가 그에게 너희를 위하여 자랑한 것이 있더라도 부
끄럽지 아니하니 우리가 너희에게 이른 말이 다 참된 것 같이 디도 앞
에서 우리가 자랑한 것도 참되게 되었도다 15 그가 너희 모든 사람
들이 두려움과 떪으로 자기를 영접하여 순종한 것을 생각하고 너희를
향하여 그의 심정이 더욱 깊었으니 16 내가 범사에 너희를 신뢰하게
된 것을 기뻐하노라 ○ 8:1 형제들아 하나님께서 마게도냐 교회들에
게 주신 은혜를 우리가 너희에게 알리노니 2 환난의 많은 시련 가운
데서 그들의 넘치는 기쁨과 극심한 가난이 그들의 풍성한 연보를 넘치
도록 하게 하였느니라 3 내가 증언하노니 그들이 힘대로 할 뿐 아니
라 힘에 지나도록 자원하여 4 이 은혜와 성도 섬기는 일에 참여함에
대하여 우리에게 간절히 구하니 5 우리가 바라던 것뿐 아니라 그들
이 먼저 자신을 주께 드리고 또 하나님의 뜻을 따라 우리에게 주었도
다 6 그러므로 우리가 디도를 권하여 그가 이미 너희 가운데서 시작
하였은즉 이 은혜를 그대로 성취하게 하라 하였노라 7 오직 너희는
믿음과 말과 지식과 모든 간절함과 우리를 사랑하는 이 모든 일에 풍

성한 것 같이 이 은혜에도 풍성하게 할지니라 8 내가 명령으로 하는
말이 아니요 오직 다른 이들의 간절함을 가지고 너희의 사랑의 진실함
을 증명하고자 함이로라 9 우리 주 예수 그리스도의 은혜를 너희가
알거니와 부요하신 이로서 너희를 위하여 가난하게 되심은 그의 가난
함으로 말미암아 너희를 부요하게 하려 하심이라 10 이 일에 관하여
나의 뜻을 알리노니 이 일은 너희에게 유익함이라 너희가 일 년 전에
행하기를 먼저 시작할 뿐 아니라 원하기도 하였은즉 11 이제는 하던
일을 성취할지니 마음에 원하던 것과 같이 완성하되 있는 대로 하라
12 할 마음만 있으면 있는 대로 받으실 터이요 없는 것은 받지 아니하
시리라 13 이는 다른 사람들은 평안하게 하고 너희는 곤고하게 하려
는 것이 아니요 균등하게 하려 함이니 14 이제 너희의 넉넉한 것으
로 그들의 부족한 것을 보충함은 후에 그들의 넉넉한 것으로 너희의
부족한 것을 보충하여 균등하게 하려 함이라 15 기록된 것 같이 많이
거둔 자도 남지 아니하였고 적게 거둔 자도 모자라지 아니하였느니라

사도 바울이 마게도냐 지방에 갔을 때 대단한 어려움을 겪게 됩니다. 복음을 전한다는 이유로 사방으로 핍박을 받았고 핍박하는 자들과 예수를 부정하는 자들과 많이 다투었다고 하였습니다. 뿐만 아니라 교회 안에서는 외부의 핍박에 의해서 교회가 바르게 세워지지 못할까 염려했다고 하였습니다.

이에 고린도 교인들 중에 낙심하는 자들이 있었고 이들을

대신하여 복음 사역자인 디도가 복음을 전하는 바울과 그와 함께 하는 자들을 방문하여 위로하였다고 하였습니다. 디도의 편으로 고린도 교회가 점점 바로 세워진다는 소식을 듣고 바울은 참으로 위로가 된다고 하며 고린도 교인들이 예수 그리스도를 그 하나님으로 믿고 사모함과 애통함과 바울이 전한 복음에 이바지하기 위하여 열심이 있다는 것을 들음으로 한없이 기뻤다고 하였습니다.

또한 복음을 맡은 자는 자신의 개인적인 안위로써의 '기쁨'이 아니라 복음이 전파되어 교회가 튼튼히 세워지는 것에 '기쁨'을 가져야 된다고 강조하고 있는 것입니다.

바울이 그들을 고린도전서의 편지로 근심하게 한 것을 (개인적으로는) 후회한 적이 있으나 현재는 후회하지 않는다고 한 것은 고린도 교인들에게 옳고 그름을 분별하게 하여 잠시만 근심하게 한 줄을 알기 때문이라고 하였습니다.

고린도에 보냈던 편지가 영분별을 할 수 있도록 하기 위해 보낸 것이었기 때문에 다른 영에 속하여 사람이 알아들을 수 없는 방언 하는 자들에게는 근심이 되지만 성령 안에 있는 자들에게는 기쁨이 되기 때문입니다.

사도 바울이 디도의 편으로 교회 소식을 듣고 기뻐하는 것은 고린도 교인들에게 근심하게 한 까닭이 아니며 고린도 전서의 편지를 통해서 그들이 회개에 이른 까닭이라고 하였습니다. 그러므로 하나님의 뜻대로 근심하게 되는 것은 복음에 훼방을 받지 않게 됨이며 또한 우리에게서 아무 해도 받지 않게 하는 것이라고 설명을 하였습니다.

하나님의 뜻대로 하는 근심이란 회개를 이룰 수 있는 것이며 성령께서 역사해 주심으로 죄 사함을 받아 구원에 이르게 하는 회개를 가리킵니다.

믿음이 없는 자들의 근심은 사망에 이른다고 하였습니다. 그러므로 고린도 교인들이 하나님의 뜻대로 하게 된 근심을 얼마나 간절하게 하며 얼마나 변증하게 하며 얼마나 분하게 하며 얼마나 두렵게 하며 얼마나 사모하게 하며 얼마나 열심 있게 하며 얼마나 벌하게 하였는가로 그 일에 대하여 일체 자신들의 깨끗함을 나타내 주었다고 하였습니다.

고린도 교회는 교인들 중 일부가 신비적인 체험을 하는 것으로 교회가 분열되었던 것입니다. 사람이 알아들을 수 없는 말을 하는 방언으로 교회가 어려워졌던 것입니다. 그러나 바울이 앞서 보낸 편지를 통해서 교인들이 바르게 많이 돌이키고 있다는 것을 디도 편에 들어 고린도 후서에서는 이와 같이 설명하는 것입니다.

그러므로 바울이 고린도 전서를 쓴 목적은 불의를 당한 자들을 위한 것이 아니며 바울이 전한 복음을 바르게 깨달아 고린도 교인들이 죄에 매이지 않고 성령 안에 있기를 원하여 기록한 것입니다.

이렇게 전한 편지로 인하여 고린도 교인들이 사람이 알아들을 수 없는 방언을 하는 것에서 돌이켜 바울이 전한 복음으로 바른 믿음으로 세워져 나가고 있다는 소식을 디도 편으로 들었으므로 이제는 고린도 교회를 위하여 염려할 필요가 없고 안심한다고 하였습니다.

바울이 고린도 교인들에게 자랑한 것은 바울 자신의 학식이나 인격, 도덕이나 외모가 아닙니다. 예수가 그 하나님이신 것을 자랑(선포)한 것이며, 그러므로 고린도 교회에 전한 복음이 참된 것이며 디도 앞에서 자랑한 것도 참되게 되었다고 하였습니다.

고린도 교인들이 디도가 전하는 복음에도 두려움과 떨림으로 영접(welcoming)하여 순종한 것으로 고린도 교인들을 향한 디도의 마음이 더욱 깊어졌으며 또한 바울은 범사에 고린도 교인들을 신뢰하게 된 것을 기뻐하였다고 하였습니다.

고린도 교회가 여러 파들로 나뉘어 대단히 어려움을 겪었으나 결국 성령께서 역사해 주심으로 거짓 영이 역사하던 것이 드러나게 되어 그 영에 속고 있던 고린도 교인들 중 일부가 주님 편으로 회개하여 은혜를 입었으므로 바울이 자신이 먼저 보낸 고린도 전서가 효과가 있다고 하고 있는 것입니다.

8장

마게도냐 지역 교회는 예루살렘에 있는 교회를 위하여 많은 연보를 하였습니다. 여러 가지 어려운 환난과 핍박 속에서도 넘치는 기쁨으로, 극심한 가난 속에도 풍성한 연보를 넘치도록 하게 한 것은 전적으로 성령이 역사해 주심으로 그들이 주 안에서 사랑을 베푼 것이라고 하였습니다.

바울이 증언하는 것은 마게도냐 교인들이 힘대로 할 뿐 아니라 힘에 지나도록(넘치도록) 자원하여 연보했다는 것입니다. 이렇게 연보하는 것은 자신들을 위한 것이 아니라 예루살렘 교회가 기근과 핍박에 의하여 어려움을 당하기에 그들을 돕기 위함이었던 것입니다. 예수 안에서 한 형제가 된 예루살렘 교회가 어려움을 당하므로 그들을 구제하기 위하여 복음을 전하는 우리에게 간절히 요구하였으며 마게도냐 교인들은 먼저 자신을 주님께 드리고 또 하나님의 뜻을 따라 우리에게 주었다고 하였습니다.

그러므로 사도들이 디도를 권면하여 그가 마게도냐 교회에서 연보를 시작하였으므로 그 일이 계속되어 형제들을 돕는데 유익하게 해야 한다고 하였습니다. 마게도냐 교회가 믿음과 행함으로 예수 그리스도를 사랑할 뿐 아니라 복음을 맡아 수고하는 사도들에게도 풍성하게 베풀었던 것처럼 성령의 역사로 인하여 그들에게 은혜도 풍성하게 될 것을 원한다고 하였습니다.

바울은 다른 이들이 간절함을 가지고 마게도냐 교인들이 믿음으로 연보 한 모든 것들이 진실되게 행한 것임을 증명하고자 한다고 하였습니다.

이렇게 마게도냐 교인들이 힘에 겹도록 연보한 것은 전적인 주님의 은혜를 알기 때문이며 부요하게 하신 이가 너희로 인하여 가난하게 되심은 그의 가난함으로 말미암아 너희를 부요케 하심이라고 하였습니다.

이렇게 바울이 설명하는 것은 예수께서 육체적으로 가난하신 것이 우리를 부자가 되게 하려는 것이라는 의미가 아닙니다. 우리에게는 영원한 생명이 없었지만(가난) 예수 그리스도께서 우리 죄를 위하여 대속해 주시고 부활하시고 성령으로 오셔서 역사해 주심으로 영원한 생명을 얻는 것(부)을 가리켜 "그의 가난함으로 말미암아 너희를 부요케 하려 하심이라"고 한 것입니다. 만약 예수 그리스도의 가난이 육적인 것이었다면 사도들과 및 모든 예수 그리스도의 사람들은 물질의 충만함이 있어야만 된다는 말도 안되는 결론에 이르게 됩니다. 영적으로 역사하시는 그 하나님의 뜻을 알게 하는 것은 마게도냐 교회에 유익하게 하기 위함이라고 하였습니다.

교회에서 그리스도 예수 안에 있는 자들을 구제하기 위하여 연보하는 것은 좋은 일이지만 이것이 교회의 목적이 되어서는 안 됩니다. **교회는 영육 구원의 역사가 아니라 영혼 구원의 역사를 행하는 것인데 자칫하면 물질로 사람을 돕는 데에만 치우**

칠 수 있기 때문에 이런 것들을 잘 구별해야 하는 것입니다.[101] 그러므로 일 년 전부터 연보를 계획하던 것을 이제는 성취하여 마음에 원하는 것과 같이 목적을 이루라는 것입니다

연보하는 것은 주께 드리는 마음이 있어야 한다는 것입니다. 마음이 담겨있지 않는 연보는 사람만 의식하는 것이므로 주께서 보시기에 가증하게 여겨질 수 있습니다.[102] 그래서 교회 안에서 행하는 모든 일들은 믿음으로 행하지 않으면 안된다고 하였습니다. 그러므로 모든 것을 억지로 하지 말고 주님이 주신 은혜로, 감동된 대로 헌신하라고 하는 것입니다. 이렇게 하는 것은 연보를 하지 못한 사람들을 편안하게 하거나 연보하는 사람에게만 짐을 지우려는 것이 아니라 모든 것을 복음 안에서 지혜롭게 하는 것이 타당한 것이기 때문이라고 하였습니

---

[101] 사도행전 6장을 보면, 헬라파 유대인들이 자기의 과부들이 매일 구제에 빠져서 히브리파 사람을 원망해서 최초의 집사직 안수를 하는 것을 볼 수 있습니다. 하나님의 말씀을 제쳐놓고 공궤를 일삼는 것이 마땅치 않다고 사도들이 결의한 것을 볼 수 있습니다.

[102]

다.

마게도냐 교회에서 연보를 통해 예루살렘 교회에 부족한 것을 보충해 주지만 후에 그들도 넉넉한 것으로 마게도냐의 부족한 것을 보충하여 서로가 균등되게 될 것입니다. 그러므로 구약성경 출애굽기 16:18에 기록된 것처럼 많이 거둔 자도 남지 아니하고 적게 거둔 자도 모라자지 않았다는 말씀을 인용하여 고린도 교회에 편지하는 것입니다.

8장 16절 -9장 5절

○ 16 너희를 위하여 같은 간절함을 디도의 마음에도 주시는 하나님께
감사하노니 17 그가 권함을 받고 더욱 간절함으로 자원하여 너희에
게 나아갔고 18 또 그와 함께 그 형제를 보내었으니 이 사람은 복음
으로써 모든 교회에서 칭찬을 받는 자요 19 이뿐 아니라 그는 동일
한 주의 영광과 우리의 원을 나타내기 위하여 여러 교회의 택함을 받
아 우리가 맡은 은혜의 일로 우리와 동행하는 자라 20 이것을 조심
함은 우리가 맡은 이 거액의 연보에 대하여 아무도 우리를 비방하지
못하게 하려 함이니 21 이는 우리가 주 앞에서뿐 아니라 사람 앞에
서도 선한 일에 조심하려 함이라 22 또 그들과 함께 우리의 한 형제
를 보내었노니 우리는 그가 여러 가지 일에 간절한 것을 여러 번 확인
하였거니와 이제 그가 너희를 크게 믿으므로 더욱 간절하니라 23 디

도로 말하면 나의 동료요 너희를 위한 나의 동역자요 우리 형제들로
말하면 여러 교회의 사자들이요 그리스도의 영광이니라 24 그러므로
너희는 여러 교회 앞에서 너희의 사랑과 너희에 대한 우리 자랑의 증
거를 그들에게 보이라 ○ 9:1 성도를 섬기는 일에 대하여는 내가 너
희에게 쓸 필요가 없나니 2 이는 내가 너희의 원함을 앎이라 내가
너희를 위하여 마게도냐인들에게 아가야에서는 일 년 전부터 준비하였
다는 것을 자랑하였는데 과연 너희의 열심이 퍽 많은 사람들을 분발하
게 하였느니라 3 그런데 이 형제들을 보낸 것은 이 일에 너희를 위
한 우리의 자랑이 헛되지 않고 내가 말한 것 같이 준비하게 하려 함이
라 4 혹 마게도냐인들이 나와 함께 가서 너희가 준비하지 아니한 것
을 보면 너희는 고사하고 우리가 이 믿던 것에 부끄러움을 당할까 두
려워하노라 5 그러므로 내가 이 형제들로 먼저 너희에게 가서 너희
가 전에 약속한 연보를 미리 준비하게 하도록 권면하는 것이 필요한
줄 생각하였노니 이렇게 준비하여야 참 연보답고 억지가 아니니라

바울은 고린도 교회를 위한 간절함을 디도의 마음에도 은혜로 주시는 하나님께 감사한다고 하였습니다. 디도가 고린도 교회에 복음을 위하여 권면함을 듣고 더욱 간절함으로 자원하여 나아갔으며 디도를 통해 고린도 교회가 바로 세워지기를 바라는 것이 바울의 심중입니다.

뿐만 아니라 디도와 함께 다른 형제를 고린도 교회에 파송

했으며 이 사람으로 말하면 복음으로써 모든 교회에서 칭찬받는 자이며 그는 사도들이 전하는 바 예수는 그 하나님이라는 동일한 복음으로 사역을 해 왔으며 여러 교회로부터 택함을 받아 바울이 전하는 복음의 역사에 참여하여 사역에 동행하는 자이므로 고린도 교회는 그의 가르치는 것과 인도하는 대로 따르라고 하였습니다.

더하여서 거액의 연보를 예루살렘 교회에 전해야 되는데 이 일을 아무에게나 맡길 수 없어 믿음이 신실한 자를 택하여 세운다고 했습니다.

사도 바울은 우리가 맡은 이 거액의 연보에 대하여 아무도 우리를 비방하지 못하게 하기 위해 주 앞에서 뿐만 아니라 사람 앞에서도 예루살렘 교회를 돕는 일에 조심해야 한다고 하였습니다. 혹시 바울을 비방하는 자들이 연보한 돈을 바울이 마음대로 사용, 혹은 착복했다고 하여 바울이 전한 복음이 가리워질까 하기에 모든 일들을 투명하게 하는 것입니다.

사도 바울이 교회에서 연보한 것을 예루살렘 교회로 전달하는데 믿음이 바로 서 있는 사람을 택하여 그 일을 행하도록 했다고 자세히 소개하는 것은 고린도 교인들이 그 사람을 의

심할까 한 것입니다. 디도로 말하면 바울의 동료요, 교회를 위한 바울의 동역자요, 우리 형제들로 말하면 여러 교회의 사자요, 또한 그 하나님께 영광을 돌리는 자라는 것입니다. 그러므로 소중한 일을 맡은 자에게 바르게 행함으로 여러 교회 앞에서 고린도 교인들이 주님을 사랑하는 것과 또한 그들을 신뢰하는 것이 사도들의 자랑의 증거임을 보여주라고 한 것입니다.

9장

성도를 섬기는 일에 대해서는 바울이 그들에게 편지로 쓸 필요가 없으나 바울이 고린도 교인들의 원함을 앎므로 그들을 위하여 마게도냐인들에게 아가야 지방에서는 일 년 전부터 연보를 준비하였다는 것을 자랑하였는데 고린도 교인들의 열심이 많은 사람들에게 감동을 주어 함께 동참할 수 있도록 분발하게 하였다는 것입니다. 그리스도 안에서 복음의 형제를 보낸 것은 고린도 교인들을 위해 사도들이 전한 복음이 헛되지 않고 바울이 말한 것같이 연보를 준비하게 하기 위한 것입니다.

혹 마게도냐 교인들이 바울과 함께 갔을 때 그 일을 맡은 고린도 교회가 준비하지 않은 것을 보면 너희는 둘째 치고 우리까지 신뢰를 받던 것에 대하여 무너져 부끄러움을 당할까 염려한다는 것입니다.

다시 말해서 믿음이 없어서 염려하는 것이 아니라 이 일이 아주 중요한 일이기 때문에 투명하게 진행되어야 한다는 것입니다. 그렇기 때문에 바울이 이 형제들로 먼저 고린도 교인들이 전에 약속한 연보를 미리 준비하게 하도록 권면하는 것이 필요하므로 이렇게 성령 안에서 자발적으로 준비해야 참 연보답고 억지(인간의 의지적 도덕 행위)가 아니라고 하였습니다.

9장 6절 – 11장 15절

○ 6 이것이 곧 적게 심는 자는 적게 거두고 많이 심는 자는 많이 거
둔다 하는 말이로다 7 각각 그 마음에 정한 대로 할 것이요 인색함
으로나 억지로 하지 말지니 하나님은 즐겨 내는 자를 사랑하시느니라
8 하나님이 능히 모든 은혜를 너희에게 넘치게 하시나니 이는 너희로
모든 일에 항상 모든 것이 넉넉하여 모든 착한 일을 넘치게 하게 하려
하심이라 9 기록된 바 그가 흩어 가난한 자들에게 주었으니 그의 의
가 영원토록 있느니라 함과 같으니라 10 심는 자에게 씨와 먹을 양
식을 주시는 이가 너희 심을 것을 주사 풍성하게 하시고 너희 의의 열
매를 더하게 하시리니 11 너희가 모든 일에 넉넉하여 너그럽게 연보
를 함은 그들이 우리로 말미암아 하나님께 감사하게 하는 것이라 12
이 봉사의 직무가 성도들의 부족한 것을 보충할 뿐 아니라 사람들이

하나님께 드리는 많은 감사로 말미암아 넘쳤느니라 13 이 직무로 증
거를 삼아 너희가 그리스도의 복음을 진실히 믿고 복종하는 것과 그들
과 모든 사람을 섬기는 너희의 후한 연보로 말미암아 하나님께 영광을
돌리고 14 또 그들이 너희를 위하여 간구하며 하나님이 너희에게 주
신 지극한 은혜로 말미암아 너희를 사모하느니라 15 말할 수 없는
그의 은사로 말미암아 하나님께 감사하노라 ○ 10:1 너희를 대면하면
유순하고 떠나 있으면 너희에 대하여 담대한 나 바울은 이제 그리스도
의 온유와 관용으로 친히 너희를 권하고 2 또한 우리를 육신에 따라
행하는 자로 여기는 자들에 대하여 내가 담대히 대하는 것 같이 너희
와 함께 있을 때에 나로 하여금 이 담대한 태도로 대하지 않게 하기를
구하노라 3 우리가 육신으로 행하나 육신에 따라 싸우지 아니하노니
4 우리의 싸우는 무기는 육신에 속한 것이 아니요 오직 어떤 견고한
진도 무너뜨리는 하나님의 능력이라 모든 이론을 무너뜨리며 5 하나
님 아는 것을 대적하여 높아진 것을 다 무너뜨리고 모든 생각을 사로
잡아 그리스도에게 복종하게 하니 6 너희의 복종이 온전하게 될 때
에 모든 복종하지 않는 것을 벌하려고 준비하는 중에 있노라 7 너희
는 외모만 보는도다 만일 사람이 자기가 그리스도에게 속한 줄을 믿을
진대 자기가 그리스도에게 속한 것 같이 우리도 그러한 줄을 자기 속
으로 다시 생각할 것이라 8 주께서 주신 권세는 너희를 무너뜨리려
고 하신 것이 아니요 세우려고 하신 것이니 내가 이에 대하여 지나치
게 자랑하여도 부끄럽지 아니하리라 9 이는 내가 편지들로 너희를
놀라게 하려는 것 같이 생각하지 않게 함이라 10 그들의 말이 그의
편지들은 무게가 있고 힘이 있으나 그가 몸으로 대할 때는 약하고 그

말도 시원하지 않다 하니 11 이런 사람은 우리가 떠나 있을 때에 편
지들로 말하는 것과 함께 있을 때에 행하는 일이 같은 것임을 알지라
12 우리는 자기를 칭찬하는 어떤 자와 더불어 감히 짝하며 비교할 수
없노라 그러나 그들이 자기로써 자기를 헤아리고 자기로써 자기를 비
교하니 지혜가 없도다 13 그러나 우리는 분수 이상의 자랑을 하지
않고 오직 하나님이 우리에게 나누어 주신 그 범위의 한계를 따라 하
노니 곧 너희에게까지 이른 것이라 14 우리가 너희에게 미치지 못할
자로서 스스로 지나쳐 나아간 것이 아니요 그리스도의 복음으로 너희
에게까지 이른 것이라 15 우리는 남의 수고를 가지고 분수 이상의
자랑을 하는 것이 아니라 오직 너희 믿음이 자랄수록 우리의 규범을
따라 너희 가운데서 더욱 풍성하여지기를 바라노라 16 이는 남의 규
범으로 이루어 놓은 것으로 자랑하지 아니하고 너희 지역을 넘어 복음
을 전하려 함이라 17 자랑하는 자는 주 안에서 자랑할지니라 18
옳다 인정함을 받는 자는 자기를 칭찬하는 자가 아니요 오직 주께서
칭찬하시는 자니라 ○ 11:1 원하건대 너희는 나의 좀 어리석은 것을
용납하라 청하건대 나를 용납하라 2 내가 하나님의 열심으로 너희를
위하여 열심을 내노니 내가 너희를 정결한 처녀로 한 남편인 그리스도
께 드리려고 중매함이로다 그러나 나는 3 뱀이 그 간계로 하와를 미
혹한 것 같이 너희 마음이 그리스도를 향하는 진실함과 깨끗함에서 떠
나 부패할까 두려워하노라 4 만일 누가 가서 우리가 전파하지 아니한
다른 예수를 전파하거나 혹은 너희가 받지 아니한 다른 영을 받게 하
거나 혹은 너희가 받지 아니한 다른 복음을 받게 할 때에는 너희가 잘
용납하는구나 5 나는 지극히 크다는 사도들보다 부족한 것이 조금도

없는 줄로 생각하노라 6 내가 비록 말에는 부족하나 지식에는 그렇
지 아니하니 이것을 우리가 모든 사람 가운데서 모든 일로 너희에게
나타내었노라 7 내가 너희를 높이려고 나를 낮추어 하나님의 복음을
값없이 너희에게 전함으로 죄를 지었느냐 8 내가 너희를 섬기기 위
하여 다른 여러 교회에서 비용을 받은 것은 탈취한 것이라 9 또 내
가 너희와 함께 있을 때 비용이 부족하였으되 아무에게도 누를 끼치지
아니하였음은 마게도냐에서 온 형제들이 나의 부족한 것을 보충하였음
이라 내가 모든 일에 너희에게 폐를 끼치지 않기 위하여 스스로 조심
하였고 또 조심하리라 10 그리스도의 진리가 내 속에 있으니 아가야
지방에서 나의 이 자랑이 막히지 아니하리라 11 어떠한 까닭이냐 내
가 너희를 사랑하지 아니함이냐 하나님이 아시느니라 12 나는 내가
해 온 그대로 앞으로도 하리니 기회를 찾는 자들이 그 자랑하는 일로
우리와 같이 인정받으려는 그 기회를 끊으려 함이라 13 그런 사람들
은 거짓 사도요 속이는 일꾼이니 자기를 그리스도의 사도로 가장하는
자들이니라 14 이것은 이상한 일이 아니니라 사탄도 자기를 광명의
천사로 가장하나니 15 그러므로 사탄의 일꾼들도 자기를 의의 일꾼
으로 가장하는 것이 또한 대단한 일이 아니니라 그들의 마지막은 그
행위대로 되리라

"이것이 곧 적게 심는 자는 적게 거두고 많이 심는 자는 많이 거둔다는 말이로다"라고 바울은 성경을 인용하여 고린도 교인들에게 설명해 주는 것입니다. 연보는 억지로 하는 것이 아니라 각각 마음에 정한대로 할 것이며 인색함으로나 억지로

하지 말아야 하며 하나님은 하나님의 일을 위하여 즐겨 내는 자를 사랑하신다고 하였습니다. 하나님을 사랑하는 마음이 없으면 연보하기가 쉽지 않기 때문에 모든 일을 하나님을 사랑하는 마음으로 행하는 것이 우선되어야 한다고 하는 것입니다.

그러므로 하나님이 능히 모든 은혜를 참으로 연보하는 자에게 넘치게 하실 것이며 이렇게 하는 것은 참되게 연보하는 자들로 모든 일에 항상 모든 것이 넉넉하여 모든 선한 일을 넘치게 하게 하려 하심이라고 하며 따라서 연보한 자들에게 소중한 일에 인색하게 굴지 말고 감사함으로 드려야 한다고 하였습니다. 그래서 사도 바울은 구약성경 시편 112:9을 인용하여 기록된 바, “그가 재물을 흩어 빈궁한 자들에게주었으니 그의 의가 영구히 있고”함과 같이 연보할 때는 사람을 의식하지 말고 하나님을 바라보면서 하는 믿음의 행위가 되어야 한다고 하였습니다. 뿐만 아니라 “심는 자에게 씨와 먹을 양식을 주시는 이가 너희 심을 것을 주사 풍성하게 하시고 너희 의의 열매를 더하게 하시리니”라고 재차 설명해 주었습니다. 연보를 드림으로 물질이 풍성해진다는 의미일까요? 이 말씀은 주님의 은혜가 드리는 자의 마음에 풍성한 기쁨으로 넘치며 영적으로 믿음이 더욱 굳게 세워진다는 의미입니다.

고린도 지역의 교인들이 넉넉하게 연보함으로 다른 이들이 바울이 전한 복음을 듣고 예수가 그 하나님인 것을 깨달아 믿고 또 연보까지 하며 하나님께 감사하게 한다는 것입니다. 이런 봉사의 직무가 성도들의 물질의 부족한 것을 보충할 뿐만 아니라 모든 신자들이 하나님께 드리는 신앙의 행위로써 연보하는 그 마음도 넘쳤다는 것입니다. 이런 일들은 예수 그리스도의 복음이 신실하고 생명을 얻게 하는 역사라는 증거이므로 예수 그리스도를 믿는 믿음 안에 있는 사람들을 섬기는 고린도 교회 교인들의 후한 연보로 인하여 하나님께 영광을 돌린다는 것입니다.

연보로 인하여 재정적 혜택을 입은 그리스도의 교회 안에 있는 형제들은 연보해 준 고린도 교인들을 위하여 기도할 것이며 하나님께서 베풀어 주신 은혜로 인하여 그들을 잊지 아니하고 기억할 것이라고 하였습니다. 사람이 말로 형언할 수 없는 주님이 주신 은혜의 역사로 인하여 그 하나님께 감사한다고 하였습니다.

10장

고린도 교인들과 있을 때에 복음을 바르게 규명했으며 고린도 지역을 떠나 있으면서도 바울은 예수 그리스도의 온유와 관용으로 고린도 교인들을 담대히 권면하고 있다고 하였습니다. 고린도 교인들 중 일부는 바울과 그 동료들을 육신을 따라 행하는 자로 여기는 자들에 대하여 담대히 말하는 것 같이 고린도 교인들과 함께 있을 때 바울로 하여 담대한 태도로 대하지 않기를 구하는 것은 바울이 전하는 그 복음에 순종하라는 것입니다.

바울은 복음사역을 위해서 육신을 통해 행하나 육신을 따라서는 싸우지 않는다고 하였습니다. 복음을 맡은 바울의 싸움은 육신에 속한 것이 아니며 영적인 싸움이기 때문에 그 도구는 어떠한 악한 세력도 무너뜨리는 하나님의 능력이라고 하였습니다.

그 능력은 예수가 구원자라고 믿지 않으며 비방하는 모든 이론을 무너뜨리며 하나님을 안다고 하면서 대적하며 높아진 모든 것을 다 무너뜨리고 잘못된 인식을 무너뜨려 그리스도가 그 하나님이심을 믿게 한다는 것입니다.

그러므로 예수 그리스도를 그 하나님으로 온전히 믿지 아니한다면, 예수를 부정하는 자들을 주께서 친히 심판하실 뿐만 아니라 그 하나님의 뜻을 이루기 위하여 심판이 준비되었다고 하였습니다.

사람들은 외모(겉모습)만 봅니다. 그래서 성경은 너희는 사람을 외모로 보거니와 하나님은 심령을 보신다고 하였습니다. 만일 자신이 예수 그리스도가 그 하나님으로 믿는 기독교에 속한 줄을 알고 그리스도에 속한 것 같음을 안다면, 바울과 및 그 동료들)도 그러한 줄을 마음으로 생각하라고 하였습니다.

그러므로 주께서 주신 권세는 바울이 전한 그 예수를 반대하는 자들의 잘못된 신앙에서 예수 그리스도가 그 하나님이심을 믿는 믿음으로 바르게 세우기 위한 것이라고 하였습니다.

바울이 예수 그리스도가 그 하나님이심을 지나치게 자랑하더라도 부끄러워하지 않는다고 하는 것은 오직 예수가 부활하신 참 하나님이시기 때문입니다.

사도 바울은 자신이 고린도 교회에 편지를 한 것이그들을 놀라게 하려는 것처럼 그들이 생각하지 않도록 자세하게 그들에게 복음을 다시 설명하는 것입니다. 그러나 고린도 교인들 가운데는 바울은 편지로는 무게가 있고 힘이 있으나 대면해 보면 약하고 말도 시원치 않다고 평가한다는 것입니다.

고린도 교인들 중 일부는 자기의 종교성과 지식을 내세우는 교만함이 있었던 것입니다. 그래서 바울은 교만해진 사람들에게 자신이 떠나 있을 때에 편지로 하는 것이나 대면하여 가르치는 것이나 동일하다는 것을 알라고 하였습니다.

바울은 자신을 칭찬하는 어떤 자와 더불어 짝하며 비교할 수 없다고 하였습니다. 이것은 고린도 교회에 들어와 현상적인 신비함과 성경밖 세상의 학문을 가지고 성령의 역사라고 주장하며 교회를 훼파하는 사악한 거짓 교사들을 가리켜 참 복음과 그들의 가르침들은 비교할 수 없으며, 그들은 자신들이 옳다고 주장하면서 바울을 비교하므로 참 지혜인 예수 그리스도에 대한 사랑이 없다고 한 것입니다.

다시 말하면 그들은 주님의 은혜 안에 있지 않는 자들이기 때문에 그 하나님이신 예수 그리스도를 바르게 알지 못하는 자들이라는 것입니다. 그러나 복음을 전하는 바울은 자신을 자랑하지 않고 오직 예수 그리스도만 나타내는 것이 성령의 은혜로 이끌림을 받는 것이며, 하나님께서 나누어 주신 그 범위의 한계를 따라 복음을 전함으로 고린도 교인들에게까지 이른 것이라고 한 것입니다.

바울이 복음을 전하는데 있어서 누구에게나 공평하게 하기에 바울이 전한 복음을 올바르게 알아듣지 못하는 자들에게까지도 최대한 복음을 전했다는 것입니다. 바울이 복음 사역을 하는 가운데 남이 수고한 것을 가지고 분수 이상의 자랑을 하는 것이 아니라 예수 그리스도가 그 하나님이심만을 자랑하므로 아직 복음을 바로 깨닫지 못한 그들도 그리스도의 은혜로 인하여 죄 사함 받기를 원한다고 하였습니다.

이것은 그런 상황에서도 복음을 전하기 원하기 때문이라는 것입니다. 그러므로 "자랑하는 자는 주 앞에서 자랑할지니라 옳다 인정함을 받는 자는 자기를 칭찬하는 자가 아니요 오직 주께서 칭찬하시는 자라"고 고린도 교인들에게 가르쳐 그들이 온전한 믿음 안에 세워지기를 바라는 것이 바울의 복음입니다.

11장

고린도 교회에 성령의 역사라고 가장하여 들어와 교인들을 미혹(유혹)하는 자들이 신비적인 것들을 말하고 가르쳐 사람들이 미혹되어 있는 상황에서 바울은 그 거짓된 것을 드러내고 예수 그리스도가 그 하나님이심을 믿게 하기 위하여 자신의 체험적 간증을 하게 된 것입니다.

그러나 간증의 방법에 있어서 "내가 아는 한 사람이 있었는데"라고 객관화하여 설명하는 것은 그들이 오해를 하지 않고 바르게 이해할 수 있도록 하기 위한 것입니다. 그러므로 사도 바울은 너희는 나의 좀 어리석은 것을 이해하라 부탁하면서 나를 용납하라고 하였습니다. 바울이 하나님의 은혜로 교린도 교인들을 위하여 열심을 내는 것은 '처녀'로 비유한 고린도 교인들의 깨끗한 신앙을 '남편(신랑]'으로 비유한 예수 그리스도께 드리기(중매) 위한 것이라고 말하고 있습니다.

바울은 재차 설명하기를 뱀이 그 간계로 하와를 미혹(유혹] 한 것 같이 거짓 교사들에 의하여 고린도 교인들의 신앙이 예수가 그 하나님이심을 믿는 믿음에서 떠나 부패할까 두려워한다고 하였습니다. 그러나 서신을 쓰고 있었던 현재적 상황에서 누구든지 우리가 전파하지 아니한 다른 예수를 전파하거나 혹은 너희가 받지 아니한 다른 영을 받게 하거나 혹은 너희가 받지 아니한 다른 복음을 받게 할 때에 고린도 교인들 중 일부가 이를 용납하고 있다고 하였습니다.

고린도 교회는 거짓 교사들에 의해서 파당이 나누어지게 되고 사탄의 영에 의해 나타나는 현상들에 의해 영적인 어려움을 당하고 있었던 것입니다.

고린도서신 전후서의 전체적인 내용은 잘못된 영의 역사에 의해 미혹된 고린도 교인들에게 바울은 성령의 역사하심과 거짓 영의 역사를 구분지어 성령 안에 거하라는 것입니다.

그러므로 바울이 말하기를 지극히 크다는 사도들보다 본인은 조금도 부족함이 없는 줄로 생각한다고 하였습니다. 바울을 가리켜 고린도 교인들 중 일부가 바울이 말에는 부족하다고 하나 자신은 예수 그리스도를 아는 지식에는 부족함이 없다고 한 것은 바울이 전한 복음이 참인 것을 나타내기 위한 것입니다. 즉, 동일한 복음을 전하는 모든 사도들과 바울이 전한 예수 그리스도는 동일한 분이라는 뜻입니다.

바울이 고린도에서 예수가 그 하나님이심을 전할 때 복음을 받아들이고 믿은 사람이 많다고 하였습니다. 바울이 고린도 교인들을 바르게 세우고 자신은 낮추어 예수 그리스도가 그 하나님 되심을 값없이(어떤 경계를 두지 아니하고) 고린도 교인들에게 전하였는데 이것이 죄를 지은 것이냐고 반문하는 것입니다.

바울은 고린도 교회에 복음을 전하기 위하여 여러 다른 교회에서 비용을 받은 것은 탈취한 것이 아니라고 하였습니다. 뿐만 아니라 바울은 고린도에 있을 때에 비용이 부족하였으되 아무에게도 누를 끼치지 아니하였으며 마게도냐 지역에서 온 형제들이 바울의 부족한 비용을 보충하였다고 하는 것입니다. 바울은 모든 일에 고린도 교회에 폐를 끼치지 않기 위하여 스스로 조심하고 또 조심하리라고 하였습니다. 이것을 볼 때 바울을 험담하는 자들이 있었음을 알 수 있습니다. 아무리 사람들이 바울의 복음 사역을 방해하여도 성령께서 역사하심으로 아가야 지방에서 바울이 전한 복음이 막히지 않는다고 하였습니다.

고린도 교인들을 향하여 바울은 무엇 때문에 자신을 부정적으로 보느냐고 하였습니다. 바울은 고린도 교인들을 사랑했으며 그 사랑하는 것을 하나님이 아신다고 하였습니다. 바울은 고린도 교회에서 복음을 전한 것처럼 앞으로도 계속해서 복음을 전하겠다는 것입니다. 바울을 훼파하는 자들이 고린도 교회의 교인들에게 인정을 받기 위해서 바울을 은근히 비난하고 있는 것을 지적하는 것입니다. 그런 사람들은 고린도 교회에 들어온 거짓 사도요 속이는 일꾼이며 자기를 그리스도의 사도로 가장하는 자들이라는 것입니다.

이렇게 설명하는 것을 볼 때 분명 고린도 교회는 거짓 교사들이 들어와 복음을 훼파하고 있었다는 것을 알 수 있습니다. 어떻게 훼파를 했을까요? 바로 사람이 알아들을 없는 말을 하는 것을 성령의 역사에 의해 방언을 하는 것이라고 가르치고 행한 것입니다.

바울은 이런 일은 이상한 일이 아니고 대단한(특별한) 일도 아니라고 말합니다. 사탄도 자기를 광명한 천사로 가장하기 때문에 사탄의 일꾼도 고린도 교인들에게 자기를 의의 일꾼으로 가장하는 것이라고 하였습니다. 그러나 그들이 바울이 전한 참된 복음을 훼파하므로 그들의 마지막은 그들의 행위대로 반드시 주 앞에서 심판을 받는다는 것입니다.

11장 16절 -12장 10절

○ 16 내가 다시 말하노니 누구든지 나를 어리석은 자로 여기지 말라 만일 그러하더라도 내가 조금 자랑할 수 있도록 어리석은 자로 받으라

17 내가 말하는 것은 주를 따라 하는 말이 아니요 오직 어리석은 자와
같이 기탄없이 자랑하노라 18 여러 사람이 육신을 따라 자랑하니 나
도 자랑하겠노라 19 너희는 지혜로운 자로서 어리석은 자들을 기쁘
게 용납하는구나 20 누가 너희를 종으로 삼거나 잡아먹거나 빼앗거
나 스스로 높이거나 뺨을 칠지라도 너희가 용납하는도다 21 나는 우
리가 약한 것 같이 욕되게 말하노라 그러나 누가 무슨 일에 담대하면
어리석은 말이나마 나도 담대하리라 22 그들이 히브리인이냐 나도
그러하며 그들이 이스라엘인이냐 나도 그러하며 그들이 아브라함의 후
손이냐 나도 그러하며 23 그들이 그리스도의 일꾼이냐 정신없는 말
을 하거니와 나는 더욱 그러하도다 내가 수고를 넘치도록 하고 옥에
갇히기도 더 많이 하고 매도 수없이 맞고 여러 번 죽을 뻔하였으니
24 유대인들에게 사십에서 하나 감한 매를 다섯 번 맞았으며 25 세
번 태장으로 맞고 한 번 돌로 맞고 세 번 파선하고 일 주야를 깊은 바
다에서 지냈으며 26 여러 번 여행하면서 강의 위험과 강도의 위험과
동족의 위험과 이방인의 위험과 시내의 위험과 광야의 위험과 바다의
위험과 거짓 형제 중의 위험을 당하고 27 또 수고하며 애쓰고 여러
번 자지 못하고 주리며 목마르고 여러 번 굶고 춥고 헐벗었노라 28
이 외의 일은 고사하고 아직도 날마다 내 속에 눌리는 일이 있으니 곧
모든 교회를 위하여 염려하는 것이라 29 누가 약하면 내가 약하지
아니하며 누가 실족하게 되면 내가 애타지 아니하더냐 30 내가 부득
불 자랑할진대 내가 약한 것을 자랑하리라 31 주 예수의 아버지 영
원히 찬송할 하나님이 내가 거짓말 아니하는 것을 아시느니라 32
다메섹에서 아레다 왕의 고관이 나를 잡으려고 다메섹 성을 지켰으나

33 나는 광주리를 타고 들창문으로 성벽을 내려가 그 손에서 벗어났노
라 ○ 12:1 무익하나마 내가 부득불 자랑하노니 주의 환상과 계시를
말하리라 2 내가 그리스도 안에 있는 한 사람을 아노니 그는 십사
년 전에 셋째 하늘에 이끌려 간 자라 (그가 몸 안에 있었는지 몸 밖
에 있었는지 나는 모르거니와 하나님은 아시느니라 3 내가 이런 사
람을 아노니 (그가 몸 안에 있었는지 몸 밖에 있었는지 나는 모르거
니와 하나님은 아시느니라) 4 그가 낙원으로 이끌려 가서 말로 표
현할 수 없는 말을 들었으니 사람이 가히 이르지 못할 말이로다 5
내가 이런 사람을 위하여 자랑하겠으나 나를 위하여는 약한 것들 외에
자랑하지 아니하리라 6 내가 만일 자랑하고자 하여도 어리석은 자가
되지 아니할 것은 내가 참말을 함이라 그러나 누가 나를 보는 바와 내
게 듣는 바에 지나치게 생각할까 두려워하여 그만두노라 7 여러 계
시를 받은 것이 지극히 크므로 너무 자만하지 않게 하시려고 내 육체
에 가시 곧 사탄의 사자를 주셨으니 이는 나를 쳐서 너무 자만하지 않
게 하려 하심이라 8 이것이 내게서 떠나가게 하기 위하여 내가 세
번 주께 간구하였더니 9 나에게 이르시기를 내 은혜가 네게 족하도
다 이는 내 능력이 약한 데서 온전하여짐이라 하신지라 그러므로 도리
어 크게 기뻐함으로 나의 여러 약한 것들에 대하여 자랑하리니 이는
그리스도의 능력이 내게 머물게 하려 함이라 10 그러므로 내가 그리
스도를 위하여 약한 것들과 능욕과 궁핍과 박해와 곤고를 기뻐하노니
이는 내가 약한 그 때에 강함이라

바울은 재차 설명하면서 누구든지 자신을 어리석은 자로 여

기지 말라고 하였습니다. 왜냐하면 예수가 그 하나님이라고 전하는 것은 고린도 지역에 있는 디아스포라 유대인들이 볼 때 참으로 어리석게 보이는 것이었기 때문입니다. 그렇지만 자신이 전하는 것을 무시하지 말고 들어보라고 하였습니다.

이제 자신이 말하는 것은 주를 따라 하는 말이 아니요 어리석은 자와 같이 기탄없이 자랑한다고 한 것은 거짓 교사들이 하나님이 자신들과 함께 한다(주를 따라 하는 말)이라고 주장하지만 바울은 그것이 하나님의 역사가 아니라는 것을 입증하기 위하여 예수께서 그 하나님이신 것을 바울에게 역사한 것을 설명하겠다는 것입니다.

고린도 교인들 중 거짓 사도들에게 미혹되어 있는 사람들이 사람이 알아들을 수 없는 방언을 하면서 천사의 말이라고 주장하므로 바울 자신도 성령께서 역사하는 것을 말하겠다고 하였습니다.

고린도 교인들은 예수를 받아들이면서도 거짓 교사들이 고린도 교회의 교인들 중 일부를 그들이 전하는 거짓에 복종하게 하며 종으로 삼아 사망으로 인도함에도 불구하고 그들을 용납한다고 하였습니다. 왜 그럴까요? 그것은 그들에게 역사하는 거짓된 영에 사로잡혀 있어 볼 수 없고 들을 수 없고 깨달을 수 없기 때문입니다. 복음을 전한 바울보다 복음을 가장해서 거짓을 가르치는 그들의 말이 더 맞다고 인정하기 때문입니다. 이것은 단순한 논리적, 감성적 인지의 문제가 아니라 사탄의 영이 그들을 사로잡아 볼 수 없고 들을 수 없도록 영적으로 막고 있기 때문입니다.

바울이 전한 복음은 사람의 생각에는어리석은 말이라고 생각하기 쉬우나 바울은 담대하게 예수가 그 하나님이시라고 대답하겠다고 하였습니다.

바울이 거짓 교사들을 향하여 "그들이 히브리인이냐 나 자신도 그러하며 그들이 이스라엘인이냐 자신도 이스라엘인이며 그들이 (육적) 아브라함의 후손이냐 자신도 (육적) 아브라함의 후손이다"라고 하는 것은 유대의 전통으로 보더라도 바울 자신은 거짓 교사보다 못한 것이 없다는 것입니다. 이것은 바울 자신을 나타내기 위한 것이 아니라 바울이 전하는 복음인 예수 그리스도가 그 하나님이라는 것을 확증시키기 위한 것입니다.

바울은 거짓 교사들을 따르는 자들을 향해 그들이 그리스도의 일꾼이라면서 정신없는 말들을 늘어놓지만 자신이야 말로 진정한 그리스도의 일꾼이라고 하였습니다.

바울은 복음을 전하기 위하여 수고를 넘치도록 할 뿐 아니라 복음을 전한다는 이유로 옥에 갇히기도 더 많이 하고, 수없이 매를 맞고 여러 번 죽을 뻔하였으며 유대인들에게 붙잡혀 사십에 하나 감한 매를 다섯 번 맞았다고 하였습니다.

세 번 태장으로 맞고 한 번 돌로 맞고 세 번 파선하고 일주야를 깊은 바다에서 지냈으며 여러 번 복음을 전하기 위해 여행하면서 강의 위험과 강도의 위험과 동족의 위험과 이방인의 위험과 도시 안에서의 위험과 광야의 위험과 바다의 위험과 거짓 형제로 인해 위험을 당하고 또 자족하기 위하여 수고하며 애쓰고 여러 번 자지 못하고 주리며 목마르고 여러 번 굶고 춥고 헐벗었다고 하였습니다.

이렇게 바울이 간증하는 것은 바울의 위대함을 말하는 것이 아닙니다. 성령께서 역사하여 바울을 일꾼으로 삼으셨고 여러 가지 위험 속에서도 인내하며 바울이 복음을 전할 수 있었던 것은 바울 개인의 능력이 아니라 전적으로 주님이 주시는 은혜가 자신을 인도하고 있기 때문이라는 것입니다. 이렇게 간증하는 것은 거짓 교사들에 의하여 미혹된 고린도 교인들 중 일부에게 거짓 영의 역사에서 예수 그리스도를 바르게 아는 것으로 다시 돌이키게 하기 위한 것입니다.

이 뿐 아니라 아직도 날마다 바울 속에 눌리는 것이 있으니 곧 모든 교회를 위하여 염려하는 것이라는 것입니다. 왜 이렇게 염려할까요? 거짓 교사들에 의하여 교회가 온전히 하나되지 못하고 다른 영에 이끌려 종교적인 형태로써만 '주여, 주여' 하는 자가 많기 때문입니다. 또 교인들이 약해지지 아니하면 자신이 약해지지 아니하지만 누가 실족하게 되면 자신이 애통하지 않겠느냐고 하였습니다.

바울이 복음 안에서 고린도 교인들을 무척 사랑하고 있기 때문입니다.

부득불 자랑할 것이 있다면 자신이 약한 것을 자랑한다고 하면서 영원히 찬송할 그 하나님이 자신이 거짓말하지 아니하는 것을 아신다고 하였습니다. 다메섹에서 아레다 왕의 고관이 바울을 잡으려고 다메섹 성을 군사들을 동원하여 지켰으나 바울은 그 사실을 알고 광주리를 타고 들창문으로 성벽을 내려가 그 손에서 벗어났다고 간증하였습니다.

12장

바울은 참으로 유익되지는 않을지 모르나 고린도 교인들에게 부득이하게나마 간증을 한다는 것입니다. 그리하여 주께서 보여주신 환상과 계시를 그들에게 가감없이 전하겠다는 것입니다. 이렇게 바울이 간증하는 것은 거짓 교사들에 의해 미혹된 일부 고린도 교인들이 신비적인 것을 주장하는데 그 신비적인 것을 가르치는 것은 주께서 역사하는 것이 아니라는 것을 자신의 간증을 들어 조명해 주는데 목적이 있습니다.

그래서 바울은 "내가 그리스도 안에 있는 한 사람을 아는데 그는 십사 년 전에 첫째 하늘에 이끌려 간 자라 그가 몸 안에 있었는지 몸 밖에 있었는지 알지 못하거니와 하나님은 아시느니라"고 간증하였습니다. 이 간증으로 현대 교인들 중 어떤 사람들은 입신하는 것으로 바울의 체험을 흉내내는 자들이 있습니다. 그러나 이것마저도 거짓된 영의 역사임을 알아야 할 것입니다. 왜냐하면 입신해서 하늘에 갔었다면서 요한계시록에 기록된 일부 내용을 가지고 부풀려 간증하는 자들이 있습니다. 그러나 이것이 성경을 알지 못하는 자들에게는 통할 수 있으나 성경을 아는 자들에게는 그 간증이 거짓임이 드러나게 됩니다. 더하여 그 간증이라는 것이 예수 그리스도를 믿게 하는 데 도움이 되는 것이 아니라 오히려 그 간증하는 자를 특별한 위치의 사람으로 만든다면 그것은 분명한 사탄의 미혹인 것입니다.

바울은 이런 사람을 안다고 하면서 그가 몸 안에 있었는지 몸 밖에 있었는지 자신은 모르거니와 (오직) 하나님 만이 아신다고 합니다. 그는 **낙원으로 이끌려 가서 사람이 말로 표현할 수 없는 말을 들었으니 사람의 언어로서는 표현할 수 없다고 말했습니다.** 그러므로 천국을 묘사하는 모든 간증들의 실체가 실은 문제가 있다고 볼 수 있습니다. 바울은 이런 사람을 위하여 자랑하겠으나 자신을 위해서는 약한 것들 외에는 자랑하지 않는다고 하였습니다. 거짓 교사의 가르침에 의해 신비적인 체험을 한다는 그들을 돌이키게 하기 위하여 체험의 정의를 설명해 주는데 목적이 있는 것입니다.

바울이 이렇게 간증을 한다하여도 어리석은 자가 되지 아니하는 것은 참 말을 하기 때문이라는 것입니다. 그러나 누구든지 바울을 보는 바와 바울에게 듣는 바에 지나치게 생각하여 바울을 절대화할까 두려워하여 더 이상 말하지 않겠다는 것입니다.

그러므로 여러 계시를 받은 것이 대단히 많으나 너무 자만하지 않게 하시려고 자신의 육체에 가시, 곧 사탄의 사자를 주었으며 이렇게 하는 것은 자신을 쳐서 너무 자만하지 않게 하기 위함이라는 것입니다. 이 사탄의 가시가 떠나가게 하기 위하여 세 번 주께 간구하였더니 "주께서 말씀하시기를 내 은혜가 네게 족하도다 이는 내 능력이 약한 데서 온전하여짐이라"고 하였다는 것입니다.

이 말씀을 바르게 해석해야 합니다. 바울의 육체(몸)에 있다는 가시가 무엇일까요? 혹자들은 바울이 강한 빛을 보아서 안질병에 걸렸다고도 하고, 어떤 사람은 바울에게 간질병이 있었다고 주장하기도 합니다. 그러나 바울은 '사탄의 사자를 주었다'고 했습니다. 그러나 이것은 바울이 복음을 전하러 가는 곳마다 형통한 것이 아니라 디아스포라 유대인들이 그를 철저하게 훼방하며 핍박하는 것을 가리키는 것입니다.

이것을 제거해 달라고 바울은 기도했던 것입니다. 그때 '주께서 내 은혜가 네게 족하도다 이는 내(나의) 능력이 약한데서 온전하여짐이라'라 한 것은 육신에 의지하지 않고 전적으로 주님만 의지하면서 복음을 전하게 하기 위한 것이라는 것입니다. 또한 그리스도의 능력이 자신에게 머물게 하려 함이라고 한 것입니다.

그러므로 '내가 그리스도를 위하여 약한 것들과 능욕과 궁핍과 박해와 곤고를 기뻐하노니 이는 내가 약한 그 때에 강함'이라고 말하는 것입니다.

12장 11절 - 13절

○ 11 내가 어리석은 자가 되었으나 너희가 억지로 시킨 것이니 나는
너희에게 칭찬을 받아야 마땅하도다 내가 아무 것도 아니나 지극히 크
다는 사도들보다 조금도 부족하지 아니하니라 12 사도의 표가 된 것
은 내가 너희 가운데서 모든 참음과 표적과 기사와 능력을 행한 것이
라 13 내 자신이 너희에게 폐를 끼치지 아니한 일밖에 다른 교회보
다 부족하게 한 것이 무엇이 있느냐 너희는 나의 이 공평하지 못한 것
을 용서하라

사도 바울이 자기 자신의 간증을 '어리석은 자가 되었다'고 표현한 것은 자칫 이 간증이 고린도 교인들에게 바울의 위대성을 설명하는 것으로 인식될까 염려하였기 때문입니다. 그리

고 이렇게 간증하는 것은 거짓 교사에 의해서 미혹을 받은 자들이 고린도 교회에 있기 때문이므로 고린도 교인들이 억지로 간증을 시킨 것이나 다름이 없으므로 바울은 바른 복음을 전하는 것으로 고린도 교인들에게 칭찬을 받아야 마땅하다고 합니다. 비록 자신이 아무 것도 아니나 그리스도의 은혜로 된 자이기 때문에 지극히 크다는 사도들보다 조금도 부족하지 않다는 것입니다. 고린도 교인들 중 일부가 자신들은 베드로, 즉 게바에게 속했다고 하기 때문에 그들을 의식하여 크다는 사도들보다 조금도 부족하지 않다고 하는 것입니다. 그렇기에 예수 그리스도의 그 하나님 되심을 항상 누구 앞에서도 당당하게 전하는 것입니다.

바울이 사도(들)의 표(적)가 된 것은 고린도 교인들 가운데서 어려워도 참는 것과 그리스도를 나타내는 표적과 기사와 능력을 행하는 것이라고 하였습니다. 이것은 나타나는 현상을 말하는 것이 아니라 바울이 전하는 복음을 듣고 예수가 그 하나님이심을 믿는 자들이 표적이며 기사와 능력이라고 한 것입니다.

바울은 복음을 전하면서 고린도 교회에 피해를 주지 아니한 것 외에 다른 교회보다 부족하게 한 것이 없다고 하였습니다.

그러므로 그들이 볼 때 바울이 공평하지 못한 것을 용서하라고 한 것입니다.

12장 14절 – 13장 10절

○ 14 보라 내가 이제 세 번째 너희에게 가기를 준비하였으나 너희에
게 폐를 끼치지 아니하리라 내가 구하는 것은 너희의 재물이 아니요
오직 너희니라 어린 아이가 부모를 위하여 재물을 저축하는 것이 아니
요 부모가 어린 아이를 위하여 하느니라 15 내가 너희 영혼을 위하
여 크게 기뻐하므로 재물을 사용하고 또 내 자신까지도 내어 주리니
너희를 더욱 사랑할수록 나는 사랑을 덜 받겠느냐 16 하여간 어떤
이의 말이 내가 너희에게 짐을 지우지는 아니하였을지라도 교활한 자
가 되어 너희를 속임수로 취하였다 하니 17 내가 너희에게 보낸 자
중에 누구로 너희의 이득을 취하더냐 18 내가 디도를 권하고 함께
한 형제를 보내었으니 디도가 너희의 이득을 취하더냐 우리가 동일한
성령으로 행하지 아니하더냐 동일한 보조로 하지 아니하더냐 19 너
희는 이 때까지 우리가 자기 변명을 하는 줄로 생각하는구나 우리는
그리스도 안에서 하나님 앞에 말하노라 사랑하는 자들아 이 모든 것은
너희의 덕을 세우기 위함이니라 20 내가 갈 때에 너희를 내가 원하
는 것과 같이 보지 못하고 또 내가 너희에게 너희가 원하지 않는 것과
같이 보일까 두려워하며 또 다툼과 시기와 분냄과 당 짓는 것과 비방
과 수군거림과 거만함과 혼란이 있을까 두려워하고 21 또 내가 다시
갈 때에 내 하나님이 나를 너희 앞에서 낮추실까 두려워하고 또 내가

전에 죄를 지은 여러 사람의 그 행한 바 더러움과 음란함과 호색함을
회개하지 아니함 때문에 슬퍼할까 두려워하노라 ○ 13:1 내가 이제
세 번째 너희에게 가리니 두세 증인의 입으로 말마다 확정하리라 2
내가 이미 말하였거니와 지금 떠나 있으나 두 번째 대면하였을 때와
같이 전에 죄 지은 자들과 그 남은 모든 사람에게 미리 말하노니 내가
다시 가면 용서하지 아니하리라 3 이는 그리스도께서 내 안에서 말
씀하시는 증거를 너희가 구함이니 그는 너희에게 대하여 약하지 않고
도리어 너희 안에서 강하시니라 4 그리스도께서 약하심으로 십자가
에 못 박히셨으나 하나님의 능력으로 살아 계시니 우리도 그 안에서
약하나 너희에게 대하여 하나님의 능력으로 그와 함께 살리라 5 너
희는 믿음 안에 있는가 너희 자신을 시험하고 너희 자신을 확증하라
예수 그리스도께서 너희 안에 계신 줄을 너희가 스스로 알지 못하느냐
그렇지 않으면 너희는 버림받은 자니라 6 우리가 버림받은 자 되지
아니한 것을 너희가 알기를 내가 바라고 7 우리가 하나님께서 너희
로 악을 조금도 행하지 않게 하시기를 구하노니 이는 우리가 옳은 자
임을 나타내고자 함이 아니라 오직 우리는 버림받은 자 같을지라도 너
희는 선을 행하게 하고자 함이라 8 우리는 진리를 거슬러 아무 것도
할 수 없고 오직 진리를 위할 뿐이니 9 우리가 약할 때에 너희가 강
한 것을 기뻐하고 또 이것을 위하여 구하니 곧 너희가 온전하게 되는
것이라 10 그러므로 내가 떠나 있을 때에 이렇게 쓰는 것은 대면할
때에 주께서 너희를 넘어뜨리려 하지 않고 세우려 하여 내게 주신 그
권한을 따라 엄하지 않게 하려 함이라

바울은 고린도에 가기 위해서 세 번째 준비하였으므로 고린도 교인들에게 폐를 끼치지 아니하리라고 하였습니다. 바울이 구하는 것은 고린도 교회의 재물이 아니라 고린도 교인들이 마음으로 예수가 그 하나님이심을 섬기는 것을 원한다는 것입니다. 다시 비유하기를 어린 아기가 부모를 위하여 재물을 저축하는 것이 아니요 부모가 어린 아이를 위하여 한 것은 고린도 교인들을 어린 아이로, 바울 자신을 부모로 표현한 것입니다.

바울은 고린도 교인들의 영혼을 구원하기 위하여 예수께로 이끌기 위한 것이며 그 일을 위하여 재물도 사용하고 바울 자신까지도 내어주겠다고 하였습니다. 이렇게 고린도 교인들을 사랑하는데자신이 고린도 교인들에게 사랑을 덜 받겠느냐고 그들에게 반문하였습니다. 고린도 교회에 들어온 거짓 교사들은 거짓 영과 한 편이 되어 바울을 모략하는 것입니다. 그들이 바울을 향하여 아주 교활한 자라고 하며 바울이 고린도 교인들을 유혹하여 바울을 따르는 자들을 만들었다고 하고 있으나 이것은 거짓으로 바울이 전하는 복음을 훼파하기 위한 것입니다. 그 증거로 바울은 자신이 고린도 교회에 보낸 사람 중에 어느 누구도 그들의 이득을 취한 사실이 없다고 하였습니다.

바울은 디도를 보내고 함께 한 형제를 보냈으나 디도가 너희의 이득을 취하더냐라고 하였습니다. 바울과 디도, 함께 한 형제는 동일한 성령으로 행한 것이며 다 같은 마음과 다 같은 뜻을 품어 복음 사역에만 이바지했다는 것입니다.

고린도 교회에 들어온 거짓 교사와 그들에게 미혹 받은 자들은 바울이 변명하는 줄로만 생각했습니다. 그러나 사도 바울이 그리스도 안에서 참되게 이 모든 것을 말하는 것은오직 고린도 교인들이 믿음을 바르게 세우도록 하기 위함이라는 것입니다.

바울이 고린도 교회에 갈 때 바울이 원하는 모습은 당을 지어 네 파로 싸우고 있던 고린도 교회가예수 그리스도 그 하나님께로 돌이켜서 하나가 되기를 원하는 것이며, 그와 함께 바른 믿음을 갖는 것입니다. 바울은 고린도 교인들 중에 다툼과 시기와 분냄과 당 짓는 것과 비방과 수근거림과 거만함과 혼란이 있을까 두려워한다고 하였습니다. 고린도 교회를 이 지경으로 만든 것은 거짓 교사들이바울이 전하는 복음을 훼파하는 것에 미혹되어 거짓 영의 역사로 말미암아 신앙이 무너진 자들이 있었기 때문입니다.

바울이 고린도에 다시 갈 때 고린도 교회에서 전에 죄를 지은 여러 사람이 그 행한 바 더러움과 음란함과 호색함을 회개하지 않는 것을 보고 슬퍼할까 두렵다고 하였습니다. 이런 마음이 복음을 맡은 자들의 마음인 것입니다. 어떻게 하든지 다툼과 시기와 분냄과 당 짓는 것과 바울에 대하여 수근거리는 거만한 일들이 일어나지 않아야 된다는 것을 당부하는 것입니다.

13장

바울이 고린도에 세 번째 가는 것은 고린도 교회가 네 파로 나누어져 분쟁하고 있기 때문이며, 두 세 증인의 입으로 말마다 확정하리라고 하였습니다. 디아스포라 유대인인 그들에게율법을 들어 옳고 그름을 명확히 하겠다는 것입니다.

이미 말하였고 아직 바울이 고린도에 있지 않을 때 두 번째로 고린도 교인들을 대면하였을 때와 같이 거짓 교사에 의하여 죄에 빠진 자들과 고린도 교인들에게 미리 말하되 바울이 이번에 고린도에 가면 회개하지 아니하는 자들을 용서하지 않겠다고 하였습니다.

그렇다면 바울이 고린도 교회의 교인들을 어떻게 벌할까요? 유대인들이 유대교에서 출회했던 것처럼 복음으로 돌이키지 않고 대적하는 자들을 교회에서 출회시키겠다는 것입니다. 이렇게 하는 것은 그리스도께서 자신을 통하여 말씀하시는 것을 그들에게 강하게 확증시켜 복음으로 돌아오게 하기 위한 것입니다. 다시 바울은 비유를 들어 그리스도께서 약하심으로 십자가에 못 박히셨으나 하나님의 능력으로 부활하여 계시니 우리 믿음의 사람도 예수 그리스도 안에서 약하나 고린도 교인들에게 향하신 하나님의 능력으로 예수께서 부활하신 것처럼 우리도 부활하게 된다고 하였습니다. 그러므로 고린도 교인들은 믿음 안에 있는가 자신을 돌아보고 스스로 자신을 확증하라고 하였습니다. 예수 그리스도께서 성령으로 오셔서 너희 안에 역사하는 것을 스스로 알아야 한다는 것입니다. 그렇지 않으면 아무리 '주여, 주여'한다 할지라도 버림받은 자라고 하였습니다.

바울은 자신과 동료들이 버림받은 자가 되지 아니한 것을 고린도 교인들이 알기를 바란다고 하였습니다. 그러므로 바울은 하나님께서 고린도 교인들이 악을 조금도 행하지 아니하게 하시기를 구하였으며 이것은 바울이 옳은 자임을 나타내고자 함이 아니라 사람들이 보기에는 버림받은 자 같을지라도 고린도 교인들이 믿음에 바로 서기를 원한다는 것입니다.

바울은 이 모든 것이 진리이신 예수 그 하나님을 거스르는 것이 아니라 오직 진리이신 예수 그리스도를 위한 것이라고 하였습니다. 또한 고린도 교인들에게 너희가 강한 것을 기뻐한다고 한 것은 분쟁을 멈추고 바울이 전한 복음에 순종하여 온전하게 신앙으로 세워지는 것을 요구하는 것입니다. 바울이 고린도를 떠나 있을 때에 이것을 편지로 쓰는 것은 대면할 때 주께서 그들을 넘어뜨리시지 않도록 그들의 신앙을 바르게 세우도록 바울에게 소명을 주신 그 권한을 따라 엄하게 다스리지 않고 사랑으로 이끌기 위함이라고 하였습니다.

13장 11절 - 12절

○ 11 마지막으로 말하노니 형제들아 기뻐하라 온전하게 되며 위로를 받으며 마음을 같이하며 평안할지어다 또 사랑과 평강의 하나님이 너희와 함께 계시리라 거룩하게 입맞춤으로 서로 문안하라
12 모든 성도가 너희에게 문안하느니라

바울이 고린도 교인들에게 마지막으로 부탁한 것은 믿음 안에 있는 형제들로서 기뻐하라는 것이었습니다. 믿음으로 온전

하게 되며 성령의 역사하심으로 위로를 받으며 교회에서 분쟁하지 말고 마음을 같이 하여 평안하기를 원했습니다. 또 사랑과 평강의 하나님이 고린도 교인들과 함께 하시기를 원하며 거룩하게 입맞춤으로 서로 문안하고 하였습니다. 이것은 복음을 향한 표현이 각자의 다른 말로 하지 말고 한 입에서 나온 것처럼 말을 맞추어야 한다는 것입니다. 그리고 복음 사역을 위해서 수고하는 성도들이 고린도 교회가 바르게 세워지기를 원한다고 하였습니다.

13장 13절

○ 13주 예수 그리스도의 은혜와 하나님의 사랑과 성령의 교통하심이 너희 무리와 함께 있을지어다

그러므로 바울은 "주 예수 그리스도의 은혜와 하나님의 사랑과 성령의 교통하심이 너희 무리와 함께 있을지어다"라고 고린도 교회에 대하여 간절하게 성령님의 임재하심을 원했던 것입니다. 통상적인 대예배의 축도는 이 문장을 기준으로 만들어진 것입니다.

Η Χαρις του Κυριου Ιησου Χριστου και η αγαπη του Θεου και η κοινωνια του Αγιου Πνευματος μετα παντων υμων

Ἀμήν

우리 모두에게 주 예수 그리스도의 은혜와 하나님의 사랑과 그 성령님의 소통(교통)하심이 우리 무리들 모두와 함께 계시도다. 아멘.